培养有智慧的人：

我国智慧教育的历史发展与未来展望研究

邵琪 著

民族出版社

自　序

智慧教育是人的教育的根本存在方式。首先，自培根提出“知识就是力量”以来，旨在培养知识人的知识教育大行其道。但知识与知识教育远不能解决人类面临的所有问题，尤其是关涉价值判断、伦理道德与意义建构等方面的问题，因此需要智慧教育。其次，人工智能的发展将使人类拥有更多闲暇，但同时也会加剧人的异化与片面发展，因此呼唤智慧教育。再次，智慧具有本体论价值，智慧教育可以使人成就智慧人生、走向美好生活。因此，教育要从培养知识人转向培养智慧人，要超越知识教育追求智慧教育。

马克思主义人学理论和马克思主义唯物辩证法理论是本研究重要的理论基础。智慧伴随着人类实践的诞生而诞生、人类实践的发展而发展，科技发明、制度变革、文化创新等都是人类智慧的结晶。因此，智慧和智慧教育都是历时性的概念。智慧教育随着人类智慧的发展而发展，并在不同的发展阶段呈现出不同的发展样态与阶段特征。智慧教育是指教育者从人的需要出发，通过启迪与影响受教育者，使其能够在自然、社会和人本身三个领域中求真、求善、求美，从而培养人的智慧，致力于实现人的自由而全面发展的实践活动。

根据马克思主义唯物辩证法的基本原理，通过深入考察与分析古代学校、家庭和社会中智慧教育的诸多典型案例，归纳出古代的智慧教育更加关注人的道德修养、人文情怀，强调人的精神需要的满足。从深层根源上讲，这是由于传统小农经济制约下的匮乏经济、官僚政体下的专制政治统治以及儒家文化主导下形成的社会文化心理造成的。古代的智慧教育充满了浓郁的人文精神，但在实践中也面临着道德要求过于理想化，压抑人的个性自由与创造性的问题。

同理，通过深入考察与分析近现代学校、家庭和社会中智慧教育的诸多典型案例，归纳出近现代的智慧教育更加关注国计民生、富民强国，注重人的物质需要的满足。从深层根源上讲，这是由于近现代商品经济体制下经济的蓬勃发展、科学技术的社会应用以及以工具理性和个人权利为中心的多元文化造成的。近现代的智慧教育重视科学的作用，但也应该避免走向标准化、机械化和功利主义的极端化倾向。

展望未来，在对马克思主义否定之否定规律和马克思主义人的自由而全面发展理论的认识的基础之上，本书提出，未来的智慧教育将走向引导人的物质需要与精神需要和谐发展，即和谐的智慧教育。和谐的智慧教育既要培养人的实践技能与生存能力，又要致力于人的精神成长与境界提升；既强调人生的物质性与现实性，又重视生命的精神性与价值性；既要丰富与满足人的物质需要，又要提升与满足人的精神需要，从而使人在天地间更好地安身立命，促进人的自由而全面发展的实现。

总之，古代的智慧教育关注人的道德修养、人文情怀，强调人的精神需要的满足，近现代的智慧教育更加关心国计民生、富民强国，注重人的物质需要的满足，未来将走向引导人的物质需要与精神需要和谐共生的智慧教育，这是历史发展的必然趋势，更是智慧教育发展的演变逻辑与历史规律。

本书是在我的博士毕业论文基础上修改而成的，需要感谢的人很多。首先，感谢我的博士生导师魏贤超教授。衷心感谢魏老师对我的悉心指导和谆谆教诲！魏老师学识渊博、治学严谨，从我论文的选题到最终成稿，大至谋篇布局，小到字词标点，魏老师都一直不断给予我细致的指导与改进建议。在与魏老师多次、反复的讨论中，我逐渐确定了论文的写作思路与整体框架。魏老师认真负责、平易近人、热爱学生，用他父亲般的宽容与爱滋养与影响着我们每一位学生。我很庆幸能够有幸成为魏老师的弟子，在今后的工作中也要继续向魏老师学习。其次，感谢我的父母对我的养育之恩！“谁言寸草心，报得三春晖”，我很感恩，今生有幸是你们的女儿，你们是我最强有力的后盾和支持力量。每每想起你们日渐苍老的面容，内心深觉愧疚，希望我今后能有更多的时间陪伴你们，祝福你们永远健康快乐！感谢我的爱人在生活上、工作上一直以来默默地支持与付出，希望我们能够继续一起面对生活中的各种酸甜苦辣，在精神上相互慰藉。最后，感谢民族出版社的康厚桥老师对本书认真细致的编校工作，感谢贵州师范大学教育学院对本书出版的经费支持，感谢各位领导及同仁一直以来的关心与鼓励。

目　录

第一章　绪　论

第一节　研究缘起

一、知识教育与智慧教育

自近代哲学家弗朗西斯·培根（Francis Bacon）提出“知识就是力量”以来，知识总量越来越多，知识分类越来越细，俨然已呈膨胀之势。现实的教育也围绕知识学习、技能训练与智力开发为主的旨在培养知识人的知识教育展开。较为单一的教育目的容易使学生形成一种习惯性的心理、思维和行为模式，甚至导致一种知识至上、技术至上和物质至上的狭隘生活方式，即“知识仅仅成了谋生的手段，知识增长伴随着对价值的漠视，也伴随着心灵的贫困和心胸的狭窄”[①]。美国心理学家斯腾伯格（Robert J. Sternberg）对此是这样评价的：“人类智力在一定程度上把世界带到了边缘。智力已

① 陆有铨：《躁动的百年：20世纪的教育历程》，173页，济南，山东教育出版社，1997。

经带给了我们很多好东西，但是也带给了我们可以毁灭世界的核武器，以及能够摧毁几百万人生命的毒品。……这些发明就它本身来说具有创造性，但是它们和它们的创造者都不智慧，因为它们给多数人带来了灾难。只有智慧可以帮助我们找到走出我们自己所制造的陷阱的方式。"① 这意味着，知识与知识教育远不能解决人类面临的所有问题，尤其是关涉价值判断、伦理道德与意义建构等方面的问题，如环境污染、资源匮乏、地区冲突、违法犯罪、道德滑坡等。人们只有运用智慧才能解决这些问题与危机，因为智慧不仅能解决某些具体和局部问题，还能够彻底地、全面地实现人类生命的再造与精神的自由。因此智慧就是力量，智慧是人的根本存在方式。而旨在启迪人的智慧的智慧教育则是人的教育的根本存在方式。德国存在主义哲学家雅斯贝尔斯（K. T. Jaspers）说过："教育是人的灵魂的教育，而非理性知识和认识的堆积……如果人要想从感性生活转入精神生活，那他就必须学习和获知，但就爱智慧和寻找精神之根而言，所有的学习和知识对他来说是次要的。"② 因此，我们不仅要学习知识，更要超越知识追求智慧。教育要从培养知识人转向培养智慧人，要超越知识教育追求智慧教育。

二、人工智能与智慧教育

21 世纪是一个充满智慧挑战的时代，智慧不仅是人们思想活

① Robert J. Sternberg. Wisdom and Education. Gifted Education International, 2003, 17(3): 233-248.

② ［德］雅斯贝尔斯：《什么是教育》，邹进译，4 页，北京，三联书店，1991。

动的结晶，更是人类生活方式的写照。① 随着科技的发展，人类已经开始步入人工智能（AI）时代。人工智能的目的在于使计算机或机器可以模拟和帮助人类进行学习和工作，进而代替人类从事一些复杂的、机械的工作，最大限度地便利人类生活。具有全球性、互动性、开放性、个性化等特点。人工智能的发展也有一个更新换代、推陈出新的长远过程。目前，我们已经走完了人工智能 1.0 时代，即将进入人工智能 2.0 时代。2017 年中国发布的《新一代人工智能发展规划》中，不仅总结了人工智能 1.0 时代的众多理论与技术，还指明了人工智能 2.0 时代要发展的关键理论和技术，包括跨媒体智能、大数据智能、群体智能、混合增强智能和自主智能系统等，并指出会将这些新技术应用到智能城市、智能社区、智能农业、智能医疗、智能教育、智能制造等众多社会生活领域。②

人工智能促进了经济的繁荣发展、提高了人们的物质生活水平，使社会各领域发生变化，尤其是取代了人类一些重复性、机械性和重体力的工作，把人类解放了出来，使人类拥有了更多身心方面的闲暇可以去从事自己喜欢的、更加富有创造性的实践活动。闲暇出智慧，在这个意义上，人工智能为智慧教育提供了现实可能性或保障条件。同时，人工智能还催生了一些更加艰深、复杂、富有创造性和想象力的新型工作，这对从业人员提出了更高的职业要求，比如需要人类具有更强的批判意识、更敏锐的思维品质、更强的实践应用能力、更良好的组织协调能力、更高的道德修养、更稳定的情绪心态、更高雅的艺术品位等等。这已经不是仅仅靠知识、技能可以解决的问题，因为它涉及了人的更加全面与丰盈的智慧层

① 靖国平：《关于智慧教育的几点思考》，载《江苏教育研究》，2010（18），4 页。
② 本书编写组：《新一代人工智能发展规划》，2 页，北京，人民出版社，2017。

次，人只有拥有更多的智慧才能应对这样的要求、变化与挑战。在这个意义上，教育必须适应人工智能的发展需要做出相应变革，于是智慧教育呼之欲出。但反过来讲，人工智能的高速发展也会加剧人的异化和片面发展，使人更加趋向机器般机械地学习、思考与行动，导致人类世界充满技术与机器的狂欢。只有人的智慧才能破此危局。于是，旨在启迪人类智慧、培养智慧人进而成就智慧人生的智慧教育应运而生。总之，智慧教育在未来人工智能时代恰逢其时，未来人工智能时代呼唤智慧教育，智慧教育是未来人工智能时代教育变革的最佳选择。

三、智慧人生、美好生活与智慧教育

智慧是个旅程，它或是特定人群共同体的集体出行，或是个人的独自行程。① 智慧是人类的灵明，透视着万物的本质，探测着宇宙的奥秘，开辟了脑际的荒原，拉开了社会的帷幕，把人类一步步由山林引向闹市，由野蛮引向文明。人类的发展史，从某种角度讲，即智慧的开发史。从脱离一般动物而成为高级动物，从脱离混沌愚昧而进入高度文明，都要以智慧开发的程度来衡量。② 不论是为了发展抑或提高自己，人都要追求智慧，追求智慧成了最大限度实现人生价值的必需。③

人生在世，难免遇到坎坷与不幸，遭遇诸多困境与张力，如果

---

① 姚新中：《早期儒家与古以色列智慧传统比较》，陈默译，1~2 页，北京，中国社会科学出版社，2013。

② 王德有：《智慧论》，1 页，北京，中国青年出版社，1993。

③ 王德有：《智慧论》，1 页，北京，中国青年出版社，1993。

我们能够坦然接受和面对生活的变化、困境与不确定，并且每次都迈出有智慧的一步，用智慧克服困难、解决问题，逐渐累积与成就智慧人生，那么我们就会一步一步走向美好生活。金生鈜指出，人必须得有智慧人生，智慧人生追求真善美，追求崇高。① 当今世界，人类拥有了迄今为止最好的生活条件，包括丰富的食物、安全的环境、健全的医疗、延长的寿命、便捷的资讯以及多样的娱乐方式。但人们还是常常感到不幸福，产生莫名的焦虑、恐慌、无聊、空虚或失落。究其原因，就在于人们忽略了对价值的尊重与寻求，价值的失落造成了人生意义的丢失。因此，我们必须重新重视与追求人生价值。

价值可分为具体价值与基本价值，而最高级的追求应该是对基本价值的追求，因为“它们共同决定人类的幸福，使人们过美好生活”②。在加拿大学者克里夫·贝克（C. Beck）看来，基本价值本身就是生活的目的而不是手段，是它们最终使生活变得十分美好，而这些基本价值具体包括生存、健康、快乐、智慧、友谊、自尊、助人、自由、审美体验、生活意义等。③ 就像智慧，不论时代如何变迁、主流价值或价值表现形式如何变化，智慧作为基础价值都是人类追求的永恒目的或价值，也是人类生活意义之所依，不会消失或被取代。因此，智慧具有本体论价值，可以确保美好生活的实现。总之，这里遵循这样的逻辑：有了智慧，人类就可以成就智慧人生；通

---

① 金生鈜：《理解与教育：走向哲学解释学的教育哲学导论》，118 页，北京，教育科学出版社，1997。

② ［加］克里夫·贝克：《学会过美好生活——人的价值世界》，詹万生等译，2 页，北京，中央编译出版社，1997。

③ ［加］克里夫·贝克：《学会过美好生活——人的价值世界》，詹万生等译，2 页，北京，中央编译出版社，1997。

过智慧人生，人类才可以拥有美好生活；而智慧的生成需要智慧教育的培养，因此，成就智慧人生、走向美好生活需要智慧教育。

总之，基于以上三个方面的分析，本书选定智慧教育这一研究论域。从历史角度讲，智慧伴随着人类实践的诞生而诞生，伴随人类实践的发展而发展，可以说，整个人类的发展史就是人类不断生成智慧并运用智慧的历史。因此，智慧是一个历时性的概念，它随着人类历史的变迁而发展，在不同的发展阶段必然呈现出不同的发展样态与阶段特征。同理，智慧教育也是一个历时性的概念，它随着人类智慧的发展而发展，并在不同的发展阶段呈现出不同的发展样态与阶段特征。这意味着，智慧教育一直存在，但有时知识教育的膨胀遮蔽智慧教育的显现，因此，我们需要智慧教育自觉。

第二节　文献综述

一、关于“智慧”的文献综述

总体而言，自古代至近代，东西方学术界对智慧的直接研究零散且少，没有研究智慧的专门著述或篇章，只是在关于其他主题的著述中偶尔被提及，不成体系；直到现当代，才出现了对智慧的专门研究，以后相关研究逐渐增多。通过梳理古今中外的相关文献，发现对智慧的研究主要集中在哲学和心理学领域，因此下面将分别从这两个领域进行阐述。

（一）哲学领域对智慧的研究

智慧的哲学研究有着悠久的历史。最早，哲学中的“智慧”被理解为是萦绕于人类头脑之中的，关于一些最本质、最深层问题的追根溯源式的思考，而不关乎具体的实践事宜。所以，当人们谈及智慧时，往往带有“最终的”“本质的”“涵括的”“整体的”意味。比如，赫拉克利特（Heracleitus）说：“智慧只在于一件事，就是认识那善于驾驭一切的思想。”① 苏格拉底（Socrates）主张要建立智慧、勇敢、节制和正义的国家，而只有极少数国家统治者才具有智慧，智慧是一种整体的、全面的、治国的知识而不是具体的、个别的、精密的知识，是一种能够将人的“理性”“欲望”“激情”整合在一起以达到和谐状态的知识或学问。② 柏拉图（Plato）拒斥职业智者所宣扬的虚假“智慧”，推崇以“本原”即“理念”为认识对象的真正“智慧”，并在此过程中阐明了“哲学”与“智慧”之间的辩证关系，即哲学不仅是“爱智慧”，而且它应当也能够成为“智慧”，两者之间存在一种动态的、密切的联系。③

后来，对“智慧”理解的“形而上”味道逐渐变淡，开始逐渐向实践生活靠拢。比如，亚里士多德（Aristotle）首先区分了智慧与实践的智慧（明智）；然后对“智慧”提出了确切的定义，即“智慧就是有关某些原理与原因的知识”④；最后还对各种智慧进行了由低级到高级的排序，即“有经验的人较之只有官感的人富于智慧，技术家又较之经验家，大匠师又较之工匠富于智慧，而理论部

① 北京大学哲学系外国哲学史教研室：《西方哲学原著选读》，26 页，北京，商务印书馆，1981。

② ［古希腊］柏拉图：《理想国》，郭斌和、张竹明译，149 页，北京，商务印书馆，1986。

③ 先刚：《柏拉图与“智慧”》，载《学术月刊》，2014（2），49~57 页。

④ ［古希腊］亚里士多德：《形而上学》，吴寿彭译，33 页，北京，商务印书馆，1981。

门的知识比之生产部门更应是较高的智慧”①。古罗马哲学家西塞罗（Marcus Tullius Cicero）提出了智慧的功能，即“智慧的功能是区分善恶”②，这说明智慧必然包含道德实践因素。近代法国哲学家笛卡尔（Rene Descartes）认为“科学的整体就是智慧，其本质亘古不变”③。英国哲学家罗素（B. A. W. Russell）认为，好奇心和求知的能力是智慧的主要组成部分。④ 印度哲学家克里希那穆提（J. Krishnamurti）认为，智慧与智力是完全不同的，因为智慧是人感知整体的能力，智慧不会划分感受、感情和智力，而是将它们看作一个整体，因此智慧具有整体性，是理智、行动与爱的整合，具有智慧的人拥有一种整体的生活观，是完整的人。⑤ 西班牙杰出的哲学家雷蒙·潘尼卡（R. Panikkar）在《智慧的居所》中高度强调智慧的重要性，指出如果没有智慧，人就不能生活。在他看来，智慧不是高高在上的，而是生活的艺术，是一种生活之道，具有喜悦、欢愉、自由、幸福等特征。智慧是人所独有的，人之为人，就是因为他或她能获取智慧而且渴慕智慧。人心或人性是智慧的居所，人具有四重本性即“道德（善）”“真理（真）”“存在”“空/无”，潘尼卡称之为“完美的四元”。这是完全的人性，“以一种集中的方式体验和实践这四个中心的人是智慧的”，因此潘尼卡

① ［古希腊］亚里士多德：《形而上学》，吴寿彭译，33页，北京，商务印书馆，1981。

② Bruce Lloyd. Wisdom&Leadership：Linking the Past，Present&Future［EB/OL］.［2018-01-20］. http：//www. wisdompage. com/blloyd02. html.

③ 杨世英：《智慧的意涵与历程》，载《本土心理学研究》，2008（29），190~196页。

④ ［英］罗素：《教育与美好生活》，39页，石家庄，河北人民出版社，1999。

⑤ ［印］克里希那穆提：《教育就是解放心灵》，张春城、唐超权译，99~100页，北京，九州出版社，2010。

所理解的智慧已经触及了实在本身。[1] 美国哲学家伯恩斯坦（Richard J. Bernstein）阐明了智慧与技术之间的关系，即“没有智慧，技术便是盲目的；没有技术，智慧便是空洞的”[2]。

在我国，早至先秦儒、道、墨、法诸家的典籍中就经常涉及有关智慧的论述。“智慧”最早出自墨子，《墨子·尚贤中》说：“夫无故富贵、面目佼好则使之，岂必智且有慧哉。若使之治国家，则此使不智慧者治国家也，国家之乱既可得而知已。”[3] 汉代哲学家王充说：“人，物也，万物之中有智慧者也。”（《论衡·辨崇》）贾谊说：“深知祸福谓之智，反智为愚；极见窕察谓之慧，反慧为童。”（《道术》）他将智慧与愚昧、童蒙相对立，意指深知人生祸福之辨，极见事物义理本质，对社会、人事能够明智理解与理性把握。[4] 班固说：“智者，知也。独见前闻不惑于事，见微知著也。”（《白虎通·情性》）总体来说，中国古代哲学家对“智慧”的论述比较零散，他们会说到和用到“智慧”这一词语，注重人们对它的体悟和运用，却讷于对它进行言说，相关研究较少。

至近代，我国著名哲学家冯契先生提出了自己的“智慧学说”。他认为，智慧就是合乎人性的自由发展的真理性的认识。智慧使人获得自由，体现在化理论为方法、化理论为德性。这里的“理论”是指哲学的系统理论，即以求“穷通”（穷究天人之际和会通百家之说）为特征的智慧的哲学。它是关于宇宙人生的总见解，即关于

---

① ［西］潘尼卡：《智慧的居所》，王志成、思竹译，1~93 页，南京，江苏人民出版社，2000。

② ［美］伯恩斯坦：《超越客观主义和相对主义》，郭小平等译，204 页，北京，光明日报出版社，1992。

③ 孙诒让：《墨子闲诂》，孙启治点校，55 页，北京，中华书局，2001。

④ 卞敏：《哲学与道德智慧》，3~4 页，南京，江苏古籍出版社，2002。

性与天道的认识以及对这种认识的认识，这就是智慧学说。在冯契的智慧学说中，认识世界与认识自己不是割裂开来的两件事情，而是通过实践基础上的认识世界和认识自己的交互作用，经过凝道而成德、显性以弘道，终于达到自由的德性，体验到相对中的绝对、有限中的无限。冯先生还特别探索了如何通过“转识成智”的飞跃，获得关于性与天道的认识。[①] 冯契“智慧学说”的提出具有重要意义：首先，他第一个尝试沿着实践唯物主义辩证法的路子提出了较为完整、系统的智慧学说，这是一种伟大的哲学探索；其次，他尊重人的本质、肯定人的价值，以人性的自由发展作为研究的出发点，尤其对“转识成智”的飞跃机制在理论上进行了有益的探索。但是，他是在广义认识论的领域内研究智慧的，把智慧看做是认识发展的最高阶段，把智慧界定为合乎人性的自由发展的一种真理性的认识，虽有一定的合理性，但是窄化了智慧的维度。因为除了认识论，智慧还与伦理学、美学有密切关系，应该有更全面的定位和更丰富的内涵。

现当代，我国哲学领域对智慧的研究不断增加、逐渐丰富，呈现出多元化的研究趋势。王海明认为，智慧是相对完善的认知能力，一是因为智慧具有时间性，总是一定时代、一定地点的人们的智慧，二是因为任何人的智慧和认知总是某些方面的，而不可能是全面的。所以，智慧是多种多样的。基于此，他从主观心理功能角度将智慧划分为观察智慧、记忆智慧、思维智慧、想象智慧和创造智慧，从客观心理内容角度将智慧划分为道德智慧和非道德智慧。[②]

---

① 冯契：《认识世界和认识自己》，23～30页，上海，华东师范大学出版社，1996。

② 王海明：《新伦理学》，下册，修订版，1408～1410页，北京，商务印书馆，2008。

余华东也对智慧进行了专门论述，他认为智慧就是具有产生新思想的思维能力。智慧的核心是创新思维，创新思维的关键是非逻辑思维，充足理由律是划分逻辑思维和非逻辑思维的一个根本标准。他还对直觉、灵感、顿悟等非逻辑思维的本质特征作了系统的论述，为非逻辑思维能力的训练和培养奠定了理论基础，并在此基础上阐述了智慧培养的三个主要原则。① 王蒙分析了智慧的内涵，他说："智慧，是指人的一种高级的、主要是知性方面的精神能力。'智'强调的是知识与胆识，是指能够做出正确的判断、估量、选择与决策。'慧'主要是悟性，是对于是非、正误、成败、得失等的迅速感受与理解掌控。尽管智慧给人的印象首先是一种能力，但能力不可能完全脱离品质与境界。"② 张岱年说："智慧即对于真理的认识。"③ 姚新中在《早期儒家与古以色列智慧传统比较》一书中运用解释学方法对先秦儒家和古以色列的传统智慧进行了比较研究，旨在确定一个智慧思想的共同框架。他认为智慧的定义具有四个本质特征：第一，智慧与知识有关；第二，智慧与美德相连，甚至由美德决定；第三，智慧能够给人带来愉悦；第四，智慧是一种"人生之道"，关涉实践维度的生命。他还划分了自然的、社会的和个人的三种常规智慧类型。除此之外，姚新中还探讨了智慧在处理家庭、政治事务中的作用，以及智慧的世俗性与神圣性。④ 杨国荣在《人类行动与实践智慧》一书中对行动、实践、实践智慧等问题进行了元理论层面的研究。在他看来，哲学层面的智慧，本身要求具

① 余华东：《论智慧》，3 页，北京，中国社会科学出版社，2005。

② 王蒙：《说"知"论"智"》，载《广州日报》，2011-1-21（15）。

③ 张岱年：《中华的智慧》，1 页，上海，上海人民出版社，1989。

④ 姚新中：《早期儒家与古以色列智慧传统比较》，陈默译，1~29 页，北京，中国社会科学出版社，2013。

体地落实于人的实践，实践智慧联结了对世界的解释与变革，使解释世界与改变世界走向融合，既赋予智慧以实践品格，也使实践获得了智慧的内涵。因此，智慧不仅有其理论向度，而且体现于实践之域，智慧包括形上智慧和实践智慧。① 杨国荣还在《理性与价值——智慧的历程》一书中指出，自哲学思维萌发之日起，理性与价值及其所内含的真与善之维便与智慧的探索结下了不解之缘，因此他分别考察了历史中的理性沉思与价值向度，旨在重建作为智慧学说的哲学中理性与价值、“可信”与“可爱”、技与道、真与善的统一。② 林可济在《哲学：智慧与境界》一书中认为哲学就是智慧或爱智慧，因为真、善、美是哲学体系的基本内容，因而从一定意义上讲，真、善、美就是哲学的本性、就是智慧的本质。求真、向善、审美或者说知识、道德、审美三者之间是相互统一、三位一体的，这集中体现于“天人合一”这一中国哲学的基本精神之中，换言之，倘若个体可以体悟到“天人合一”的境界，就意味着自我的实现，就达到了真、善、美的统一。③ 方同义在《中国智慧的精神：从天人之际到道术之间》一书中指出，智慧体现每个时期的时代精神之精华，其内涵是不断转变的。中国古代智慧的核心范畴是“道”，它是理解中国智慧的立足点。以道为起点并由此生发出中国智慧学说的内在结构与核心命题，即“道——德（得）——境界——功夫（术）”。它包括三个层次：第一层次，道包含天人之际与真善之间；第二层次，德包含性与天道和学问德性；第三层

---

① 杨国荣：《人类行动与实践智慧》，271～274页，北京，生活·读书·新知三联书店，2013。

② 杨国荣：《理性与价值——智慧的历程》，1～6页，上海，上海三联书店，1998。

③ 林可济：《哲学：智慧与境界》，1～161页，北京，社会科学文献出版社，2013。

次，境界包含本体功夫与道术关系。以西方哲学智慧为参照系，方同义还概括了中西智慧的不同特征：即中国智慧重视实践形式，西方智慧重视理论形式；中国智慧强调境界之智，西方智慧强调对象之知；中国智慧更关注人的目的，西方智慧更关注自然因果；中国智慧注重综合贯通，西方智慧注重分门析类。他还分别论述了儒家、道家、墨家和法家的智慧，最后阐述了中国传统智慧的现代转化。①

总之，近现代对智慧的专门研究逐渐增加，研究内容也日益扩充，尤其是现当代，哲学家们对“智慧”研究表现出浓厚兴趣，纷纷讨论了智慧的内涵、本质、特点、类型、构成要素、价值取向和生成方式等内容，对智慧的相关研究逐步趋向全面和深入。

综合分析中西方哲学领域对智慧的相关论述与研究，可以发现：第一，智慧不同于知识、智力、聪明、明智等概念，也不是人的某一方面的能力或素养，而是一个复杂的、整体的、系统的概念，它是人所独有的，是人性的体现与升华，涉及人的多维度、全方位的发展，是对人的全面本质的占有。第二，智慧实际上是一个历时性概念，因为在不同的时代，人们对智慧的理解是不同的，即智慧的内涵与特征随着时间的推移不断变化，或者说不同的时代赋予了智慧不同的内涵与特征。但不管怎样变化，智慧自伴随人类文明诞生之日起，便始终存在于历史舞台之上，只不过在不同的历史时期呈现为不同的状态。在历史长河中，无论智慧的发展侧重形上理论、精神文明也好，抑或偏向具体实践、物质文明也罢，都是社会历史发展的必然规律。由此可见，智慧实际上是人类的精神文明与物质文明的统一、形而上与形而下的统一、理论与实践的统一、

① 方同义：《中国智慧的精神：从天人之际到道术之间》，18~65页，北京，人民出版社，2003。

道与器（或术）的统一。第三，研究者们对智慧本质的理解主要集中在涉及认知、知识、逻辑思维、真理等的知识论或认识论领域，涉及善恶判断、价值引领与凝道成德等的道德领域，涉及人的情感、愉悦、幸福、直觉、顿悟、创造性、灵感与自由等的审美领域，以及涉及人的实际问题解决、生产制作、科技发明等生活之道的实践领域。简言之，智慧的本质包括知识、道德、审美、实践或者说求真、求善、求美、求实四个方面。

（二）心理学领域对智慧的研究

相对于哲学领域，心理学领域对智慧的研究是比较短暂的。19世纪，心理学从哲学中独立出来，但当时并没有关注智慧这一问题。20世纪初，心理学家霍尔（G. Stanley Hall）最早提到智慧这一概念，他把智慧看作是个人与人类发展的理想目标。20世纪后期，由于毕生发展心理学的迅速发展，人们对成功老龄化（Successful Aging）的认知机能和积极因素进行了探索，智慧问题随之逐渐引起心理学家的关注；同时，随着对智力和创造力研究的深入，人们逐渐意识到，那些只拥有较高智力和较多知识的人未必能对社会做出贡献，有时甚至会阻碍社会和人类文明的发展。① 因此，人类必须运用智慧来解决社会发展过程中遭遇到的各种问题。智慧的重要性不言而喻，这无疑促进了心理学家对智慧的研究兴趣。

总体而言，心理学对智慧的研究可以分为两种取向，即智慧的内隐理论取向和智慧的外显理论取向。智慧的内隐理论是指普通公众在日常生活和工作背景下形成的、以某种形式保留于个体头脑中

① 谷传华：《智慧的外显理论和内隐理论》，载《山东师范大学学报》（人文社会科学版），2014（1），118页。

的对“智慧”和“有智慧的人”的印象、理解、看法、观念或心理表征。智慧的外显理论是指心理学或其他领域的专业研究者提出的关于智慧的定义、构成和评估等方面的具有可操作性的智慧学说或理论体系。

虽然智慧的内隐理论与智慧的外显理论在人称、研究者和理论视角上有所不同[①]，但是两者却密切相关。朱永祥认为，首先，在特定现象的研究初期或者面对新的研究现象和问题时，智慧的内隐理论可以帮助智慧外显理论的研究者大致框定研究的突破口或初步范围，从而大大便利研究的开展；其次，在特定现象的研究后期或者面对已有所研究的旧现象和问题时，已经建立起来的智慧外显理论还可以通过智慧的内隐理论进行检验和验证；再次，对智慧内隐理论的研究还可以有效指导智慧外显理论的应用与实践。[②] 斯腾伯格指出，智慧的内隐理论是智慧的外显理论的起点，智慧的外显理论部分来自普通人在日常生活与工作中形成的智慧内隐理论，因此，对智慧内隐理论的研究能够帮助心理学专业研究者提炼智慧外显理论。[③] 总之，智慧的内隐理论与智慧的外显理论两种研究取向各有优劣，可以互相借鉴、促进、补充和验证。

1. 智慧的外显理论研究

（1）埃里克森的智慧理论

心理学家埃里克森（E. H. Erikson）认为，智慧处于个体人格

---

① 朱永祥：《认知的内隐理论及其分析方法》，载《心理发展与教育》，1991（4），32~37页。

② 朱永祥：《认知的内隐理论及其分析方法》，载《心理发展与教育》，1991（4），32~37页。

③ Robert. J. Sternberg. Implicit Theories of Intelligence, Creativity, and Wisdom. Journal of Personality and Social Psychology, 1985（49）：607-627.

发展阶段的最后一个阶段，而个体的人格发展阶段状况依赖于个体处理每一人生阶段所出现心理危机的情况。因此，他针对个体在每一人生阶段处理心理危机的情况，为每一人生阶段提出了两种截然对立的人格发展状态。当个体处于老年期时，将面对死亡威胁，此时个体处理心理危机从而形成的两种对立人格分别是“绝望”与“整合”，其中的“整合”代表个体已经获得智慧。因为埃里克森所谓“整合”意味着个体能够对自己过往所经历的成败、得失、功过等人生经验进行反思、感悟、融合与总结，能够从整体、系统和抽象的视角看待万事万物，从而获得一种充实感、超脱感和完满感，那么个体就能够坦然面对死亡、毫不畏惧。[①] 也就是说，当个体在老年期已经看透生死问题时，也就获得了智慧。所以在埃里克森看来，智慧就是指当个体面对死亡时所持有的一种对生命本身超脱的、淡然的关注态度。[②] 若是人们想要在困难的、危急的生活境遇中生存，就只能依靠自己的智慧解决心理危机、渡过生存难关。

（2）智慧平衡理论

美国心理学协会主席、耶鲁大学心理学教授斯腾伯格（Robert J. Sternberg）基于智慧的内隐理论、缄默知识和实践智力之间的结合关系提出了著名的智慧平衡理论（Balance Theory of Wisdom）。在他看来，智慧就是个体以价值观为中介，运用智力、知识和创造力，在短期和长期之内通过平衡个人内部、人际的和个人外部的利益，从而更好地适应环境、塑造环境和选择环境，以获取公共利益的过程。[③]

---

① E. H. Erikson. Identity and Life Cycle. New York: International University Press, 1959: 51.

② E. H. Erikson. The Life Cycle Completed. New York: W. W. Norton, 1997: 12.

③ Robert J. Sternberg. Words to the Wise about Wisdom? A Commentary on Ardelt's Critique of Baltes. Human Development, 2004 (47): 287.

简言之，智慧就是导向大众利益的个人与环境之间的互动。根据智慧的定义，智慧平衡理论包括以下三个方面：首先，智力、知识和创造力是智慧的基础或必要条件，智慧来源于对智力、知识和创造力的运用；其次，个人内部的利益指自己的利益，人际的利益指他人的利益，个人外部的利益指个人所在的团体、社区、民族甚或国家的利益，智慧既要平衡个人内部、人际的和个人外部的利益，又要平衡个体适应环境、塑造环境和选择环境的三种行为，同时还要平衡短期利益和长期利益；最后，智慧是以获得公共利益这一价值观为中介的，这一中介在智慧平衡理论中发挥着重要的调节作用。斯腾伯格概括了有智慧人的特征：有智慧的人具有伦理取向的思维方式，喜欢探索在一定程度上可知的真理，喜欢不确定性的情境与事物，能够理解他人的认知、动机和情感，并且在提出问题解决方案时能够考虑到对他人或团体的影响。此外，斯腾伯格还提出了测量智慧的方法：即首先设立一系列关于智慧水平的标准参数，然后向参加者提出若干生活中或人生中可能遭遇的困难问题，要求参加者提出自己的应对策略或解决办法，最后把参加者的解决办法与相应的智慧水平标准参数进行比较，从而评估参加者的智慧水平。

不可否认，斯腾伯格以广阔的视野提出了一个立体的、多方面的智慧平衡理论，具有一定的合理性，但也存在问题。首先，该理论指出智慧的目标是导向公共利益，但并没有定义公共利益是什么。因为在斯腾伯格看来，详细说明公共利益或者价值观是什么并不是心理学领域的研究任务。但是，公共利益定义的缺位使得人们只好依据各自不同的价值观来平衡各种利益、调节与环境的互动行为，这不可避免会导致非道德行为的发生，从而歪曲智慧的本义。其次，斯腾伯格的智慧平衡理论是基于“智慧可以被教”，即智慧被看做是一项可教的技能这一前提而被提出的，然而有人却怀疑智慧的可教性。最后，斯腾伯格所提出的智慧测量方法的信度和效度有待进一步的验证和加强。

（3）柏林智慧范式

德国柏林小组（Berlin Group）的心理学家们致力于应用数量分析的研究方法来研究智慧的相关问题，从而提出了“柏林智慧范式”（Berlin Wisdom Paradigm）。该范式指出，通过科学的心理建构方式来定义智慧比较困难，也许智慧的界定并不能通过心理学的概念、范式得以实现。[①] 尽管如此，柏林小组的心理学家们还是对智慧的概念进行了界定。他们认为，智慧是关于基本的生活实用主义的专业知识系统。其中，“基本的生活实用主义”是指对于较好生活方式的洞察、计划和管理。根据智慧的定义，巴尔特斯（P. B. Baltes）等人认为“有智慧的人”不仅在思想品德方面表现优秀，而且具备较好处理生活问题的专业知识。柏林智慧范式由五个标准构成，它们分别是：事实性知识、程序性知识、关于生命周期的知识、相对主义价值知识和关于生活不确定性的知识，其中前两个标准处于较低的层次，后三个标准处于较高的层次。[②] 具体来讲，第一个标准“事实性知识”是指有关人类本质、个体发展、人际关系和社会规范等方面的知识；第二个标准“程序性知识”是指如何解决生活问题、处理生活冲突的策略或方式，即关于“怎么做”的知识；第三个标准“关于生命周期的知识”是指从过去、

① P. B. Baltes, Ursula Staudinger. Wisdom: A Metaheuristic Pragmatic to Orchestrate Mind and Virtue Toward Excellence. American Psychologist, 2000, 55 (1): 122-123.

② P. B. Baltes, Jacqui Smith. The Fascination of Wisdom: Its Nature, Ontogeny, and Function. Perspectives on Psychological Science, 2008, 3 (1): 58.

现在和将来这一生命周期的角度来考虑有关生活领域的阶段性问题以及各阶段之间相互关系的知识，即关于生活情境及其随时间而改变的知识；第四个标准“相对主义价值知识”是指承认没有绝对的、唯一的价值标准，不同个体具有不同的价值观念，即考虑到价值观念与生活目标多元化的知识；第五个标准“关于生活不确定性的知识”是指由于人类生活变幻莫测、充满了各种不确定性与无限可能性，因而人类无法洞悉一切以便做出当前最好的决定，也无法完全合理地解释为何在过去会发生某事，更无法完美地预知将来会发生什么，而有智慧的人能够明确意识到生活中的各种不确定性，能够做到镇定自若、从容应对、顺势而为。

在智慧的测量方法上，柏林小组的心理学家们首先向被试呈现各种各样比较困难的生活问题，然后通过询问被试对这些生活难题的解决方法来研究个体的智慧表现。例如，首先询问被试这样一个问题：假如你的好朋友打电话告诉你他（她）决定自杀，你会怎么想？你会怎么处理这个问题？然后要求被试即刻说出对于这个问题的处理办法，研究者同时记录被试的回答内容。然后由经过集中培训的专门人员根据柏林智慧范式的上述五个标准使用七点标尺法来评估被试的回答内容。最后根据所得分数来评价被试的智慧水平。不可否认，这种测量智慧的方式具有一定的合理性，但询问被试的这些“生活难题”仅仅是研究者的假设，并不是当下真实发生的事情，因此被试只能根据自己在过去生活中所积累解决生活难题的经验来回答。与被试在现实生活中真正遭遇诸如此类生活难题时的表现相比，这些回答更多是想象中的和理想化的，因此这种测量智慧的方式挑战性较小，信度与效度较低。

柏林小组的心理学家们还深入研究了智慧的年龄发展阶段及其

特征。他们认为，个体的智慧发展水平在青春期和成年早期（15—25 岁）迅速发展，在中年期和老年早期（26—75 岁）趋于平稳发展状态，而进入晚年期（等于或大于 76 岁）后个体的智慧可能会发展到极限，之后反而呈下降趋势。[①] 这说明，并不是人的年龄越大人就越有智慧，因为个体智慧的增长并不是只受年龄因素的影响，上述柏林智慧范式的五个构成标准对智慧的增长起着更大的影响作用。因此，只有综合协调影响智慧发展的各方面因素，个体才有可能随着年龄的增长越来越有智慧。

（4）智慧的跨学科整合理论

心理学家罗宾斯（Shani Robins）在临床经验的基础上提出了由不同学科要素交互作用形成的智慧跨学科整合理论。根据这一理论，“智慧不仅包括关于各种事物的事实性知识，而且还包括关于问题解决、过程步骤等方式方法的程序性知识”[②]。智慧的跨学科整合理论要求个体以系统的视角和方法看待各种事物，承认个体生活中固有的不确定性，并且认识到个体感知与经验的相对性、暂时性、主观性和有限性。根据该理论，智慧不仅与人的期望、信念以及伴随信念而来的情感反应有关，而且与源于信念并造就信念的认知的、生理的、行为的、人与人之间的、家庭的和社会的等因素有关，所有这些因素紧密地、动态地相互作用从而在个人智慧发展过程中共同发挥作用。

作为智慧跨学科整合理论的实践应用，罗宾斯发明了智慧疗

① U. M. Staudinger, A. G. Maciel, J. Smith, P. B. Baltes. What Predicts Wisdom-Related Performance? A First Look at Personality Intelligence and Facilitative Experiential Contexts. European Journal of Personality, 1998, 12 (1): 1-17.

② Shani Robins. Wisdom Therapy Institute: Introduction. Journal of Psychology Research, 2007 (2): 33.

法。所谓智慧疗法，就是由冥想、认知行为技术、放松训练、解决问题等不同领域技术要素构成的一种跨学科综合疗法。智慧疗法的目的在于促进和平衡整个跨学科系统内的情感与认知发展。除了致力于促进自我治疗，智慧疗法还同时致力于促进自我超越，这一点与佛教心理学相一致。从临床经验上讲，通过智慧疗法促进智慧相关维度的发展不仅有效减少了愤怒的强度和频率，而且也减少了个体的自我中心意识。不仅如此，智慧疗法还从多个角度激发了人的多个方面的内在潜力，这集中体现了智慧的跨学科愿景。但是，这一疗法缺乏广泛的实证检验，其普适性有待进一步加强。

（5）“超越智慧”理论

受哲学或宗教中所讲沉思、冥想、超脱、出世、涅槃等精神性活动的影响和启发，有些心理学研究者提出了一种智慧的超越理论，称之为“超越智慧”理论。尽管该理论的不同倡导者有着不同的具体主张，但他们的核心观点却大同小异，即都主张智慧是人超越有限、狭隘、利己的自我，而追求大爱、同情、慷慨、包容、创造、自由和开放等价值观的心理状态。

例如，莱（Thao N. Le）和利文森（Michael R. Levenson）认为，智慧是一个涉及自我超越的发展过程。他们把“自我超越”定义为：第一，远离自我中心意识的能力；第二，在看问题时有清楚的本质意识；第三，在社会生活和个体生活中具有充分的自由。[①] 莱还单独撰文把“超越智慧”定义为人对现实自我的洞察与超越，即人对在人类经验中占主导地位的主观性、偏见和自我

① Thao N. Le, Michael R. Levenson. Wisdom as Self-Transcendence: What's Love (& Individualism) Got to Do with it? . Journal of Research in Personality, 2005 (4): 443-457.

中心的超越。[①] 而温克（Paul Wink）和赫尔森（Ravenna Helson）则把“超越智慧”定义为：人类能够领悟到知识的本质和局限，并且试图超越个体有限的知识、个人狭隘的自私自利，而追求抽象的、无限的、自由的内在精神的一种心理状态。[②] 总之，万变不离其宗。

（6）智慧的进化解释学说

心理学研究者西卡森特米哈伊（Mihaly Csikszentmihalyi）和纳卡穆拉（Jeanne Nakamura）提出了智慧的进化解释学说。这一学说基于对智慧的跨年龄理解，认为人类行为进化的历史过程对解释人类智慧具有重要的价值。在他们看来，“智慧”这一概念包括三个部分：第一，智慧具有认知维度，它通过对人类知识的整体理解寻求事物的本质；第二，智慧具有道德维度，它遵循人类世界的道德规范体系、引导人类行为，使人过一种向善的道德生活；第三，智慧具有行动维度，它要求将人类知识和道德规范转化为活生生的人类实践。他们还指出，有智慧的人应该具有执著的毅力、较高的智力和充分反思的能力等特征，并且人的智慧是随着人类的进化与发展过程而不断变化的。[③] 在这一理论思想指导之下，西卡森特米哈伊和纳卡穆拉进一步研究了智慧在人的不同年龄阶段的不同表现。

（7）“观念反思”智慧学说

麦基（Patrick Mckee）和巴伯（Clifton Barber）提出了“观念

---

① Thao N. Le. Life Satisfaction, Openness Value, Self - Transcendence, and Wisdom. Journal of Happiness Studies, 2011 (2): 171-182.

② Ul Wink, Ravenna Helson. Practical and Transcendent Wisdom: their Nature and Some Longitudinal Findings. Journal of Adult Development, 1997 (4): 1-15.

③ Mihaly Csikszentmihalyi, Jeanne Nakamura. The Role of Emotions in the Development of Wisdom. Applications of Flow in Human Development and Education, 2014 (9): 99-116.

反思”智慧学说。他们认为，从根源上讲，智慧来源于对错误观念的反思。智慧由三个因素构成：第一，清楚地洞察到某个信念是错误的；第二，对错误观念的自由觉知；第三，对通过反思而获得的正确观念的执著追求。进言之，与斯腾伯格一样，麦基和巴伯认为智慧的本质不仅在于知道“是什么”，而且在于知道“怎样做”。从这个意义上讲，智慧不仅仅是陈述性知识与事实的积累，而且是程序性地应用知识的能力以及指向自己和他人的善行。[①] 事实上，麦基和巴伯所提出的智慧含义与之前许多心理学家们提出的智慧含义存在共性，即对事物的正确理解与深入洞察。在“观念反思”智慧学说中，对错误观念的反思是智慧最根本、最主要的内容，但是仅有这一内容就太空洞了，而且这一内容还可以被应用于如批判思维、做出决策和冲突解决等其他心理行为。需要注意的是，“观念反思”智慧学说立足于“错误观念能够被准确地辨别”这一基础假设之上，尤其在一个文化多元、知识爆炸的世界里更应注意这一点，否则这一学说便很难成立。

（8）多维度智慧理论

韦伯斯特（Jeffery Dean Webster）通过“智慧自我评估量表”（Self-Assessed Wisdom Scale，简称 SAWS）提出了一个具有半操作性的多维度智慧理论。SAWS 是韦伯斯特于 2003 年构思的一份 40 项李特克量表，其目的是评估有智慧的人本身所具有的特征。韦伯斯特预想通过这份量表对那些被提名为有智慧的人进行测试，然后访谈那些在测试中得分比较高的人，从而深入了解他们的多维度智

① Patrick Mckee, Clifton Barber. On Defining Wisdom. The International Journal of Aging and Human Development, 1999 (2): 149-164.

慧品质。[①] 施陶丁格（U. M. Staudinger）在比较目前已有智慧测量方法的信度与效度基础之上，认为 SAWS 是目前测量个人智慧水平最科学的多维度量表。他这样评价道：就目前的已有研究而言，韦伯斯特的“智慧自我评估量表”已经被具体应用于智慧的评估与测量，与前人所提出的其他智慧量表相比，这一量表显然更加周密与科学。[②]

韦伯斯特的多维度智慧理论指出，智慧就是人类能够妥善处理生活事务从而促进自己和他人实现最佳发展的能力。该理论还描述了有智慧的人在真实生活环境中的基本知识、积极态度、应急能力以及自主发展四个方面的表现特征。具体而言，这四个方面分别表现为：第一，有智慧的人必须掌握生活中基本实用的专门知识，并且能够运用这些知识做出决策、解决问题；第二，有智慧的人要具备积极的态度，能够通过自主行动实现预期结果；第三，有智慧的人是在处理真实生活中的关键事件与紧急事件中锻炼出来的，而不是在日常生活平凡琐碎的细枝末节中显露出来的；第四，有智慧的人能够反思这些关键事件、紧急事件，能够在纷繁复杂的生活实践中设立明确目标，从而促进自身的最佳发展，即自身全部潜能的实现。[③]

（9）智慧三维模式理论

阿达特（Monika Ardelt）在克莱顿（V. A. Clayton）、比伦

---

① Jeffery Dean Webster. An Exploratory Analysis of a Self-Assessed Wisdom Scale. Journal of Adult Development，2003（1）：13-22.

② U. M. Staudinger. Methods of Measure Wisdom：Comparative Perspective. Frontiers in Psychology，2008（6）：81-90.

③ Jeffery Dean Webster. An Exploratory Analysis of a Self-Assessed Wisdom Scale. Journal of Adult Development，2003（1）：13-22.

(J. Birren) 和克雷默 (N. Kramer) 等人既有研究以及东方传统智慧研究的基础之上，提出了她的智慧三维模式理论，即认知、反思和情感的三维整合理论。在她看来，有智慧的人具有认知的、反思的和情感的三方面个性特征。阿达特的智慧三维模式理论包括：第一，智慧的认知维度。在她看来，智慧的认知维度是指人类不仅能够更加深入理解现实生活，而且洞悉人际和个人内心活动的本质。具体而言，它包括明了人类积极和消极两方面的知识、生活的不可预测性和不确定性，以及知识的内在局限性。第二，智慧的反思维度。它表现为人的自我意识、自我洞察力（自知之明）、自省以及从多个视角看问题的能力。人的自我反思实践能够促进人们的预测能力、主动意识和创新精神的发展，加深我们对现实的深刻理解。第三，智慧的情感维度。它由个人对他人富有同情的爱构成。这种爱弱化了人的自我中心意识，克服了个人的无端推测和主观偏见，促进了人们对他人动机及行为的深入洞察。因此，这种爱允许有智慧的人以更加富有建设性的、同情的方式与他人进行互动。①

阿达特特别关注到了智慧的情感维度，推动了研究者从个人情感方面进行智慧研究的进程。同时，她提出的三维智慧刻度表在评估其智慧三维模式理论的有效性方面是很有帮助的。但是，她的理论也存在某些问题：首先，智慧三维模式理论不仅设计简陋，而且稍显理想主义倾向，缺少实证方法的有效支持；其次，尽管人的自我反思实践和自我中心意识的减少导致了人们同情心的增加，但这种对他人的同情与关怀较多地停留在人们的动机层面，而作为行为

① Monika Ardelt. Empirical Assessment of a Three-Dimensional Wisdom Scale. Research on Aging, 2003, 25 (3): 275-324.

结果的同情与关怀却被忽视了。

（10）智慧的德才兼备理论

我国心理学研究者汪凤炎和郑红提出了智慧的德才兼备理论。他们认为，智慧是指个体在其智力与知识的基础上，经由经验与练习习得的一种德才兼备的综合心理素质。个体一旦拥有这种综合心理素质，就能让其在身处某种复杂问题情境时适时做出以下行为：个体在其良心的引导下或善良动机的激发下，及时运用其聪明才智去正确认知和理解所面临的复杂问题，进而采用正确、新颖且最好能合乎伦理道德规范的手段或方法高效率地解决问题，并保证其行动结果不但不会损害他人的正当权益，还能长久增进他人或自己的福祉。① 因此，良好品德与聪明才智的有机统一就是智慧的本质。总之，该理论包括相互关联的四个要点：对智慧概念的界定、对智慧结构的看法、对智慧的分类以及对影响智慧生成与发展因素的探讨。②

2. 智慧的内隐理论研究

智慧的内隐理论是通过询问普通公众心目中对智慧的理解或看法而获得的一种共识。智慧内隐理论的相关研究侧重探讨普通公众对于智慧含义的理解以及有智慧的人（Wise Person）所具有的特征，以便发现普通公众心目中关于智慧的非正式理论。③ 根据研究方法的不同，智慧的内隐理论研究可以分为三类：特征词等级评定

---

① 汪凤炎、郑红：《品德与才智一体：智慧的本质与范畴》，载《南京社会科学》，2015（3），131页。

② 汪凤炎、郑红：《智慧心理学的理论探索与应用研究》，6页，上海，上海教育出版社，2014。

③ 谷传华：《智慧的外显理论和内隐理论》，载《山东师范大学学报》（人文社会科学版），2014（1），121页。

研究、以日常生活为背景的智慧的内隐理论研究以及智慧的内隐实验研究。①

(1) 特征词等级评定研究

特征词等级评定研究的基本步骤包括：首先，收集人们对智慧或有智慧的人的特征描述词；其次，对这些特征描述词进行等级评定及因素分析（或者进行相关特征分类及多维标度分析）；最后，获得人们内隐的智慧组成成分。②

1976 年，心理学家克莱顿（V. A. Clayton）收集普通公众描述有智慧的人的词语，如“经验丰富的”“自省的”“直觉的”等，然后要求被试评价这些词语之间的相似程度，并进行多维标尺法分析，结果发现智慧具有两个维度，即情感与反思。③ 后来，克莱顿进一步修正完善了自己的研究。研究表明，智慧是对认知性、反思性和情感性三种心理品质的整合。④ 霍利迪（S. G. Holliday）和钱德勒（M. J. Chandler）采用主成分分析法获得了智慧的五个潜在因子：即卓越的理解力、判断和交流的技能、一般能力、人际能力和社会谦逊，其中前两个因子被认为是智慧的核心特征。⑤ 斯腾伯格通过多维标尺分析得出智慧的六个构成要素：即逻辑思维能力、睿

① 侯祎：《智慧的内隐理论研究：以大学生为例》，16~26 页，北京，中国书籍出版社，2012。

② 侯祎、刘昌：《智慧的内隐理论研究的回顾与展望》，载《心理研究》，2010 (4)，13~18 页。

③ V. A. ClaytonL. Multidimensional Scaling Analysis of the Concept of Wisdom. USA：University of Southern. California，1976：150.

④ V. A. Clayton，J. Birren. The Development of Wisdom across the Lifespan：A Reexamination of an Ancient Topic. Lifespan Development and Behavior，1980 (3)：103-135.

⑤ S. G. Holliday，M. J. Chandler. Wisdom：Explorations in Adult Competence. Basel，Switzerland：S. Karger AG，1986：96.

智、从理论和环境中学习、判断力、迅速获取并运用信息的能力以及敏锐的洞察力。① 詹森（L. A. Jason）、赖克勒（A. Reichler）和金（C. King）研究出智慧的五要素包括：智力、温情、灵性、通感以及和谐。② 赫尔歇（D. A. Hershey）和法雷尔（A. H. Farrell）认为智慧的构成要素包括：反思性判断、性格特质（如内向、安静、稳重）和去自我中心。③ 侯祎对我国大学生的智慧观进行调查，得出大学生们对智慧含义的理解包含友善、博识聪颖、做事投入、非权力影响力、造福他人、质朴、睿智、受人敬爱和淡泊豁达等九个因素。④

尽管不同研究者对智慧的构成要素观点各异，但其实这些要素的内容常有交叉。心理学研究者布卢克（S. Bluck）和格鲁克（J. Glück）在过去研究成果的基础之上进行总结，发现了五个普遍认可的智慧构成要素：第一是认知能力，绝大部分研究都显示出智慧具有比较强的认知基础，并且几乎所有研究结果都表明智力是人们具有智慧的前提；第二是洞察力，即人们透过现象抓住问题实质的能力；第三是反思能力，是指人们在说话和做事的过程中能够对事物、他人和自己进行深度思考与反省的能力；第四是关心他人的能力，这要求人们要善意地对待他人，理解他人的感受，听取他人

---

① Robert J. Sternberg. Implicit theories of Intelligence, Creativity, and Wisdom. Journal of Personality and Social Psychology, 1985 (49): 607-627.

② L. A. Jason, A. Reichler, C. King. The Measurement of Wisdom: A Preliminary Effort. Journal of Community Psychology, 2001 (29): 585-598.

③ D. A. Hershey, A. H. Farrell. Perceptions of Wisdom Associated with Selected Occupations and Personality Characteristics. Current Psychology: Developmental, Learning, Personality, Social, 1997 (16): 115-130.

④ 侯祎：《大学生智慧的内隐理论研究》，博士学位论文，南京师范大学，2009，58 页。

的意见，公正地对待和尊重他人；第五是处理现实问题的能力，即人们在解决真实生活场景中的问题时要具有良好的判断能力和敏感性，能够认识到个人视野的局限性，并且能够想出实际建议的一种社会能力。①

（2）以日常生活为背景的智慧研究

这一类研究可以分为两种：第一，自传式叙述研究。这种研究首先是运用访谈法请被试陈述自己在日常生活中表现出的智慧行为，然后分析被试所陈述的材料以了解被试对智慧的相关看法。第二，提名智慧者研究。这种研究是先让被试选出他们自己认为有智慧的人，然后再对这些被提名者的各方面特征进行分析。

第一，自传式叙述研究。自传式叙述研究就是让被试叙述自己在生活中与智慧有关的言行，以便研究者获得相关材料进行分析的过程。布卢克和格鲁克让被试叙述对自己的生活或人格发展有重要影响的生活事件，然后考察被试一般在何种生活情境中能够显示出智慧。研究结果表明：多数被试通常在应对负性事件、进行生活决策以及生活管理的时候表现出智慧。② 杨世英针对我国台湾地区所做的研究显示，被提名为有智慧的人对自己曾经做过的智慧事件进行了回顾，它们可被归纳为五类：第一，择定人生发展的方向与目标；第二，披荆斩棘做自己认为正确的事；第三，对他人或社会有所帮助或贡献；第四，实现目前的人生目标或理想；第五，积极解

① S. Bluck, J. Glück. From the Inside out: People's Implicit Theories of Wisdom, in A Handbook of Wisdom: Psychological Perspectives. edited by Robert J. Sternberg, Jennifer Jordan. New York: Cambridge University Press, 2005: 84-109.

② S. Bluck, J. Glück. Making Things Better and Learning a Lesson: "Wisdom of Experience" Narratives across the Lifespan. Journal of Personality, 2004 (72): 543-573.

决在工作过程中遭遇到的难题。①

第二，提名智慧者研究。心理学研究者保卢斯（D. L. Paulhus）、威尔（P. Wehr）、哈姆斯（P. D. Harms）和施特劳斯（D. I. Strausser）请大学生被试们列出他们所认为的最有智慧的人的名字，这份名单包括：耶稣基督、苏格拉底、马丁·路德金、所罗门、特丽萨修女、罗马教皇、温斯顿·丘吉尔、温弗雷德、曼德拉、安·兰德斯、女皇伊丽莎白、佛、甘地和孔子等。分析这些人发现，其中许多人是著名政治家、宗教的领袖和哲学家，或者是一些通过和平的、富于同情心的方式来改变世界的人。② 在詹森等人的研究中，被试谈到了被提名者所具有的智慧特征，其中被提到最多的是被提名者的爱、睿智、热情、洞察力和领导力。③ 而且，大多数被提名者都相对年长。波尔马特（M. Perlmutter）、亚当斯（C. Adams）和奈奎斯特（L. Nyquist）的研究表明，78%的被试认为智慧与年龄具有很大相关性，因此他们所提名的人年龄多数都超过了五十岁。④。此外，这些研究中的被提名者多是男性，如在詹森等人的研究中，在被提名

---

① 杨世英：《台湾华人在日常生活中所展现的智慧》，见《第四届华人心理学家学术研讨会暨第六届华人心理与行为科技学术研讨会论文集》，55～60页，北京，中央研究院民族学研究所，2002。

② D. L. Paulhus, P. Wehr, P. D. Harms, D. I. Strausser. Use of Exemplar Surveys to Reveal Implicit Types of Intelligence. Personality and Social Psychology Bulletin, 2002 (28): 1051-1062.

③ L. A. Jason, A. Reichler, C. E. King. The Measurement of Wisdom: A Preliminary Effort. Journal of Community Psychology, 2001 (29): 585-598.

④ M. Perlmutter, C. Adams, L. Nyquist. Beliefs about Wisdom. Journal of Community Psychology, 1988 (10): 123-139.

为有智慧的人中男性占 66%①。

（3）智慧的内隐实验研究

这类研究是通过给予被试有智慧的人的信息（如年龄和性别），研究有智慧的人的特征（如年龄和性别特征）对被试判断有智慧的人的智慧水平所产生的影响。心理学研究者奈特（A. Knight）和帕尔（W. Parr）的研究控制了有智慧的人的年龄，结果发现智慧水平与人的年龄呈现正相关关系，即年长的有智慧的人一般被认为比年少的有智慧的人更加智慧。② 但是希拉（F. Hira）和福克纳（P. Faulkender）的研究却没有重复验证上述结果，他们控制了有智慧的人的年龄和性别，即一位年轻男性、一位年轻女性、一位老年男性和一位老年女性，结果显示出强烈的交互作用，即老年男性被认为明显地比年轻男性更有智慧，而年轻女性被认为明显地比老年女性更有智慧，这说明无法根据人的年龄和性别两个变量来有效地、充分地评判人的智慧水平。当然，研究者认为实验结果可能会受到被试面部表情等非言语线索的影响。③ 而斯坦格（A. Stange）等的研究结果又不一样，他们认为虽然年龄、性别等变量都与智慧的评定等级存在一定关系，但是诸变量之间并没有形成显著的交互作用。④ 这种研究结果的不一致性表明年龄与性别并不能作为评价

① L. A. Jason, A. Reichler, C. E. King. The Measurement of Wisdom: A Preliminary Effort. Journal of Community Psychology, 2001 (29): 585-598.

② A. Knight, W. Parr. Age as a Factor in Judgments of Wisdom and Creativity. New Zealand Journal of Psychology, 1999, 28 (1): 37-47.

③ F. Hira, P. Faulkender. Perceiving Wisdom: Do Age and Gender Play a Part? . International Journal of Aging and Human Development, 1997 (44): 85-101.

④ A. Stange, U. Kunzmann, P. B. Baltes. Perceived Wisdom: the Interplay of Age, Wisdom-Related Knowledge, and Social Behavior: The Annual Convention of the American Psychological Association. Toronto: Canada Press, 2003.

某人是否智慧的充分依据，智慧的评判还与人们的行为、人格、道德等要素有重要关系。

智慧内隐理论的三类研究各有优缺点。第一，虽然特征词等级评定研究为智慧提供了语言学水平上的抽象描述，但并没有说明在具体情境与现实生活中有智慧的人的特征；第二，以日常生活为背景的智慧研究把智慧置于日常生活背景与具体情境中进行研究使其具有具体可感性，同时也获得了许多有智慧的人在真实生活中相关言语和行为的质性资料；第三，智慧的内隐实验研究在更加精细化的程度上分析个体做出智慧判断的潜在依据，但缺点是实验室效应，即被试在实验室中评定一个人是有智慧的，但并不意味着被试在日常生活中也会这样评定，也就是说，研究结果并不一定符合现实生活。总之，上述三类研究获得的研究结果既有交汇又有差异，而差异在很大程度上来源于方法的差异，所以三类研究应相互补充、相互验证。①

二、关于“智慧教育”的文献综述

近年来，“智慧教育”已经成为教育研究的热门话题，“智慧教育”这一术语也已经被学界和社会所普遍接受。关于智慧教育的研究文献呈现逐年增长之态势，综合分析目前学术界关于“智慧教育”的文献，大致可分为两条进路：

第一条进路是从教育技术与信息化的领域内研究“智慧教育”，即把智慧教育视为教育信息化发展的新形态，旨在通过信

① 侯祎：《智慧的内隐理论研究：以大学生为例》，25页，北京，中国书籍出版社，2012。

息技术等教育方式的改变使教育教学更加便捷、高效和智能，实现智能信息技术与教育的深度融合，从而大大提高教育教学的效率与质量。

遵循第一条研究进路的文献非常多，占整个“智慧教育”研究总量的三分之二。马小强等人将“智慧教育”这一概念放到“教育信息化”的大框架内进行理解，认为智慧教育是教育信息化发展的高级形态和新的发展模式，因为智慧教育理念的核心思想，就是采用最为先进的信息技术手段，采集、获取学习者的学习需求，了解学习者当下的学习状态，根据学习者的学业水平智能地提供全过程学习支持和及时的评价反馈，并根据学习过程进行动态调整，通过为每一个学生提供更好的人性关怀，实现教育优质均衡发展，形成“人人皆学、处处能学、时时可学”的学习型社会。① 陈琳和王运武认为，智慧教育是高度信息化支持发展的教育新形态，是适当而有效地利用物联网、云计算、新型显示、大数据、多维打印、虚拟仿真、智能化等现代信息技术实现智慧化教学、智慧化学习、智慧化评价、智慧化管理、智慧化服务以及增进学生高级思维能力和创新创造能力培养的教育，是信息时代教育现代化的核心与标志。② 曹培杰认为人工智能驱动了智慧教育，智慧教育在人工智能时代蓄势待发，因此主张利用智能技术构建与人工智能时代相适应的智慧教育体系。在他看来，智慧教育是指以“人的智慧成长”为导向，运用人工智能技术促进学习环境、教学方式和教育管理的智慧转

---

① 马小强、施建国、程莉莉、王珠珠：《智慧教育的发展及价值取向分析》，载《中国电化教育》，2017（12），1~6 页。

② 陈琳、王运武：《面向智慧教育的微课设计研究》，载《教育研究》，2015（3），128 页。

型，在普及化的学校教育中提供适切的学习机会，形成精准、个性、灵活的教育服务体系，最大限度地满足学生的成长需要。在这样的智慧教育中，学习环境要从“教育工厂”转变为“学习村落”，学习方式要从“学以致用”转变为“用以致学”，教育管理要从科层机构转变为弹性组织。① 黄荣怀把智慧教育理解为一种智慧教育系统，由智慧学习环境、新型教学模式和现代教育制度三重境界所构成，这三重境界在“智慧”显现度、过程稳定性、涉及范围等方面具有明显的层级关系，智慧教育具有感知、适配、关爱、公平与和谐五个本质特征，是教育信息化的高端形态。② 张立新和朱弘扬梳理了美国、英国、韩国等国对智慧教育的研究与实践，指出它们对智慧教育的研究主要集中在基本内涵、特征和实施路径三个方面：首先，在对智慧教育基本内涵的理解上，它们都突出强调了利用智能信息技术实现知识共享与资源共享的重要性；其次，它们基本都认为智慧教育具有智能化、个性化、多元化和生态化等基本特征；再次，在智慧教育的实施路径上，它们更新教育理念、提升教师信息技术应用能力，建构智慧教育环境、打造智能学习系统，并且部署数字教材、创新学习活动。在此基础之上，张立新和朱弘扬还进一步分析了国际智慧教育研究对我国智慧教育研究与发展的启示：第一，智慧教育不仅是一种技术化的教育，更是一种新型的教育形态；第二，从应用到融合，加快推进智能技术支持下的教育系统转型；第三，构建智慧教育公共服务平台，提供一体化解

---

① 曹培杰：《智慧教育：人工智能时代的教育变革》，载《教育研究》，2018（8），121～128页。

② 黄荣怀：《智慧教育的三重境界：从环境、模式到体制》，载《现代远程教育研究》，2014（6），3～10页。

决方案；第四，建设智慧教育示范基地，共享建设经验；第五，政府支持、企业参与，加强政、企、校三方合作；第六，协同人与技术的关系，重视教师和学生技术能力的培养。[①] 陈琳等认为，由IBM公司“智慧地球”派生的“智慧教育”，并不是真正意义上的智慧教育，其实质仅仅是较高层次的教育信息化，真正的智慧教育以创新创造为最大特征，是智慧时代所呼唤的、与时代相匹配并以引领时代为己任的新教育，因此教育要建构培养时代之人的新制度、新秩序、新模式与新方式，让教育真正具有时代智慧。[②]

综合第一条进路的智慧教育研究可以发现：第一，关于智慧教育的理论探索与实践应用关注的核心问题都是学生的“学习过程”，核心目的都是为了优化学习过程、提高学习绩效；第二，智慧教育的研究与实践是以先进的信息技术手段为重要支撑的；第三，智慧教育的平台开发与应用过程是以应用和需求为导向的，着力于解决教学过程中的实际问题；第四，智慧教育的实践应用研究相对于平台开发研究比较薄弱，而且已有的实践研究成果之间往往彼此孤立、各自为政。[③]

总之，遵循第一条进路的智慧教育研究是教育信息化的高端形态，是智能技术手段与教育的融合，侧重教育方式的变革，并不是真正意义上的智慧教育，严格来讲，应称为“智能教育”（Smart Education）而不是“智慧教育”（Wise Education）。

---

① 张立新、朱弘扬：《国际智慧教育的进展及其启示》，载《教育发展研究》，2015（5），54~59页。

② 陈琳、孙梦梦、刘雪飞：《智慧教育渊源论》，载《电化教育研究》，2017（2），13~18页。

③ 马小强、施建国、程莉莉、王珠珠：《智慧教育的发展及价值取向分析》，载《中国电化教育》，2017（12），3页。

第二条进路是把智慧教育作为一种新的教育理念和价值追求来进行研究，这样的智慧教育致力于启迪人的智慧、培养有智慧的人，使人品味智慧人生、享受美好生活，涉及教育目的、结构、内容、模式、方式、方法、条件等整个教育系统的变革，因而是真正意义上的智慧教育。

遵循第二条进路的研究文献相对较少，占整个“智慧教育”研究总量的三分之一。英国哲学家洛克（J. Locke）在《教育漫话》中提出绅士教育要培养绅士的四种品质，即德行、智慧、教养和学问，其中智慧是指一个人在世上处理其个人事务时精明强干并富于远见，是善良天性、心智专一和经验结合的产物，非儿童所能企及。[①] 英国哲学家和教育理论家怀特海（A. N. Whitehead）在《教育的目的》中批判了教师填鸭灌输式的知识传授方式、学生僵化的思维以及呆滞保守的思想，提出教育的全部和最终目的就是在于使人拥有活跃的智慧。在他看来，尽管智力教育的主要目的在于传授知识，但除此之外，智力教育还应该追求更高的目标，即为智慧的培养提供知识基础。而智慧就是一种掌握知识的方法与能力，它涉及知识的掌握、处理，解决相关问题时对知识的选择，以及在实际生活中运用相关知识以确证我们的直觉经验的过程。简言之，智慧就是掌握、处理、选择以及运用知识的能力。学校教育的任务就在于把孩子的知识转变为成人的智慧力量。[②] 印度哲学家克里希那穆提（J. Krishnamurti）认为，正确的教育是指唤醒智慧，培育一种完整的生活，唯有这种教育才能创造出一种新的文化和一个和平的世

① ［英］洛克：《教育漫话》，杨汉麟译，128～132 页，北京，人民教育出版社，2005。

② 王承绪：《现代西方教育论著选》，139 页，北京，人民教育出版社，2001。

界。在他看来，智慧是人感知整体的能力，是理智、行动与爱的整合，是对生活方式的了解能力，是对正确价值的知觉力。自由是智慧存在的条件，自我认识是智慧的开端。因此教育要提供自由宽松的条件，从认识自我开始，培育使人完整一致的智慧，使人做一个完整的人，拥有一种完整的生活观。① 美国心理学家斯腾伯格等人提出了智慧平衡理论，并将这一理论与教育相结合，提出了“教出有智慧的学生”“为智慧而教”的教育教学理论。斯腾伯格等认为，学校教育理应培养学生的智慧，学校要在学习目标中凸显智慧，智慧必须始终贯穿于课时计划与课程设计之中，教师可以采用支架教学、案例教学等方法发展学生的智慧，鼓励学生形成反思性思维、对话性思维和辨证性思维这三种智慧型思维技能，并将对这三种智慧型思维技能的培育渗透到不同年段的各个学科领域。不仅如此，斯腾伯格等还提出了教师“为智慧而教”的六项一般准则，即鼓励学生阅读文学、哲学经典名著，鼓励学生将阅读名著的体会运用到生活之中，鼓励学生在反思中形成积极的价值观，重视创造性思维、实践性思维的培养并寻求人们的共同福祉，教师要以身作则示范智慧的行为，运用苏格拉底的“产婆术”培养学生的智慧等。②

钱学森为培养杰出创新人才，提出了“集大成、得智慧”的“大成智慧学”教育构想。钱老说：“大成智慧是性智与量智相结合。”③ 这意味着，大成智慧教育的核心思想是要集合理、工、文、

① ［印］克里希那穆提：《一生的学习》，张南星译，57~74页，北京，群言出版社，2004。

② ［美］罗伯特·斯腾伯格等：《教出有智慧的学生：为智慧、智力、创造力与成功而教》，杜娟等译，85~91页，福州，福建教育出版社，2011。

③ 钱学森：《钱学森书信选》，下卷，746页，北京，国防工业出版社，2008。

艺诸科，将自然科技与社会人文相结合、科学与艺术相结合、逻辑思维与形象思维相结合，[①] 以实现学生对众学科、众门类知识体系的大跨度融合与触类旁通，从而成为具有系统思维与创新精神的智慧型人才。陈桂生认为，智慧的要义包括在处理事务中显示出来的机智的选择和善意；智慧只存在于真理之中，而真理是在求知中获得的；尽管大智大慧的杰出人士可遇而不可求，但普通人倒也不乏智慧，因而可以把"智慧"作为"教育问题"讨论。[②] 叶澜指出，"天人合一"是中国哲学传统中的最大命题，蕴含着中国教育的根本精神和智慧，中国哲学传统中的智慧与知识、经验有关，集中表现在认识事物之方法论的独特上，包括综合思维方式、互通互化的关系思维和时势运转的思维方式，具体表现为人在各种情境、遭遇、意外乃至危急状况中迅速生成的、与常规不同的解决问题的能力，是一种与实践密切相关的智慧哲学。[③] 吕建国指出，智慧之内涵应该就是人类孜孜以求的真、善、美，那么在教育看来，智慧建基于"真"的认知、得力于"善"的情怀、落脚于"美"的行为。[④] 陈卫东认为，智慧教育是理想教育所包含的一种教育思维方式、目标定位和组织形式。[⑤] 靖国平区分了狭义的智慧教育与广义的智慧教育两个基本层次：狭义的智慧教育是指智力的教育；广义

---

① 钱学敏：《钱学森对"大成智慧学"的探索——纪念钱学森百年诞辰》，载《西安交通大学学报》（社会科学版），2011（6），6~18页。

② 陈桂生：《也谈"有智慧的教育"》，见吴国平主编：《教师人文智慧》，14~18页，上海，上海辞书出版社，2011。

③ 叶澜：《中国哲学传统中的教育精神与智慧》，载《教育研究》，2018（6），4~7页。

④ 吕建国：《智慧·智慧教育·智慧文化》，载《江苏教育研究》，2015（34），15~16页。

⑤ 陈卫东：《"智慧教育"要有智慧》，载《人民教育》，2017（5），36~38页。

的智慧教育认为人的智慧应是理性（求知求真）智慧、价值（求善求美）智慧和实践（求实践行）智慧的有机统一；当代教育观念的变革，迫切需要从狭义的智慧教育上升到广义的智慧教育。①他还在另一篇文献中指出，智慧的教育是人性的、以人为本的、以人为目的的教育，是以开发人的智慧潜能，培养人的智慧品质，引导人过智慧的生活的教育。②

在宋孝忠看来，智慧教育既必要又重要，因为知识教育的异化要求教育“转识成智”、教育的真谛在于培养人的智慧以及社会发展迫切呼唤智慧教育，而智慧教育就是教人学会质疑、教人张扬个性和教人走向生活的教育。③ 陈飞虎认为，融知识、德性于一体的智慧是大学教育持久性的共同客体，大学教育最重要的任务是帮助人类获得更多的智慧，智慧是大学教育的最高目标和永恒追求。④吴志宏认为，有知识不等于有智慧，掌握很多实用技能也不等于有智慧，有智慧的教育的特征是：学生提出更多为什么，学生拥有更多参与学习和自由表达的机会，学生对学习内容感兴趣、有好奇心和探究欲，学生具有质疑和评判的能力，学生能够展开想象的翅膀、拓展广阔的心灵，学生具有自信心，学生对自己以及身边的人和事有深刻的感受，学生有着丰富的内心情感世界和对真善美的热切渴望。⑤ 成尚荣认为智慧是以美德为支撑的、以能力为核心的、

---

① 靖国平：《从狭义智慧教育到广义智慧教育》，载《河北师范大学学报》（教育科学版），2003（3），48~53页。

② 靖国平：《关于智慧教育的几点思考》，载《江苏教育研究》，2010（18），4~5页。

③ 宋孝忠：《走向智慧教育》，载《教育研究与实验》，2005（2），24~26页。

④ 陈飞虎：《智慧：大学教育的最高目标》，载《湖南师范大学学报》（教育科学版），2013（4），42~46页。

⑤ 吴志宏：《呼唤有智慧的教育》，载《教师博览》，2001（7），5~7页。

科学素养与人文素养相结合的综合体；智慧教育的目的在于超越知识化生存和规范化生存，而追求智慧生存；理念、美德、文化与研究是智慧和智慧教育的重要支撑。[①] 肖士英首先诠释了怀特海智慧教育观的基本内容，包括智慧就是整体性地掌握和运用知识追求首创性创新以获取自由的认知能力，智慧教育的目的是一个以“传授知识”为起点、以运用知识生成智慧为终点的过程性目的，智慧教育统一于生活，智慧教育有其节奏和周期等方面；然后指出了怀特海智慧教育观的内在缺陷，包括知识观基础批判性取向的缺场、智慧观基础的批判性取向缺场、智慧所依赖根据的非批判性取向、游离于确当价值目的工具论、唯主体性取向、德性取向缺场等多种缺陷；最后提出要由唯主体性取向向主体性取向与超主体性取向相融通的综合取向提升、由运用知识取向的智慧教育观向基于健全图式运用知识取向的智慧教育观演进、由运用知识论能力论取向的智慧教育观向健康生存状态论取向的智慧教育观提升、知识观基础由前批判性取向向批判性取向转变、智慧观基础由非批判性形态向批判性形态提升、由德性属性缺场向德性取向在场转变等方式来改进与超越怀特海的智慧教育观，从而走向智慧教育观的新境界。[②]

李子运通过阐述中西方“智慧”概念的不同含义，指出西方对智慧的理解侧重于个体理性逻辑思维的品质及其对宇宙自然知识的掌握，而中国古人理解的智慧侧重个体把握人心与天道的关系的能力及其在人生哲学方面的内在修为；然后指出运用智能信息技术的智

① 成尚荣：《智慧教育：教育的智慧选择》，见吴国平主编：《教师人文智慧》，9~13页，上海，上海辞书出版社，2011。

② 肖士英：《走向智慧教育观的新境界：怀特海智慧教育观的审视与超越》，载《华东师范大学学报》（教育科学版），2015（4），7~14页。

慧教育并不是真正的智慧教育，因为它是被商业行为所驱动、而非由教育内部正常发展而出的，是一种脱离人性、凭借外在介质来诠释的商人“智慧教育”；最后提出信息技术智能与人类智慧有着本质差异，技术的应用并不改变教育的本质，更没有将其“革命”成新的教育形态，因此只有充分体现并尊重“人”的智慧，使“人”的智慧在教育场域得以充分绽放的教育才是真正意义上的智慧教育。[①] 刘玉玲、宋孝忠认为，教育的目的在于培养受教育者追求智慧，完善人性，进而追求完善的人生，这不仅因为智慧是人类完善自我的永恒追求，智慧教育古已有之，而且因为知识教育的异化要求教育“转识成智”，即从“传授知识”转向“培养智慧”，那么，智慧教育就是教人学会质疑、教人张扬个性以及教人走向生活。[②] 刘伟解读了“为智慧存在而教育”和“以智慧方式来教育”这两种对“智慧教育”概念理解的不同侧重点，试图运用语言学中的“概念整合”理论统一教育目的与教育方式、兼容价值引导和实践操作、弥合教育理论与教育实践（主要指教育技术），以便实现两种智慧教育的概念融合与视域融合。[③] 邓刚等提出教育理念要从培养“知识人”转变为塑造“智慧人”，这是社会转型与个人可持续发展对教育提出的双重要求；智慧伴随着人类文明的诞生而产生，人类发展史就是不断产生智慧的历史；智慧是人们获取、应用、创造知识，以及在实践中创造性解决问题的能力、方法、谋略和思维方

① 李子运：《关于“智慧教育”的追问与理性思考》，载《电化教育研究》，2016（8），5~10页。

② 刘玉玲、宋孝忠：《现代教育改革的走向——智慧教育》，载《教育理论与实践》，2005（4），4~6页。

③ 刘伟：《智慧教育：价值引导与实践操作的融合》，载《电化教育研究》，2017（6），27~33页。

式；每个人都具有智慧的潜质，因此教育可以发展每个人的智慧；“智慧人”所具有的重要特征包括知识的整合性、思维的独特性、理论的实践性、发展的自主性，其中思维的独特性是“智慧人”的本质特征；通过尊重学生的自由人格、发展学生的认知能力、提高学生自主水平、培养学生创新思维以及增强学生实践能力可以启迪学生智慧，塑造“智慧人”。①

靖国平的博士论文从知识与智慧的这对概念的含义和关系入手，分别探讨了教育的知识性格和教育的智慧性格，并强调了“二重性格”的辩证统一，提出教育是通过知识引导人的智慧成长的艺术。教育不仅是一种知识性的存在方式，还是一种智慧性的存在方式，教育的知识性格最终需要转化为教育的智慧性格。因此，要从观念、内容和方式三个方面入手变革当代的知识教育，以实现教育的“转识成智”，使教育最终既要“爱知识”，更要“爱智慧”，播种知识、收获智慧。② 陈飞虎在其博士论文中指出，大学教育的最高目标是发展和引领人类的智慧。智慧不是单一的，它是人类一种比较高级的认识、实践和生活方式，具有高度的灵活性和创造性，是对待世界的整体呈现状态。智慧融合了科学和哲学的价值而又不单关乎科学与哲学。大学教育智慧是思与行相结合的实践智慧，将大学教育智慧仅仅局限于哲学智慧、教学智慧或形上智慧、伦理智慧，只会导致大学教育离智慧越来越远。唯有科学、哲学、艺术、创造的融合才是支撑大学教育之魂的大学教育之体，也即大学教育

① 邓刚、陈放、王谦：《教育理念的革新——塑造“智慧人”》，载《教育发展研究》，2006（9A），63~67页。

② 靖国平：《教育的智慧性格——兼论当代知识教育的变革》，华中师范大学博士学位论文，2002，1~8页。

生命本性的回归与自我实现。

综而言之，旨在启迪人的智慧、观照智慧人生的真正意义上的智慧教育有着宏大的研究视野、深邃的理论内涵和崇高的价值使命，研究者们主要从哲学高度探究了人、智慧与教育之间的关系。首先，从研究范式上看，对智慧教育的研究多是宏观层面的理论探讨或观念分析，中、微观层面的实践探索与操作运用少之又少；其次，从研究内容上讲，对智慧教育的研究多集中在对智慧、智慧教育这两个概念之内涵的探讨上，还有些研究谈到了智慧教育的特点、重要性、意义和价值，但较少研究涉及智慧教育的结构、内容、过程、逻辑、操作模式、实施路径和方式方法等方面；即使对智慧、智慧教育概念内涵与重要性的研究，也多是从批判知识教育入手，主张对知识教育进行变革来达到智慧教育，研究范围只局限在狭窄的认识论和知识教育领域，从而无法对智慧教育形成全面、系统和深刻的认识；部分研究试图超越认识论和知识教育的狭窄之域，从道德、审美、价值、生活与实践等领域综合把握与理解智慧、智慧教育，但也只是一种初步的设想，多为蜻蜓点水，并没有从这些领域深挖下去对智慧教育进行系统、深入的探究；再次，从研究方法上看，已有对智慧教育的研究主要采用的是文献研究法，除此之外，还没有采用历史研究法、比较研究法、案例分析法等其他研究方法的相关研究出现。正因如此，已有研究在给予本研究无限启发的同时，也给本研究留出了广阔的研究空间。所以，本研究选定了“培养有智慧的人：我国智慧教育的历史发展与未来展望研究”这一研究课题。

第三节　研究问题、思路与方法

一、研究问题

在本书中，智慧是什么、智慧教育是什么是研究首先要面临的问题。然而哲学、心理学和佛学领域对智慧的意蕴有着多种多样的理解与认识，因此首先梳理与分析这三个领域的研究者提出的智慧的思想源流，然后在此基础之上，根据马克思主义人学理论提出与阐明智慧的本质属性与类型划分，以及智慧教育的概念界定与构成内容，是研究要解决的第一个问题。

智慧教育是一个历时性的概念，在不同的历史发展阶段必然呈现出不同的历史样态。我国智慧教育的历史发展具有时间长、内容多、交叉性等特点，忽略不必要的细枝末节，在“大历史”① 的视野中考察与探讨我国智慧教育历史发展过程中重要的理论问题，构成本研究的第二个问题。

我国的智慧教育已经经历了古代和近现代这两个历史阶段，鉴于我国古代与近现代的智慧教育各具特点、各有特色，那么，未来的智慧教育将走向何方，应该如何建构未来的智慧教育理论，是本研究要解决的第三个问题。

---

① “大历史”这一概念由历史学家黄仁宇先生提出，是指从较广的视野、较长的时段、较远的视界来进行历史考察与研究，重视历史的逻辑因果关系和发展规律与趋势研究，而不涉及对历史中细枝末节的繁琐考证。具体可见黄仁宇所著《中国大历史》（三联书店，1997）、《放宽历史的视界》（三联书店，2001）、《资本主义与二十一世纪》（三联书店，1997）等著作。

二、研究思路

本书坚持马克思主义唯物史观，以马克思主义人学理论和马克思主义唯物辩证法理论作为研究的理论基础，立足于以人为本，从“大历史”的视野对我国智慧教育在各个历史阶段的发展演变与未来趋向进行较为系统和深入的理论思考，研究智慧与智慧教育的本体，分析古代和近现代智慧教育的历史样态，再探讨未来智慧教育的理论建构，形成智慧教育的理论分析—历史样态—未来建构的逻辑结构，以此形成研究的主要内容（见图 1.1）。

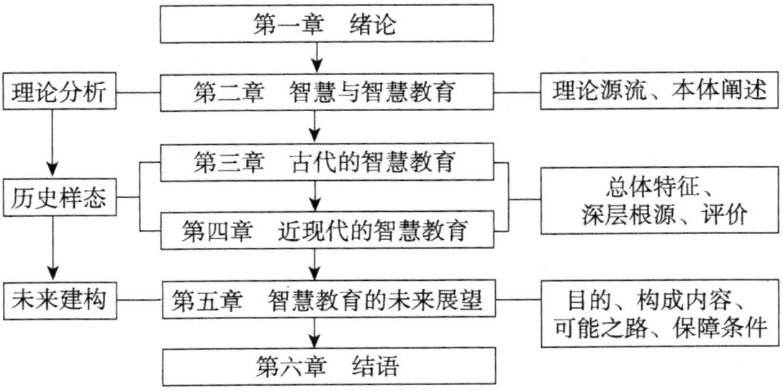

图 1.1 研究思路图

首先，本书梳理与吸收古今中外关于智慧的思想源流，批判性地继承与发展了冯契的“智慧学说”，并从马克思主义人学理论出发阐述智慧与智慧教育的本体。其次，根据马克思主义唯物辩证法理论，以马克思主义人学理论中人的需要为逻辑主线，用两个章节的篇幅分别对古代的智慧教育、近现代的智慧教育进行历史考察、总体特征分析、深层根源探究和评价，即研究智慧教育的历史样态。最后，在对马克思主义否定之否定规律和马克思主义人的自由而全面发展理论的认识的基础之上提出包括目的、构成内容、可能之路和保障条件的未来和谐智慧教育的理论构建。

三、研究方法

（一）文献研究法

文献研究法是指根据一定的研究目的，通过收集与分析现存以文字、符号、数字等形式呈现的各种文献资料来进行社会科学研究的研究方法。这是社会科学研究中最常使用的一种研究方法。本研究主要搜集与分析了与智慧、智慧教育相关的研究文献，包括学术著作、学位论文、期刊论文、原始典籍史料、辞典和网络资源等。通过对这些文献的分析与研究，本书掌握了已有研究的现状与不足、确立了本研究的研究思路和内容，为研究的开展奠定了理论基础、提供了有益的资料。

（二）历史逻辑方法

历史逻辑方法是指舍弃事物发生、发展的历史过程中的各种细节及偶然因素，以比较纯粹的理论形态来揭示历史发展的现实规律，从而建立科学理论体系的方法。历史逻辑方法要求使历史与逻辑相结合，即逻辑的说明方法必须以历史的叙述方法进行补充，叙述历史必须用逻辑的方法理清线索、把握本质和规律。① 在运用历史逻辑方法时要注意处理好史与论的关系，力求做到史论结合。黄

① 裴娣娜：《教育研究方法导论》，332~333页，合肥，安徽教育出版社，1995。

仁宇先生所提出的“大历史”概念其实就是历史逻辑方法，即采用“大历史”的视野，从较广的视野、较长的时段和较远的视界来进行历史考察，重视历史的逻辑因果关系和发展规律与趋势研究，而不涉及对历史中细枝末节的烦琐考证。马克思、恩格斯也对历史逻辑方法进行过经典论述。“历史常常是跳跃式地和曲折地前进的，如果必须处处跟随着它，那就是势必不仅会注意许多无关紧要的材料，而且也会常常打断思想进程……因此，逻辑的研究方式是唯一适用的方式。但是，实际上这种方式无非是历史的研究方式，不过摆脱了历史的形式以及起干扰作用的偶然性而已。”① 本书在分析我国智慧教育的历史流变过程中，在充分尊重历史现实的基础之上，采用历史逻辑方法对我国智慧教育的历史发展进行了“宜粗不宜细”的线条式处理，即将我国智慧教育的历史发展划分为“古代的智慧教育”和“近现代的智慧教育”两个较长时间跨度的历史阶段进行考察与分析，在马克思主义人学理论和唯物辩证法理论基础之上，以史论结合的方式来揭示古代智慧教育和近现代智慧教育的阶段特征、深层根源与演变逻辑，从而预测未来智慧教育的表现特征、发展趋势和理论建构。

（三）系统方法

系统方法是指从系统论的观点与思想出发，把研究对象看作一个系统，对系统的各个构成要素以及各要素之间的相互关系进行分析与综合，构建系统的逻辑模型，从而在整体上认识与把握研究对象的一种研究方法。② 本书把智慧和智慧教育分别看作一个有机的

---

① ［德］马克思、恩格斯：《〈政治经济学批判〉序言、导言》，中共中央马克思恩格斯列宁斯大林著作编译局编译，42页，北京，人民出版社，1971。

② 裴娣娜：《教育研究方法导论》，333~334页，合肥，安徽教育出版社，1995。

复杂系统，对智慧和智慧教育各个构成要素的性质与作用，以及各个要素之间的相互关系进行了分析与综合，从而在整体上认识与把握智慧与智慧教育。

（四）案例分析法

案例分析法是指通过深入研究与分析一个或几个具有代表性的事物或现象从而归纳出这一类事物或现象总体的、一般的、普遍的特征与规律的科学分析方法。为了考察与归纳我国古代智慧教育和近现代智慧教育的总体特征，本书运用案例分析法深入研究与分析了我国学校、家庭和社会中诸多智慧教育的典型案例，从而比较科学地、客观地归纳与把握我国古代、近现代智慧教育的总体特征。

第四节　研究的理论基础

一、马克思主义人学理论

智慧教育是以培养人的智慧为主旨的，它的主体是人，智慧也是人所特有的，是人的本性的需要，因此智慧教育要建立在理解人、尊重人的基础之上，从对人的理解与研究入手，从人的需要出发、围绕人的本质和一切活动展开。为探寻“人是什么”、人的解放和人的自由而全面发展的实现方式，马克思主义人学坚持价值原则与科学原则相统一、整体分析与层次分析相结合、逻辑分析与历史考察相一致、抽象思维与具体思维相融合、批判原则与建构原则相并用的科学方法论来研究人的问题，成为迄今为止最科学的人学理论。因此，马克思主义人学理论成为本书的重要理论基础。

马克思在批判继承费尔巴哈唯物主义和黑格尔辩证法的基础之上，形成了伟大的历史唯物主义思想。历史唯物主义即唯物史观，是“关于现实的人及其历史发展的科学”①。马克思非常重视人的问题、关注“人的科学”，可以说，人的问题是马克思理论探讨的中心问题，因为在他看来，“整个历史也无非是人类本性的不断改变而已”②。事实上，正是在其唯物史观形成与发展的过程之中，马克思逐渐明确了人学研究的基本立场、方法论原则、目的和内容，提出了诸多经典的人学思想和观点，最终形成了马克思主义人学理论。在马克思看来，人学是指专门研究人的科学，是着眼于研究作为主体的人及其本质、存在和历史发展规律的科学。③ 具体来讲，马克思主义人学理论主要包括以下四个方面的内容，构成本书的重要理论基础。

第一，人的需要理论。

人的需要理论是马克思主义人学理论的重要组成部分。人的需要是人的活动的内在动因，是理解人的活动与人类历史发展的逻辑起点之一，是直接关涉人的目的、价值、自由、交往、理想以及如何实现人的全面发展等重大问题的基本理论前提。从哲学上讲，所谓人的需要，是指人为了维持生存与发展而必须与外界进行各种互动与交换而产生的一种摄取状态。人的需要映射着社会的价值，从这个意义上讲，人的需要就是对价值的实现。在马克思看来，“在

---

① ［德］马克思、恩格斯:《马克思恩格斯选集》，第 4 卷，中共中央马克思恩格斯列宁斯大林著作编译局编译，241 页，北京，人民出版社，1995。

② ［德］马克思、恩格斯:《马克思恩格斯全集》，第 4 卷，中共中央马克思恩格斯列宁斯大林著作编译局编译，174 页，北京，人民出版社，1979。

③ 韩庆祥:《现实逻辑中的人：马克思的人学理论研究》，24 页，北京，北京师范大学出版社，2017。

现实世界中，个人有许多需要”，“他们的需要即他们的本性，以及他们求得满足的方式，把他们联系起来”①，即人的需要就是人的本性。

人的需要是马克思主义研究人的问题的出发点，是马克思主义解释人的行为的主要根据，因为人的需要是人能动追求外部对象的内在本质力量，必然引起能够表现人的内在本质力量的人的创造性生产实践活动。在这个意义上，人的需要是人的内在本质，是“人的本质力量的新的证明和人的本质的新的充实”②。马克思说过：“任何人如果不同时为了自己的某种需要和为了这种需要的器官而做事，他就什么也不能做。”③ 换言之，正是人的需要保证了人及其社会集团和整个社会得以维持或合乎希望的改变和发展。④

人的需要是复杂的、不断发展与完善的，具有社会性，它由人的意识所支配，依靠主体能动性得以生成与得到满足，但又受客观环境的直接制约与规定。根据不同的标准，可以将人的需要划分为各种不同的类型。但是，其中最重要的划分标准，则是按照社会功能特征即社会的生存活动领域，将人的需要划分为物质需要和精神需要。⑤ 所谓人的物质需要，是指人们为维持肉体生命存在、生理

---

① ［德］马克思、恩格斯：《马克思恩格斯全集》，第 4 卷，中共中央马克思恩格斯列宁斯大林著作编译局编译，326、514 页，北京，人民出版社，1960。

② ［德］马克思、恩格斯：《马克思恩格斯全集》，第 42 卷，中共中央马克思恩格斯列宁斯大林著作编译局编译，132 页，北京，人民出版社，1979。

③ ［德］马克思、恩格斯：《马克思恩格斯全集》，第 3 卷，中共中央马克思恩格斯列宁斯大林著作编译局编译，342 页，北京，人民出版社，1960。

④ 李连科：《论人的需要》，见《关于人的学说的哲学探讨》，245 页，北京，人民出版社，1982。

⑤ 李连科：《论人的需要》，见《关于人的学说的哲学探讨》，259 页，北京，人民出版社，1982。

健康与活力等而对衣、食、住、行、用等社会物质生活条件的需要。它不仅是人的最基本的需要，是人的其他需要的基础，还是整个人类社会历史的基础，是使人成为人的基础。在恩格斯谈到唯物史观时指出："人们首先必须吃、喝、住、穿，然后才能从事政治、科学、艺术、宗教等等；所以，直接的物质生活资料的生产，因而一个民族或一个时代的一定的经济发展阶段，便构成为基础，人们的国家制度、法的观点、艺术以至宗教观念，就是从这个基础上发展起来的，因而，也必须由这个基础来解释，而不是像过去那样做得相反。"① 因此，那种贬低人的物质需要的观点是不对的。对个体而言，可以在主观意识上轻视物质需要，但在客观现实性上还是离不开最基本的物质生活需要。对整个人类社会而言，更是须臾也不能没有人们的物质生活需要的，因为整个人类社会历史的发展，从根本上讲，就是人类不断提出需要，不断满足需要，再不断提出新的需要的历史发展过程。因此，人类社会若想继续存在与不断发展，就要不断满足、丰富与发展人类的物质需要。然而，仅有物质需要又是不够的，个体与社会发展还需要人的精神需要。所谓人的精神需要，是指人为了提高文化品位、加强社会联结或实现人生价值而向主体精神世界寻求思想信念、价值意义与心灵寄托的需要。然而，精神需要并不是人的随意的主观想象，也不依人的主观意识为转移，而是有其客观存在的根据的。精神需要由一定的客观历史条件所决定，需要寄托于物质对象、借助物质手段才能得以满足。精神需要是人类社会发展的归宿。尤其是当人们的物质需要普遍得到充分满足时，精神需要将越来越凸显其重要性。

---

① ［德］马克思、恩格斯：《马克思恩格斯选集》，第3卷，中共中央马克思恩格斯列宁斯大林著作编译局编译，574页，北京，人民出版社，2012。

因此，必须要协调好人的物质需要与精神需要之间的关系。物质需要始终是推动人类社会历史发展的基础与前提，没有一定的物质财富，精神需要便无从谈起；反之，缺少对精神需要的追求，人的物质需要也不会日益丰富、持久和良性发展，因为人的精神需要也会促进、推动和规约人的物质需要的发展。因此，对人类社会而言，人的物质需要与精神需要缺一不可，两者之间是相互促进、相互倚重、相互制约的关系，应致力于两者的协同与和谐发展。归根到底，人的物质需要与精神需要的协调发展是由社会实践中主体与客体的一致，即改造自然客体与改造主体自身的一致所决定的。[①]但事实上，在社会历史的发展进程中，人的物质需要与精神需要之间并不总是协调发展的，甚至还常常出现对立的情况。“马克思曾经热情地讴歌了生产力虽然低下，但是人的价值却高贵的古代社会，他甚至说，古代的观点和现代社会相比，就显得崇高得多……在现代世界，生产表现为人的目的，而财富则表现为生产的目的。‘崇高的’古代世界，‘鄙俗的’现代世界”[②]，即在马克思看来，古代社会的精神文明丰富而物质文明贫乏，现代社会的物质文明丰裕而精神文明贫瘠，换言之，即古代社会相对比较偏重人的精神需要的满足，现代社会相对比较偏重人的物质需要的满足。但两者之间的不协调并不是人的需要本身的过错，而是由社会制度的进步和完善与否所导致的。有鉴于此，在未来社会，必须致力于人的物质需要与精神需要的协调、和谐发展，不可厚此薄彼、片面发展，从而实现人的价值即人的自由而全面的发展，因为人的价值只能在人

① 李连科：《价值哲学引论》，347 页，北京，商务印书馆，1999。

② 耿克非、毕治国：《精神文明和人的全面发展》，见《关于人的学说的哲学探讨》，317~318 页，北京，人民出版社，1982。

的物质需要与精神需要的和谐发展中实现，而这正是共产主义社会的人的发展目标。

首先，要从人的需要出发来研究智慧与智慧教育。人的需要是人类各种社会实践活动的内在动因，而智慧就是人类在认识与改造客观物质世界与主观精神世界的各种实践活动中生成的，即实践出真知、实践出智慧，智慧来源于由人的需要所驱动的人类社会实践活动。智慧伴随着人类社会实践的诞生而诞生、人类社会实践的发展而发展，科技发明、制度变革、文化创新等都是人类智慧的结晶，整个人类的发展史就是人类在不断发展的社会实践中生成智慧并运用智慧的历史。从古至今，随着人类社会实践的不断复杂与深入发展，人类的智慧水平也在不断提高，现代人的智慧水平已经远超过去。人们正是通过由人的需要驱动的各种社会实践活动来提升自己的智慧水平，反过来，提升了的智慧又来指导人们的实践活动、创造新的人类需要和新的社会实践。这种相互作用促使人的需要、社会实践和人的智慧不断向前发展。可见，智慧是一个历时性的概念，它随着人类实践的变迁而发展，不同的发展阶段赋予它不同的特征，因而在不同的发展阶段必然呈现出不同的发展样态与阶段特征。同理，旨在培养人的智慧的智慧教育也是一个历时性的概念，它随着人类智慧的发展而发展，并在不同的发展阶段呈现出不同的发展样态与阶段特征。其次，要以人的需要作为考察智慧教育在古代、近现代和未来三个不同发展阶段总体特征的逻辑主线。因为马克思主义认为，对人类社会而言，人的物质需要与精神需要缺一不可，两者之间是相互促进、相互倚重、相互制约的关系，两者之间的相互作用与博弈共同推动着人类社会历史向前发展，未来社会应致力于两者的协同与和谐发展，不可厚此薄彼、片面发展。那么，未来的智慧教育就必将走向引导的物质需要与精神需要和谐发展的智慧教育，以便实现马克思所说的人的自由而全面的发展这一人的发展的最高目标。

第二，人的本质是一切社会关系的总和。

马克思认为："人的本质不是单个人所固有的抽象物，在其现实性上，它是一切社会关系的总和。"① 马克思对人的本质的这一论断，突破了以往一切人性论的局限，使人类对自己的认识达到了科学的水平。人不是孤立存在的，现实的个人总是从属于一定的社群，"人是最名副其实的政治动物，不仅是一种合群的动物，而且是只有在社会中才能独立的动物"②。人的本质不仅形成于人的现实的社会关系之中，而且表现在人的现实的社会关系之中，人的本质就是一切社会关系的总和。这意味着，人的本质不单单是某一种社会关系，而是一定历史条件下人与社会、人与人相互关系的各个方面，包括物质的、精神的、经济的和政治的等，是多方面、多层次的。而且，一切的社会关系并不是杂乱无章而是有主次之分的，其中的生产关系是最基本、最主要的关系，决定与影响着其他一切的社会关系。所有的社会关系之间相互联系、相互影响从而形成一个有机的整体而存在与发挥作用。当然，社会关系并不是静态固定、一成不变的，马克思指出："各个人借以进行生产的社会关系，即社会生产关系，是随着物质生产资料、生产力的变化和发展而变

① ［德］马克思、恩格斯：《马克思恩格斯选集》，第 1 卷，中共中央马克思恩格斯列宁斯大林著作编译局编译，56 页，北京，人民出版社，1995。

② ［德］马克思、恩格斯：《马克思恩格斯文集》，第 8 卷，中共中央马克思恩格斯列宁斯大林著作编译局编译，6 页，北京，人民出版社，2009。

化和改变的。"① 那么，人的本质也必然是发展与变化的，具有历史性，不同社会历史条件下不同的社会关系形成人的本质的差别。

人是在现实的、具体的关系中才成为人的，那么，人和人的智慧也就只能在现实的、具体的各种关系中才能被正确认识。从关系角度入手，人的智慧可以体现在与人有关的一切关系之中，具体包括人与自然的关系、人与他人的关系以及人与自己的关系，这就是智慧概念的外延。智慧可以在这三种关系中存在与作为，相应地，分别形成了人与自然相处的智慧、人与他人相处的智慧以及人与自己相处的智慧，这就是智慧的三种类型划分。有了这三种智慧，"人终于成为自己的社会结合的主人，从而也就成为自然界的主人，成为自身的主人——自由的人"②。不仅如此，在未来智慧教育的理论建构中，未来和谐的智慧教育要着力培养人的他者依存性，因为人是关系中的人，人具有主体间性，人是一切社会关系的总和。那么，人就不能只考虑自我、就不能只具有自我独立性和竞争意识，还要意识到他者的存在，考虑他者的感受，学会与他者相处、交往、对话与合作，养成集体主义精神，承担相应的责任和义务，与他者形成具有相互依存性的亲密关系。

第三，人的类特性在于自由自觉的活动。

在马克思看来："一个种的全部特性、种的类特性就在于生命活动的性质，而人的类特性恰恰就是自由的自觉的活动。"③ 马克

① ［德］马克思、恩格斯：《马克思恩格斯全集》，第 6 卷，中共中央马克思恩格斯列宁斯大林著作编译局编译，487 页，北京，人民出版社，1961。

② ［德］马克思、恩格斯：《马克思恩格斯选集》，第 3 卷，中共中央马克思恩格斯列宁斯大林著作编译局编译，760 页，北京，人民出版社，1995。

③ ［德］马克思、恩格斯：《马克思恩格斯全集》，第 42 卷，中共中央马克思恩格斯列宁斯大林著作编译局编译，96 页，北京，人民出版社，1979。

思的这一论断将人的活动与动物的活动彻底区别开来，是对人的本质的主体性规定。人与动物不同，人是一个积极的、能动的主体，而不是消极、被动地适应环境。人的活动不同于动物活动之处就在于，人的活动具有自由自觉的性质或特性，是主观见之于客观的实践活动。“自觉”相对于盲目和自发而言，是指有意识、有目的和有计划；“自由”相对于受限制和强制而言，是指自主性、选择性和自为性。马克思之所以认为人的类特性恰恰是自由自觉的活动，就在于人的活动是按照真、善、美的尺度进行的。① “动物只是按照它所属的那个种的尺度和需要来建造，而人却懂得按照任何一个种的尺度来进行生产，并且懂得怎样处处都把内在的尺度运用到对象上去；因此，人也按照美的规律来建造。”② 其中，按照“物种的尺度”即按照客体的规律活动，涉及活动的合规律性即真的问题，运用“内在的尺度”即使实践活动及其结果符合活动主体的预期目的，涉及活动的合目的性即善的问题，按照“美的规律”即是主客体在物性与人性方面的高度统一，涉及活动的合规律性与合目的性的统一即美的问题。因此，真、善、美的活动就是人的自由的活动，人的自由具体表现在真、善、美三个方面，自由是真、善、美的统一，也是主体和客体的统一。追求自由就是追求真、善、美。

智慧作为人的一种创造性实践活动，是自由自觉的，是真、善、美的统一，拥有了智慧就是拥有了自由，就是拥有了真、善、美，这就是智慧概念的内涵。因此，结合智慧概念的外延，智慧概

① 袁贵仁：《马克思主义人学理论研究》，254 页，北京，北京师范大学出版社，2012。

② ［德］马克思、恩格斯：《马克思恩格斯全集》，第 42 卷，中共中央马克思恩格斯列宁斯大林著作编译局编译，97 页，北京，人民出版社，1979。

念的定义就是：智慧是人基于个体的需要，在自然、社会和人本身三个领域内达到真、善、美相统一的实践活动。智慧作为主客体的统一，具体表现在真、善、美三个方面或者说智慧包括真、善、美三方面的内容。首先，智慧需要人们通过知识与真理把握事物的本质和规律，从而能够正确地认识世界和自己；其次，智慧需要人们的言行符合一定社会的伦理道德规范、心存善念；再次，智慧需要人们在活动过程中体验到一种愉快、自由、幸福的审美体验或情感慰藉。总之，真、善、美是智慧本身不可或缺的三个构成要素。据此，可以把智慧教育这一概念界定为：智慧教育是指教育者从人的需要出发，通过启迪与影响受教育者，使其能够在自然、社会和人本身三个领域中求真、求善、求美，从而培养人的智慧，致力于实现人的自由而全面发展的实践活动。这一概念表明：第一，智慧教育是从人的需要出发、以人为本的；第二，受教育者要在自然、社会和人本身三个领域中求真、求善、求美，自然、社会和人本身三个领域是受教育者要学习的范围，求真、求善、求美是促进受教育者的智慧发展的手段和途径，那么，以求真为旨趣的知识教育、以求善为旨趣的道德教育和以求美为旨趣的审美教育便构成智慧教育的内容；第三，智慧教育的目标在于培养人的智慧，即使人达到真善美的统一状态，致力于实现人的自由而全面发展，这是智慧教育的发展定位、根本旨趣和价值取向所在。人的活动是自由自觉的，这体现了人的主体性，说明人是可以自我规划、自我激励、自我选择和自我规定的主体，人丰富的内心世界和精神力量可以反作用于“存在”。因此，未来和谐的智慧教育要重视培养人的自我独立性，使人成为在伦理意义上具有独立思想、独立人格、独立意志和独立生存能力的自主人。

以上马克思主义人的需要理论、“人是一切社会关系的总和”的论断以及“人的类特性是自由自觉的活动”的论断分别从三个不同角度回答了“人是什么”这一根本问题，具体来讲：人的需要理论是从人的内在必然性上、从人追求自己对象的内在本质力量和人不断发展的内在根据的角度来回答的，是对“人是什么”的内在规定；“人是一切社会关系的总和”是从人的现实性、社会性、具体性上或者说人性的具体内容与体现角度来回答的，是对“人是什么”的客观现实性规定；“人的类特性是自由自觉的活动”是从实践、从人的自我确证与外在表现的角度来回答的，是对“人是什么”的主体性规定。然而，三者之间有着紧密的内在联系，具有内在一致性：正是人的需要与满足人的需要的自由自觉的实践活动，把人们必然地联系在一起，形成人的社会关系及其总和；而社会关系及其总和又存在于自由自觉的社会实践活动之中，反过来决定着社会实践活动与人的需要。三者的联系一言以蔽之，即人的需要是在一定的社会关系条件下，通过人的自由自觉的实践活动得到的。① 马克思、恩格斯也说过三者之间的内在联系：“每一种革命和革命的结果都是由这些关系决定的，是由需要决定的。”② 因此，我们要将三者统一起来理解人。

第四，人的自由而全面发展理论。

人的自由而全面发展是马克思主义人学理论的主题，是马克思所描述的人的发展的最高目标，未来的共产主义社会是“以每个人

---

① 李连科：《论人的需要》，见《关于人的学说的哲学探讨》，248 页，北京，人民出版社，1982。

② ［德］马克思、恩格斯：《马克思恩格斯全集》，第 3 卷，中共中央马克思恩格斯列宁斯大林著作编译局编译，439 页，北京，人民出版社，1960。

的全面而自由的发展为基本原则的社会形式”①。马克思关于人的全面发展理论是建立在对资本主义社会人的发展状况的剖析基础之上的。马克思指出，在资本主义条件下，旧式的劳动分工造成了人的片面发展、畸形发展，具有工具性与有限性，因此提出人的发展应当是一种全面的、自由的发展。在马克思看来，人的发展不仅应是全面的，而且应是自由的，因此他经常把“自由发展”与“全面发展”联系在一起表达。

所谓人的自由发展，是指人能够不受外在的限制或强制而自主地、有选择性地按照自己的意愿或兴趣发展自己，从而实现个性的自由发展。具体来讲，人的自由发展包括真、善、美三个方面的发展：首先，在真的方面，人能够把握事物客观规律，正确地认识世界，成为自然、社会的主人而获得自由；其次，在善的方面，人能够按照自己的预期目的改造世界，把对客体的自由内化为主体的自由，成为自己的主人而获得自由；再次，在美的方面，人能够充分发挥其个性与创造性，自由而愉快地认识与改造世界。所谓人的全面发展，是指“人以一种全面的方式，也就是说，作为一个完整的人，占有自己的全面的本质”②，“全面地发展自己的一切能力”③，“人类全部力量的全面发展”④。换言之，人的全面发展是指人在各

---

① ［德］马克思、恩格斯：《马克思恩格斯全集》，第23卷，中共中央马克思恩格斯列宁斯大林著作编译局编译，649页，北京，人民出版社，1972。

② ［德］马克思、恩格斯：《马克思恩格斯全集》，第42卷，中共中央马克思恩格斯列宁斯大林著作编译局编译，123页，北京，人民出版社，1979。

③ ［德］马克思、恩格斯：《马克思恩格斯全集》，第3卷，中共中央马克思恩格斯列宁斯大林著作编译局编译，330页，北京，人民出版社，1960。

④ ［德］马克思、恩格斯：《马克思恩格斯全集》，第46卷上，中共中央马克思恩格斯列宁斯大林著作编译局编译，486页，北京，人民出版社，1979。

个方面的充分、协调与和谐的发展，是人由部分到全部、由片面到全面、由失调到协调、由失谐到和谐、由畸形到完整的发展。尽管自由发展与全面发展有所不同，但两者之间有着内在的、不可分割的联系，两者互为前提，没有人的自由发展，就遑论人的全面发展，没有人的全面发展，人就不能自由发展。

人的自由而全面的发展是实现人的价值的正确方向，是人的最高价值目标。要逐步实现人的自由而全面发展，就必须既要满足人的物质需要、创造社会所需的丰裕的物质条件，又要满足人的精神需要、发展繁荣的精神文化生活，使人的物质需要的满足与精神需要的满足相和谐、物质价值与精神价值和谐发展。要逐步实现人的自由而全面发展，必须依靠教育，因为教育“不仅是提高社会生产的一种方法，而且是造就全面发展的人的唯一方法”[①]，因此要坚持真、善、美等方面教育的和谐发展思想。

智慧教育是致力于实现人的自由而全面的发展的教育，要在未来实现这一目标，智慧教育必须经历一个历史发展过程，并在不同的历史阶段表现出不同的历史样态。为了实现人的自由发展，真、善、美成为智慧的内涵或构成要素，以求真为旨趣的知识教育、以求善为旨趣的道德教育、以求美为旨趣的审美教育成为智慧教育的内容或构成部分。为了实现人的全面发展，未来的智慧教育要走向和谐的智慧教育，即要实现作为智慧教育理论出发点的人的物质需要的满足与精神需要的满足之间的和谐而不能失之偏颇。具体表现为：未来以求真为旨趣的知识教育要实现科技与人文的和谐、认识自己与认识世界的和谐、理论与实践的和谐，未来以求善为旨趣的

① ［德］马克思、恩格斯：《马克思恩格斯全集》，第23卷，中共中央马克思恩格斯列宁斯大林著作编译局编译，530页，北京，人民出版社，1972。

道德教育要实现功利与道义的和谐、自我独立性与他者依存性的和谐，未来以求美为旨趣的审美教育要实现感性与理性的和谐、创造与传统的和谐、超脱与现实的和谐。由此，未来和谐的智慧教育便可以实现人的自由而全面的发展。

二、马克思主义唯物辩证法理论

马克思主义唯物辩证法研究自然、社会和思维发展的一般规律，认为世界是普遍联系和不断运动变化的，是马克思主义哲学思想的重要组成部分，对我们认识与改造世界具有重要意义。马克思主义唯物辩证法包括三个基本规律和一系列基本范畴，其中的对立统一规律、否定之否定规律和辩证思维的方法是本书重要的理论基础与思维方式。

第一，对立统一规律。

对立统一规律又叫矛盾律，是唯物辩证法的核心与实质。所谓对立统一规律，是指事物所包含的对立面之间既相互对立、相互斗争又相互依存、相互转化的辩证关系。矛盾的对立面应该是两个相反的成分、因素或倾向，而这两个对立面又必须是相互规定中的存在，即都以对方的存在为前提条件。对立面的对立与斗争构成矛盾的斗争性，对立面的依存与转化构成矛盾的同一性。由此，矛盾就是事物的斗争性与同一性的统一。矛盾的斗争性是对立面之间相互对立、排斥、反对和否定的相互作用力量，是推动矛盾关系发生变化即从一种状态走向另一种状态的动力。矛盾的同一性，首先意味着对立面之间的相互依赖关系，即矛盾的一方是以另一方的存在和发展为前提条件的，反之既然；其次意味着对立面之间的相互转化关系，即“事物内部矛盾着的两方面，因为一定的条件而各向着和自己相反的方面转化了去，向着它的对立方面所处的地位转化了去”①，从而导致事物的运动、变化与发展。矛盾的斗争性与同一性是所有矛盾同时具有的两个根本属性，两者不可分割，是内在地统一在一起的。对立是统一中的对立，统一是对立的统一，事物对立面之间的既斗争又同一关系，形成矛盾运动，推动事物不断向前发展。

一切事物都是矛盾运动着的，矛盾是事物发展的内在动力。东西方人类认识史证实，如果想要由对事物运动、变化和发展的形式认识深入到对事物运动、变化和发展的本质认识，就必然会产生并形成矛盾的概念，而矛盾概念的形成意味着人类的认识已经从初级阶段进入到高级阶段。② 为了深入理解智慧教育在历史和未来发展过程中运动、变化和发展的本质，本书把人的物质需要和精神需要这一对矛盾作为考察与分析智慧教育在古代、近现代和未来发展变化状态的主线，在以求真为旨趣的知识教育方面提出科技与人文这一对矛盾，在以求善为旨趣的道德教育方面提出功利与道义这一对矛盾，在以求美为旨趣的审美教育方面提出感性与理性这一对矛盾，以便从本质上分析智慧教育从古代到近现代、再到未来是如何一步步运动、变化和发展的。

第二，否定之否定规律。

否定之否定“是自然界、历史和思维的一个极其普遍的、因而

① 毛泽东：《毛泽东选集》，第一卷，328 页，北京，人民出版社，1991。

② 高清海：《马克思主义哲学基础》，上册，286~288 页，北京，北京师范大学出版社，2012。

极其广泛地起作用的、重要的发展规律”①，任何事物的发展过程都普遍遵循否定之否定规律。所谓否定之否定规律，是指事物的发展在其内部矛盾的推动下要经历从肯定到否定、再到否定之否定这样一个发展过程。“肯定”是事物保持自身的倾向或同一。“否定”是事物内部的否定方面战胜肯定方面从而使事物向另一种状态转变的过程。这种“否定”绝不是全盘抛弃旧事物，而是对旧事物既克服又保留、既批判又继承，从而转变为新事物。而且，“否定不是简单地说不，或宣布某一事物不存在，或用随便一种方法把它毁掉”②，“每一种事物都有它的特殊的否定方式，经过这样的否定，它同时就获得发展”③。然而，新事物中新的否定方面又会再次战胜新的肯定方面，从而再次发生质的状态转变，这一过程即“否定之否定”。由此，事物的发展便经历了两次否定、三个阶段的一个周期。当然，这一发展周期是开放的，事物的发展将依此周期循环往复、无限发展。尽管事物的发展过程有进有退、有起有伏，但这都是事物向前发展必须经历的正常现象，事物发展的总趋势必然是不断前进与上升的。因此，事物的发展过程是螺旋式上升或波浪式前进的，是前进性与曲折性的辩证统一。

根据事物发展的否定之否定规律，以人的需要为出发点的智慧教育的发展也必然遵循否定之否定规律，经历肯定、否定、否定之否定的三个发展阶段，即智慧教育的发展会依次经历古代的智慧教

---

① ［德］马克思、恩格斯：《马克思恩格斯选集》，第3卷，中共中央马克思恩格斯列宁斯大林著作编译局编译，520页，北京，人民出版社，2012。

② ［德］马克思、恩格斯：《马克思恩格斯选集》，第3卷，中共中央马克思恩格斯列宁斯大林著作编译局编译，520页，北京，人民出版社，2012。

③ ［德］马克思、恩格斯：《马克思恩格斯选集》，第3卷，中共中央马克思恩格斯列宁斯大林著作编译局编译，521页，北京，人民出版社，2012。

育、近现代的智慧教育和未来的智慧教育三个发展阶段。

第三，辩证思维的方法。

辩证思维方法又被称为主观辩证法，是指辩证法在人类思维中的自觉运用。马克思主义唯物辩证法的辩证思维方法主要包括归纳与演绎、分析与综合、抽象与具体以及逻辑与历史的统一。逻辑与历史的统一是科学思维的方法之一，是指人的思维的逻辑进程或理论体系的逻辑行程与客观现实发展的历史进程和人类认识发展的历史过程是相一致的。[①] 对于逻辑与历史相统一的思维方法，马克思、恩格斯是这样阐述的："逻辑的方式是唯一适用的方式。但是，实际上这种方式无非是历史的方式，不过摆脱了历史的形式以及起扰乱作用的偶然性而已。历史从哪里开始，思想进程也应当从哪里开始，而思想进程的进一步发展不过是历史过程在抽象的、理论上前后一贯的形式上的反映。"[②] 可见，历史的方法是逻辑的方法的基础，而逻辑的方法是对历史的方法的反映，两者具有内在统一性。然而，需要注意的是，逻辑与历史的统一是一种有差别的统一，即逻辑是在总体上反映历史发展的趋势与规律，而不必与历史发展的详细、具体过程绝对一致。因为历史经常是跳跃式、曲折前进的，倘若处处追随它，那些无关紧要的细节、因素和材料就会打断思想的进程，甚至过程中存在的许多偶然现象或细枝末节会掩盖事物发展的本质和问题的实质。因此，逻辑要撇开那些非本质的偶然因素和具体细节，在比较纯粹的形态上、总体的发展趋势上把握历史发展的规律。如此一来，不但不会背离历史发展的客观事实，而且会

---

① 汪信砚：《马克思主义哲学概论》，229 页，北京，人民出版社，2011。

② ［德］马克思、恩格斯：《马克思恩格斯选集》，第 2 卷，中共中央马克思恩格斯列宁斯大林著作编译局编译，43 页，北京，人民出版社，1995。

比那种包罗一切的历史描述更能深刻地反映客观历史发展过程的规律性。

本书始终坚持运用归纳与演绎、分析与综合、抽象与具体、逻辑与历史的统一等辩证思维的方法，尤其是逻辑与历史相统一的方法，即历史逻辑方法，是本书重要的研究方法之一。在考察与分析我国智慧教育的历史流变过程中，采用了历史逻辑方法对我国智慧教育的历史发展进行了“宜粗不宜细”的线条式处理，即将我国智慧教育的历史发展划分为“古代的智慧教育”和“近现代的智慧教育”两个较长时间跨度的历史阶段进行总体考察，在马克思主义人学理论基础上以史论结合的方式来揭示我国古代智慧教育和近现代智慧教育发展的阶段特征、深层根源与演变逻辑，从而预测未来智慧教育的表现特征、发展趋势和理论建构。

总之，本书坚持马克思主义唯物史观，主要运用了马克思主义人学理论和马克思主义唯物辩证法理论两个理论基础，形成了本书的主要研究框架。除此之外，本书在分析智慧与智慧教育的概念问题时，还运用了中西方哲学和文化领域中的智慧理论、心理学中的智慧理论、冯契的智慧学说等理论；在探究古代智慧教育形成的深层根源时，运用了费孝通的“匮乏经济”理论、“双轨政治”理论和“差序格局”理论等；在探究近现代智慧教育形成的深层根源时，运用了马克思主义“人的异化”理论、海德格尔的“技术异化”理论、马克斯·韦伯的“工具理性”理论等；在论述未来走向和谐的智慧教育时，还运用了科学发展观、和合学等理论。

第二章 智慧与智慧教育

研究智慧教育，首先需要明确智慧的概念，然而，学界对智慧的理解多种多样、莫衷一是。本章将分别从哲学、心理学和佛学三个领域梳理古今中外智慧的思想源流，然后在此基础上，从马克思主义人学理论出发提出与阐明本研究对智慧、智慧教育的概念界定。需要说明的是，哲学、心理学和佛学领域里的许多思想与观点是相互关联的，但为了研究方便，本书将前人对智慧的理解大体划分为哲学、心理学和佛学三个主要领域，但并不否定其他的划分方式以及它们之间客观存在的内在联系。

第一节 智慧的思想源流

在《辞海》中，“智”是指聪明、智谋；“慧”是指智慧、聪明或狡黠。“智慧”有三层意思：第一，对事物能认识、辨析、判断处理和发明创造的能力；第二，犹言才智、智谋；第三，梵文 Prajna（般若），译为“智慧”，谓如实了解一切事物。

在《词源》中，“智”有四层意思：第一，指聪明、才能。

《国语·晋七》："知张老之智而不诈也，使为元侯。"又《国语·周语下》："言智必及事。"第二，指谋略、机智。《史记·项羽纪》："吾宁斗智，不能斗力。"第三，指知识。《荀子·正名》："所以知之在人者，谓之知。知有所合谓之智。"第四，指姓。春秋晋有智庄子，即旬首。（见《国语·晋七》）"慧"有三层意思：第一，指聪明、有才智。《左传·成公·成公十八年》："周子有兄而无慧，不能辨菽麦。"第二，指狡黠。《三国志·蜀书·董允传》："宦人黄皓，便僻佞慧。"第三，指梵语"般若"，意译为"慧"。破惑证真为慧。隋慧远《大乘义章·二十》："所言慧者，据行方便观远名慧。就实以论，真心体明，自心无暗，目之为慧。""智慧"也有两层意思：第一，指聪明、才智。《墨子·尚贤》云："若使之治国家，则此使不智慧者治国家也。"《孟子·公孙丑下》："齐人有言曰：'虽有智慧，不如乘势。'"第二，佛教指破除迷惑证实真理的識力。梵语般若之意译，有彻悟意。《大智度论·四三》："般若者，一切诸智慧中最为第一，无上无比无等，更无胜者，穷尽到边。"

一、哲学领域的智慧

人类的认识归根到底是要把握具体真理，要达到一定历史阶段上的主观和客观、理论和实践、知和行的具体的历史的统一，当达到这样的目标时，就仿佛向原始的具体状态复归。① 同理，要探索哲学上的智慧，就要不断复归到原始思维，复归中国先秦和西方古

① 冯契：《人的自由和真善美》，增订本，127 页，上海，华东师范大学出版社，2015。

希腊时代的哲学，从源头开始找寻。它们虽然是原始的、朴素的，但由于是具体的，其中的智慧对后人启发甚大。有些思想也只有在人类的幼年阶段才会产生，这种思想如同马克思所说，具有“永久的魅力”。虽然古代、近代东西方缺少对智慧的直接和专门研究，但因为哲学是爱智慧之学，许多著名哲学家的哲学思想事实上都是对智慧的追寻，蕴含着对智慧的可能性理解以及合理性内核，因此在他们的哲学思想中可以找到智慧思想的源与流。

（一）中国哲学领域的智慧

孔子开创的儒家学派一直是中国社会的主流思想。《论语》中“知”字计111处，而“知”“智”同形，其中读“知”训知识之义者87处；读“智”训智慧之义者24处，如“择不处仁，焉得知（智）”（《论语·里仁》），“未知（智），焉得仁”（《论语·公冶长》），“敬鬼神而远之，可谓知（智）矣”（《论语·雍也》）等，虽无直接说明智慧之义，但其都与理想人格、精神境界等有关。而在《中庸》里，孔子借舜帝表达了自己对智慧的理解，子曰：“舜其大知也与！舜好问而好察迩言，隐恶而扬善，执其两端，用其中于民，其斯以为舜乎！”在这里，孔子认为舜帝算得上是一个非常有智慧的人，因为他包容不合理的恶言，表扬合理的善言，度量人们认识上两个极端的偏向，用中庸之道去引导他们，这就是他之所以能成为舜帝的原因。《论语》中尧对舜传位时的嘱托也是此意：“咨！尔舜！天之历数在尔躬，允执其中。四海困穷，天禄永终。”（《论语·尧曰》）“允执其中”就是真诚地笃信和牢牢地把握“中庸”。子曰：“中庸其至矣乎！民鲜能久矣。”（《论语·雍也》）仲尼曰：“君子中庸，小人反中庸。君子之中庸也，君子而时中；小人之反中庸也，小人而无忌惮也。”（《中庸》）在这里，孔子把中庸看作至善至美的道理，并且要培养的“君子”的所作所为都要合乎中庸之道。在这个意义上，孔子认为有智慧的人必定是懂得中庸之道的人。何为中庸？“过犹不及”，“不偏之谓中，不易之谓庸；中者，天下之正道，庸者，天下之定理”（《四书集注·中庸注》），“喜怒哀乐之未发，谓之中；发而皆中节，谓之和。中也者，天下之大本也；和也者，天下之达道也。致中和，天地位焉，万物育焉”（《中庸》）。简言之，中庸就是在伦常日用之中人的言行合乎节度，正确、合适、不偏激，无过无不及，恰到好处，是高明平实的生命逻辑和生活之理。这从根本上规定了智慧的实践品质和道德属性。

孟子所认为的智慧具有两层含义：第一，智慧具有知识维度，但不是对事物的个别知识，而是对所有知识有一种总体观，能够判断是非，知道主次先后和轻重缓急，所谓“知者无不知也”（《孟子·尽心上》），“尧、舜之知而不遍物，急先务也”（《孟子·尽心上》）。第二，智慧还是一种道德实践能力。他把智慧意义上的“智”定义为“是非之心”（《孟子·告子上》），也就是判断力，这个“智”与“仁、义、礼”共同构成人心的“四善端”，也就是道德的起点和基础，人扩充是非之心，转化为生活世界中的实践行动，即“莫之御而不仁，是不智也”（《孟子·公孙丑上》），才是真正的智慧。

在荀子看来，智慧也具有两层含义：一方面，智慧与知识有关，是对一般事理和宇宙真理的洞明，所谓“知惠足使规物”（《荀子·君道》），“知有所合谓之智”（《荀子·正名》）。荀子区分了圣人之知、士君子之知、小人之知和役夫之知，只有前两者可称得上智慧，因为它们“少言则径而省，论而法，若佚之以绳”

(《荀子·性恶》)，且“言而当，知也；默而当，亦知也”（《荀子·非十二子》)。就是说，它们不仅具有很高的原则性，而且言行恰当合理，类似孔子的中庸之道，这里其实就牵涉到智慧的另一方面——智慧的伦理道德和实践属性。有智慧的人要能够判断是非善恶，根据道德原则有所为、有所不为，即“大智在所不虑”（《荀子·天论》)，总之，在荀子看来，知识和道德及其实践对智慧而言都是不可或缺的。

董仲舒突出强调了智慧的生活实践品质，在他看来，“智者见祸福远，其知而知其终，言之而无敢，立之而不可废，取之而不可厌。其言寡而足，约而喻，简而达，省而具，少而不可益，多而不可损。其动中伦，其言常务。如是者谓之智”（《春秋繁露·必仁且智》)。也就是说，有智慧的人可以预测未来人事的祸福吉凶，能够整体把握和洞悉事物背后的原因、本质和发展规律，为人处世有礼有节、调度得当，在伦常日用之中做出符合伦理道德的决断和言行，这样综合的生活实践之道就是智慧。

老子及其五千言的《道德经》蕴含着深沉玄妙的智慧。老子哲学的基础、核心和本体都是“道”，这个“道”其实是老子在经验世界中所体悟道理的附托，其实就是老子哲学的智慧所在。陈鼓应将“道”的义涵归纳为三：一是指形而上的实存者，包括对“道”体的描述，“道可道，非常道；名可名，非常名”，以及宇宙的生成，“道生一，一生二，二生三，三生万物”；二是指一种规律，包括对立转化的规律和循环运动的规律；三是指人生的一种准则、指标或典范，这一层次的“道”就是“德”，“德”是“道”的作用，也是“道”的显现，其蕴涵的基本特性和精神主要有“自然无为”“虚静”“柔弱”。首先，老子说：“人法地，地法天，天法道，道法自然”，“道常无为而无不为”，这就是“自然无为”，意指顺任事物自身的状况去自由发展，而不以外在的强制力量去约束它；其次，老子认为万物的根源是“虚”“静”状态的，面对世事的纷争搅扰，老子希望人事的活动能够致虚守静，即“致虚极，守静笃”；再次，“弱者道之用”，老子指出“道”的创生作用虽然是柔弱的，却能延绵不绝，作用无穷，且“柔弱胜刚强”，人生的态度也应如此，要能处下、不争而利万物。[①] 老子反对奸诈的智巧心机，主张追求“大道”，这个“道”就是老子所追求的智慧。

与老子并称，同为道家学派代表人物的庄子在人生哲学方面的成就是空前的，在后代也是无人可及的。他提出了个体存在的身心自由、保身全生、齐物我、同生死、超利害、求超脱、任逍遥、达至真人、神人、至人的人格—心灵哲学和人生境界，构成了中国传统文化—心理结构中的一个很重要的方面。庄子哲学并不以宗教神灵为依归，而以某种审美态度为指向。他要求对整体人生采取审美观照态度：不计利害、是非、功过，忘乎物我、主客、人己，从而让自我与整个宇宙合为一体。[②] 正所谓“天地有大美而不言”（《庄子·知北游》），“无不忘也，无不有也，澹然无极而众美从之”（《庄子·刻意》）。庄子哲学的核心是反对人的异化，追求个体的无限和自由，而异化的消除、个体的自由和无限的实现正是美之为美的本质所在。从哲学世界观的高度来看，美不是别的东西，它就是人所生活的感性现实的世界对个体自由的肯定，也就是属于一定

① 陈鼓应：《老子今注今译》，修订版，23~62页，北京，商务印书馆，2003。

② 李泽厚：《中国古代思想史论》，197~198页，北京，生活·读书·新知三联书店，2008。

社会个体的自由在他所生活的周围自然界和社会关系中感性具体的实现。① 庄子认为自然无为就是最高的美；从根本上肯定了美与真的一致性，即所谓“法天贵真”（《庄子·渔父》）；追求无限之美的“大美”，主张通过超功利的心斋、坐忘以达到“天地与我并生，而万物与我为一”（《庄子·齐物论》）的美的生活境界，而这种美的生活境界就是智慧。

现代新儒学的代表之一冯友兰是一位学院派教授，他从事哲学是“专家之业”，一生不仅讲授中国哲学史，而且还通过哲学史建立起了自己的哲学——“新理学”。“新理学知道它所讲的是哲学，知道哲学本来只能提高人的境界，本来不能使人有对于实际事物的积极的知识，因此亦不能使人有驾驭实际事物的才能。”② 具体来讲，冯友兰是通过区分科学与哲学、分析“转识成智”的过程和阐明四种人生境界来探索对智慧的理解的。③ 他认为，有“觉解”是人生最突出、最显著、最重要的性质，平常人有觉解，圣人还能“觉解其觉解”。“觉解”是明，是“知觉明灵”，是明了知识、经验等对象，“觉解其觉解”是对自己觉解的觉解，即明了自己知识、经验的性质及其与宇宙人生的关系，也就是亚里士多德所说的“思思”，是“最高的思”。人若能觉解其觉解，那么就把以前所有的知识都转成了智慧，即“转识成智”。而人对于宇宙人生觉解的程度不同，人生的境界也就不同。人可能有的境界大体可分为四种：自然境界、功利境界、道德境界和天地境界，只有在道德境界和天

---

① 李泽厚、刘纲纪：《中国美学史》，第1卷，240页，北京，中国社会科学出版社，1984。

② 冯友兰：《新原道》，121页，北京，生活·读书·新知三联书店，2007。

③ 冯友兰：《觉解人生》，28~39页，杭州，浙江人民出版社，1996。

地境界的人才可以觉解其觉解。尤其是天地境界，需要最多的觉解，所以天地境界是最高的境界；至此种境界，人的觉解已发展至最高的程度，超越了自然、功利、道德种种境界，超越了万事万物，所以也就能指引、领导万事万物。至此种程度人已尽其性，谓之“圣人”，也就是最有智慧的人。其行为是“知天”“事天”“乐天”的，有完全的高一层的觉解，表现为不但在社会中堂堂正正地做人，亦于宇宙间堂堂正正地做人。所以天地境界即是人的最高智慧状态。

冯契早年师从金岳霖、冯友兰等人，后对中国传统哲学智慧进行挖掘和创新而形成了独特的哲学智慧，创立了自己的“智慧说”哲学体系，他是最系统、最明确阐释智慧学说的第一位中国哲人。冯契运用实践唯物主义辩证法，从解决知识和智慧的关系入手，着重考察了从无知到知、从知识到智慧的认识的辩证运动，试图说明“转识成智”的飞跃机制；并且从广义认识论的领域内阐述了真、善、美与智慧的密切联系。在他看来，智慧学说就是关于性和天道的认识。智慧贯穿于科学、道德、艺术、宗教诸文化领域，涉及价值观、思维方式、人生观、世界观等，是合乎人性的自由发展的真理性的认识。智慧使人获得自由，体现在“化理论为方法、化理论为德性”，即理论一方面要化为思想方法，贯彻于自己的活动和研究领域；另一方面又要通过身体力行，化为自己的德性，在实现真、善、美理想的过程中具体化为有血有肉的自由人格。这里的“理论”指哲学的系统理论，即以求“穷通”（穷究天人之际和会通百家之说）为特征的哲学的智慧，它是关于宇宙人生的总见解，即关于性（即认识自己）与天道（即认识世界）的认识以及对这种认识的认识（此即智慧学说）。[1] 在智慧学说中，通过实践基础上的认识世界和认识自己的交互作用，人与自然、性与天道在理论与实践的辩证统一中互相促进，经过凝道而成德、显性以弘道，终于达到转识成智，获得关于性和天道的认识。这样一种具体的认识是把握相对中的绝对、有限中的无限、有条件东西中的无条件的东西。这就是智慧的实质，具有具体性。[2] 智慧是超名言之域，只有凭借理性的直觉才能达成和把握，也就是中国哲学家说的“顿悟”。理性的直觉并不神秘，它是感性和理性的统一，需要思辨的综合和德性的自证。

李泽厚认为：“展现为文学、艺术、思想、风习、意识形态、文化现象，正是民族心灵的对应物，是它的物态化和结晶体，是一种民族的智慧。这里所用‘智慧’一词，不只是指某种思维能力、知性模式……而是指包括它们在内的整体心理结构和精神力量，其中也包括伦理学和美学的方面，例如道德自觉、人生态度、直观才能等等。”[3] 李泽厚还把中国的智慧概括为血缘根基、实用理性、乐感文化和天人合一四个方面。

姚新中指出，智慧的定义具有四个本质特征：第一，智慧与知识有关；第二，智慧与美德相连，甚至由美德决定；第三，智慧能够给人带来愉悦；第四，智慧是一种“人生之道”，关涉实践维度的生命。他还划分了自然的、社会的和个人的三种常规智

---

① 冯契：《认识世界和认识自己》，增订本，38 页，上海，华东师范大学出版社，2015。

② 冯契：《人的自由和真善美》，增订本，157 页，上海，华东师范大学出版社，2015。

③ 李泽厚：《中国古代思想史论》，314 页，北京，生活·读书·新知三联书店，2008。

慧类型。①

杨国荣认为，哲学层面的智慧，本身要求具体地落实于人的实践；人的实践活动及其展开，则在不同的层面受到智慧的内涵制约。作为智慧的实践体现或智慧在实践之域的具体形态，实践智慧以观念的形式内在于人并作用于实践过程，其中既凝结了相应于价值取向的德性，又包含着关于世界与人自身的知识经验，二者融合于人的现实能力。实践智慧联结了对世界的解释与变革，使解释世界与改变世界走向融合，既赋予智慧以实践品格，也使实践获得了智慧的内涵；既可视为实践对智慧的确证，又可看作是智慧在实践中的落实。因此，智慧不仅有其理论的向度，而且体现于实践之域，是理论与实践的统一。②

林可济认为，哲学就是智慧或爱智慧，因为真、善、美是哲学体系的基本内容，因而从一定意义上讲，真、善、美或者说知识、道德、审美就是哲学的本性、就是智慧的本质。③

（二）西方哲学领域的智慧

苏格拉底一生没有著述，但他成为古希腊最有智慧的人的形象，因为德尔斐神谕宣告没有人比苏格拉底更有智慧。苏格拉底“自知其无知”，但这绝不表明苏格拉底真的一无所知，事实上，他比当时那些号称“智慧之人”的人具有丰富得多、深刻得多的知识。他之所以说自己“无知”，是因为他谦虚并且有自知之明，他

---

① 姚新中：《早期儒家与古以色列智慧传统比较》，陈默译，13、22页，北京，中国社会科学出版社，2013。

② 杨国荣：《人类行动与实践智慧》，271～274页，北京，生活·读书·新知三联书店，2013。

③ 林可济：《哲学：智慧与境界》，1～161页，北京，社会科学文献出版社，2013。

知道自己所具备的知识尚且处于一种不完满的状态，还知道这种不完满状态产生的原因以及如何克服这种不完满状态的途径。因而，他是当时最有智慧的人。在苏格拉底看来，智慧就是一种完满的“学问”或“知识”。但这种知识显然不是指工匠的知识、医生的知识或者数学家的知识，即不是指某一具体方面的、日常的或精密的知识，因为所有这些知识都带有各种各样的缺陷，而智慧则是没有缺陷的。苏格拉底说过：“要建立的国家一定是智慧的、勇敢的、节制的和正义的，而且我在我们国家中清清楚楚看到的第一件东西便是智慧，而这个东西显得有点奇特之处。一个国家之所以称为有智慧，不是因为某些公民具有用来考虑国中某个特定方面事情的知识，而是因为具有用来考虑整个国家大事，改进它的对内对外关系的知识。这种知识是作为统治者的护国者的知识。……唯有这种知识才配称为智慧，而能够具有这种知识的人按照自然规律总是最少数。”① 这意味着，苏格拉底所认为的智慧是一种整体的、全面的、治国的知识而不是具体的、个别的、日常的知识；而且，只有极少数国家统治者才具有这样的知识即智慧，只有极少数的国家统治者是国家里有智慧的人。但仅这样理解智慧稍显抽象，统治者的智慧是怎样形成的呢？苏格拉底进一步指出，因为人的灵魂里有“理性”“欲望”“激情”这三个部分，其中“理智”起着主导作用，当一个人将自己心灵的这三个部分合在一起加以协调，使它们由各自分立而变成一个有节制的、和谐的整体时，指导这种和谐状态的知识便是

① ［古希腊］柏拉图：《理想国》，郭斌和、张竹明译，149 页，北京，商务印书馆，1986。

智慧，而指导不和谐状态的意见则是愚昧无知。[①] 因此，在苏格拉底看来，智慧就是指一种能够将人的“理性”“欲望”“激情”整合在一起以达到和谐状态的知识或学问。

作为苏格拉底的学生、亚里士多德的老师，柏拉图是全部西方哲学乃至整个西方文化最伟大的哲学家和思想家之一，他创造了一个包罗万象的哲学体系。柏拉图拒斥职业智者所宣扬的虚假“智慧”，推崇以“本原”为认识对象的真正“智慧”，并在此过程中阐明了“哲学”与“智慧”之间的辩证关系，即哲学不仅是“爱智慧”，而且应当也能够成为“智慧”，两者之间存在一种动态的、密切的联系。[②] 在柏拉图这里，“本原”是指理念。理念不是单纯的思想，而是自在自为的实体，是实在或实质的模式，即万物原始的、永恒的和超越的原型，先于、脱离于、独立于具体事物而存在，不受任何变化的影响。肉眼所见具体事物是这些永恒原型不完善的复制品或反映，它们有生有灭，而理念则永存不息。理念虽然无数，但并非乱作一团，各种理念按逻辑次序排列，位于最高的理念即善的理念之下，形成一个彼此关联秩序井然的有机整体，构成很有条理的宇宙。其中，善的理念是一切理念的泉源，它至高无上。[③] 因此，在柏拉图这里，真正的“智慧”就是认识在“善的理念”引领下的整个理念体系。柏拉图还在《理想国》中指出，那些只对食欲做出反应的人是工匠，那些拥有勇气和大胆品质的人适

① ［古希腊］柏拉图：《理想国》，郭斌和、张竹明译，175 页，北京，商务印书馆，1986。

② 先刚：《柏拉图与“智慧”》，载《学术月刊》，2014（2），49~57 页。

③ ［美］梯利：《西方哲学史》，增补修订版，葛力译，66 页，北京，商务印书馆，2013。

合做战士，只有那些能够根据理智来行动的人才适合做统治者或称为哲学王。[①] 人的灵魂是不朽的，而且一直与精神世界的永恒理念并存，而智慧是人类本质中唯一与灵魂密切相连的一个部分，是人类的最高层次。

作为一位“百科全书式”的人物，亚里士多德堪称希腊哲学的集大成者。亚里士多德认为，人的灵魂中有一个有逻各斯的部分和一个没有逻各斯的部分，那么相应地，人的德性可以分为道德德性与理智德性两个部分——道德德性需要通过习惯来养成，理智德性则可以由教导生成。其中，理智德性又可以分为理论理性的和实践理性的：智慧就是理论理性的德性，是人的最高等的德性；而明智则是实践理性的德性，是实践的智慧。[②] 所以，智慧与实践的智慧（即明智）是两个并列的不同概念。既然智慧与实践智慧（即明智）容易混淆，那就很有必要对两者进行区分。首先，关于实践智慧（即明智）。亚里士多德认为，明智是一种同善恶相关的、合乎逻各斯的、求真的实践品质。[③] 明智同人的具体事务相关，需要经验的积累，因为明智是与实践相关的，而实践就是要处理具体的事情，所以要成为明智的人尤其需要关于具体的知识。[④] 其次，关于智慧。在《形而上学》中，亚里士多德明确提出“智慧就是有关

① ［美］伯茨：《西方教育文化史》，王凤玉译，52页，济南，山东教育出版社，2013。

② ［古希腊］亚里士多德：《尼各马可伦理学》，廖申白译注，译注者序，北京，商务印书馆，2003。

③ ［古希腊］亚里士多德：《尼各马可伦理学》，廖申白译注，189页，北京，商务印书馆，2003。

④ ［古希腊］亚里士多德：《尼各马可伦理学》，廖申白译注，193页，北京，商务印书馆，2003。

某些原理与原因的知识”①。智慧是各种科学中最为完善的科学，因为有智慧的人不仅知道从始点推出的结论，而且真切地知道那些始点，这些始点就是事物背后的原理和原因。因此，智慧一定是努斯与科学的结合，一定是关于最高等题材的、居首位的科学。为什么人们认为阿那克萨格拉斯（Anaxagoras）、泰勒斯（Thales）以及像他们那样的人有智慧，而不认为他们明智？因为人们意识到，有智慧的人对他们自己的利益全不知晓，而他们知晓的都是一些罕见的、重大的、困难的、超乎常人想象而又没有实际用处的事情，他们并不追求实际的、具体的人类事务。因此，在亚里士多德看来，智慧与明智的不同之处，不仅在于智慧比明智更完全，而且在于智慧不仅是属于人的，智慧还是人与更高的存在物共享的，智慧是关于永恒的事物的，是关于纯粹、超越、不变的存在的科学，即作为存在的存在的科学。② 哲学家、哲学史家梯利（F. Thilly）也指出，在亚里士多德看来，智慧没有印象、感觉、欲望、有所企求的意志和类似激情的感情，智慧是纯粹思维的活动，是在各种知识的基础之上一步步推理而成的。它于瞬息之间明察一切，明察事物的整体与本质，想象事物美好的形式，可以解释与说明宇宙间一切秩序、美和生命的本原。具有智慧的人是最为幸福的，这就是哲学家们一直渴望达到的那种境界。③ 值得注意的是，亚里士多德还对各种智慧进行了由低级到高级的排序，即“有经验的人较之只有官感的人

① ［古希腊］亚里士多德：《形而上学》，吴寿彭译，33页，北京，商务印书馆，1959。

② ［古希腊］亚里士多德：《尼各马可伦理学》，廖申白译注，191~193页，北京，商务印书馆，2003。

③ ［美］梯利：《西方哲学史》，增补修订版，葛力译，89页，北京，商务印书馆，2013。

富于智慧，技术家又较之经验家，大匠师又较之工匠富于智慧，而理论部门的知识比之生产部门更应是较高的智慧”[①]。因此在亚里士多德看来，智慧既包括技术、工艺这样较低级的智慧，也包括原理、原因这样较高级的智慧。只不过生产部门的知识离智慧较远、智慧相对较少，而理论部门的知识离智慧较近、智慧相对较多。

近代，笛卡尔（R. Descartes）认为智慧就是知识，哲学不仅研究日常意义上的智慧，而且追求人所能认识的事物的全部知识，那么通过理性对真理的认识就是最本真意义上的智慧，人类生活的完满就在于此。[②] 斯宾诺莎（B. Spinoza）赋予智慧以道德意义，他把所罗门作为智者的典范，指出真正有智慧的人宁静泰然地活着，内心善良、充满宁静。[③] 在康德（I. Kant）看来，智慧是在上帝那里作为一切理论和道德（实践）之知的最高原则，他把这种先验哲学的最高立场称作“智慧学”，智慧存在于主体的实践之中，但又不是生活实践，而是要用智慧概念来肯定追求真正的圆满。这种追求是理性给智慧的任务，使智慧在理论和实践的目的中成为对象。然而，因为理论理性陷于二律背反，诸条件的整体只能在物自身中遇到，但物自身只能作为现象被认识，这就使得实践理性必须在最高善的名义下去寻求纯粹实践理性之对象的无条件总体，并把它作为理性行为的准则。[④] 在叔本华（A. Schopenhauer）看来，生活是一

---

① ［古希腊］亚里士多德：《形而上学》，吴寿彭译，33页，北京，商务印书馆，1981。

② 张汝伦：《重思智慧》，载《杭州师范大学学报》（社会科学版），2010（3），2~3页。

③ ［荷兰］斯宾诺莎：《神学政治论》，温锡增译，25页，北京，商务印书馆，1996。

④ 张汝伦：《重思智慧》，载《杭州师范大学学报》（社会科学版），2010（3），3页。

门艺术，只有掌控了生活才可能得到快乐与成功，因此洞察生活的本质并在生活中获得幸福就是人生的智慧。智慧是美好的事物，令人们看到阳光与希望。如果个体具有智慧，就会调控欲望、收敛天赋，不会被官职晋升、金钱、掌声和称赞等所误导，让自己陷入低级欲望和庸俗品味之中，即不被外部世界所限制。因为个体知道，人类幸福的最主要来源就是自己的内心。① 人类主体的美好素质对于人的幸福起着关键作用，这些美好素质包括高贵的品格、良好的智力、愉快的性情和健康良好的体魄。换言之，拥有了这些美好素质，也就拥有了智慧。在怀特海看来，智慧就是一种掌握知识的方法与能力，它涉及知识的掌握、处理，解决相关问题时对知识的选择，以及在实际生活中运用相关知识以确证我们的直觉经验的过程。也就是说，智慧是掌握、处理、选择以及运用知识的能力。②雷蒙·潘尼卡认为，智慧是一位优雅的女子，甚至是一位女王，她出现在一个导向人生完满的三元之中：即客观的态度，真实的洞见以及恰当的行动。③ 他认为智慧的居所在人心或人性，属人的智慧居所具有“完美的四元”：即道德、真理、存在与“空/无”，以一种集中的方式体验和实践这“四元”的人就是智慧的。④

① ［德］亚瑟·叔本华：《人生的智慧》，张红玉、卢凯译，32页，北京，台海出版社，2016。

② 王承绪：《现代西方教育论著选》，139页，北京，人民教育出版社，2001。

③ ［西］雷蒙·潘尼卡：《智慧的居所》，王志成、思竹译，2页，南京，江苏人民出版社，2000。

④ ［西］雷蒙·潘尼卡：《智慧的居所》，王志成、思竹译，38~93页，南京，江苏人民出版社，2000。

二、心理学领域的智慧

心理学中有关智慧概念的界定是比较直接、具体和丰富的，并且随着历史的发展在不断变化。为形象直观地呈现，本书整理了心理学领域在国内外比较有影响力的智慧定义，如下表所示：

表 2.1　心理学领域智慧的定义①

序号	作者	定义
1	奇克森特米哈伊（M. Csikszentmihalyi），拉桑德（J. Rathunde）	智慧是一个整体的认知过程，一种美德或行动指导，一种好的或令人满意的存在状态。
2	巴尔特斯（P. B. Baltes），史密斯（J. Smith）	智慧是关于基本的生活语用学领域（或生活实用主义）的一个专业知识系统，它包括五个方面的知识：（1）关于生活事务的丰富的事实性知识；（2）关于生活问题的丰富的程序性知识；（3）关于生活环境及其随时间而改变的知识；（4）关于价值和生活目标相对主义的知识；（5）有关生活与管理方式不确定性的知识。

① 序号 1-12 条整理自：James E. Birren，Laurel M. FisherI. The Elements of Wisdom：Overview and Integration. Wisdom：Its Nature，Origins，and Development. edited by Robert J. Sternberg. New York：Cambridge University Press，1990：325-326. 序号 13-15 条整理自：James E. Birren，Cheryl M. Sevensson. Wisdom in History. A Handbook of Wisdom：Psychological Perspectives. edited by Robert J. Sternberg，Jennifer Jordan. New York：Cambridge University Press，2005：18.

续表

序号	作者	定义
3	钱德勒 （M. J. Chandler）， 霍利迪 （S. G. Holliday）	智慧是一种技术的认知类型，对智慧的更加准确的描述可能需要界限清楚的、多维度的、典型组织好的能力描述符号，它包括恢复已经被忘记的知识类型。
4	斯腾伯格 （Robert J. Sternberg）	智慧就是以价值观为中介，运用智力、创造力和知识，在短期和长期之内通过平衡个人内部、人际和个人外部的（机构的或其他更大的）利益，从而更好地适应环境、塑造环境和选择环境，以获取公共利益的过程。
5	奥沃尔 （W. Orwoll）， 珀尔马特 （M. Perlmutter）	智慧的人格学研究认为，智慧是认知与情感、友好关系和社会关怀的多维度的平衡或整合。智慧的本质是个性与认知技能的高度发展。
6	米查姆 （D. L. Meacham）	智慧可以意识到认知的不可靠，并且努力寻求认知和怀疑之间的平衡。年龄明显不是智慧的一个构成因素；事实上，随着年龄的增长，人可能会失去智慧。智慧随着年龄而变化，表现为从简单到丰富。
7	基奇纳 （J. Kitchener）， 布伦纳 （C. Brenner）	智慧是一种智力能力，能够意识到认知的有限性，并且知道认知是如何影响模糊问题的解决与判断的，具有反思判断的特征。
8	阿林 （D. I. Arlin）	智慧与找到问题的能力紧密相连，是一种基本的反思和判断的认知过程。
9	帕斯夸尔-莱昂内 （A. Pascual-Leone）	智慧是一个有着很高成熟意志的符号处理模式。它是个性所有方面的辩证结合，这些方面包括情感、意志、认知和生活经验。

续表

序号	作者	定义
10	克雷默 （N. Kramer）	智慧是思维、情感和反思的相对和辨证模式的有机整合，是一种在相互关系中发展起来的现实观。
11	比伦 （J. E. Birren）， 费希尔 （L. M. Fisher）	智慧是人类回应生活任务和难题的情感、意志和认知方面的整合，是处于激情和超然、行动和迟钝、知识和怀疑这些相反状态之间的一种平衡。它会随着经验和年龄的增长而增长，但是并不只存在于老年期。
12	克莉丝汀 （A. B. Christine）	把智慧看作是一个单独现象或一种实体、或会产生一个特殊反应内容的大量知识是没有意义的或不够的。现代智慧的概念必须包括一个达成真理的过程，它适应个人、社区、国家或人们的需要与环境。
13	杰勒德 （Brugman Gerard）	智慧是具有不确定性的专门技能，它包括元认知的、情感的和行为的因素。
14	霍华德 （M. Chandler Howard）	智慧是一种安放自我知识、形成一个完整个性的证悟状态。
15	威廉 （Randall William）， 盖理（Kenyon Gary）	一般的智慧就是找到生活的意义和痛苦（精神神秘主义的维度），它接受、拥有、珍惜我们的生命和我们的生活故事，包括我们丧失的生命和我们未透露的故事。非凡的智慧包括四个维度：（1）认知维度，涉及一定程度上的智力理解，以及对宇宙及存在其中的人类本质的特殊经验或洞察力；（2）实践经验的维度，表明智慧不仅与抽象的思想或理论有关，也与日常生活有关；（3）人际关系的维度，需要对我们生活其中的更多故事的感知；（4）伦理道德的维度，是有关古希腊人所指出的“知道并做善事”。

续表

序号	作者	定义
16	汪凤炎，郑红	“智慧”是指个体在其智力与知识的基础上，经由经验与练习习得的一种德才兼备的综合心理素质。个体一旦拥有这种综合心理素质，就能让其在身处某种复杂问题情境中适时做出下列行为：个体在其良心的引导下或善良动机的激发下，及时运用其聪明才智去正确认知和理解所面临的复杂问题，进而采用正确、新颖（常常能给人灵活与巧妙的印象）、且最好能合乎伦理道德规范的手段或方法高效率地解决问题，并保证其行动结果不但不会损害他人的正当权益，还能长久地增进他人或自己与他人的福祉。①

三、佛学领域的智慧

佛学典籍浩如烟海，蕴含丰富的智慧，认为入空门即入智慧之门，研究智慧不可忽略佛学这一领域。

公元前6世纪，古印度的乔达摩·悉达多（Siddhārtha Gautama）（尊称“释迦牟尼”）创立佛教，他逝世（“涅槃”）后，佛教很快分为许多部派，但以大乘、小乘较为常见。东汉约在明帝永平中（公元58—75年）遣使西域之后，佛教正式传入中国并发生影响。佛教传入中国后，逐渐与中国本土的儒家、道家思想相融合，实现了佛教的中国化，并在此过程中逐渐创立了著名的禅宗。中国的佛

① 汪凤炎、郑红：《品德与才智一体：智慧的本质与范畴》，载《南京社会科学》，2015（3），131页。

学，乃大小乘并列，且比较偏向大乘；尤其是发展形成的“顿悟”说是中国佛学新的理论创造，对智慧学说有重要启发。因为印度佛学讲“转识成智”本有许多层次（如“十地就是十个阶段”），而中国人接受了“转识成智”命题，在实行方法上却讲得简易直接，基本思想是通过“定慧双修”达到顿悟。①

佛学经典中多处讲到“般若”，梵语 Prajna 的音译，中文译义等于智慧。如果说《摩诃般若波罗蜜多心经》(简称《心经》)是佛学三藏十二部的精髓要旨，那么“般若”就是《心经》的核心思想。《心经》说：“观自在菩萨，行深般若波罗蜜多时，照见五蕴皆空，度一切苦厄。”《大智度论》四三卷说：“般若者，一切诸智慧者最为第一，无上无比无等，更无胜者，穷尽到边。”般若即是无可比拟的最上智慧。由于“般若类”经书共有八部之多，如《放光般若》《金刚般若》《大品般若》等，所以“般若”也有多重种类和涵义。比如，南怀瑾讲述了般若智慧有五项内义：一为实相般若，是证悟宇宙万有生命的本体，与心性根源的智德；二为境界般若，是由心性本能所生起的各种差别境界，包括精神世界的种种现象；三为文字般若，是由智慧所发出哲学的文学，与语言的天才；四为方便般若，是智慧运用的方法，包括所有学术知识的范畴；五为眷属般若，概括由前五度而来的道德行为的德性。所以大小乘佛学的最高成就，都是注重智慧的解脱、智慧的成就，并非盲目的信仰。②

依据佛典，佛学所说般若智慧与普通的智慧不同，甚至与普通

---

① 冯契：《认识世界和认识自己》，增订本，20 页，上海，华东师范大学出版社，2015。

② 南怀瑾：《禅宗与道家》，24~25 页，北京，东方出版社，2016。

的智慧相对立（如晋代高僧僧肇就有所谓“般若无知”之说）。因为在佛门中人看来，普通的智慧是指世俗（世间）智慧，就是在生活当中人要有一种抉择力，“智”解释为决断，“慧”解释为拣择，拣是拣选，择是思量，也就说人要知对错、知善恶，然后知取舍，把这样的智慧心用在各行各业、生活和为人处世当中。这是凡夫俗子的生活智慧，很主观的、很“我执”的，不是修道人修出来的智慧。修道人要修达的智慧是般若智慧，或者叫无漏智慧，是指能够了脱生死、超凡入圣的大智慧，标志着涅槃的自觉。用佛学的说法，般若智慧就是“空”，就是如实知诸法实相，即如实认知一切事物及其本源的终极智慧。具体来讲就是，一切法现前，却不执著一切法，也不执著有个我，破“我执”、破“法执”，无法无我，空诸法相，即是照见五蕴皆空，色不异空，空不异色，色即是空，空即是色，没有我相、人相、众生相和寿者相，与万物合一，所谓“与天地合其德，与日月合其明，与四时合其序，与鬼神合其吉凶”。到这个时候，无争、无贪、无罣无碍，真是圆融无碍，得大自在。简单来说，就是常常观空。这就获得大乘的涅槃，即无上的菩提果位。① 依佛典，般若智慧是见道以上圣者拥有的智慧，是最殊胜的（最美好的），是通过修行向往达到的最高智慧——如来的智慧。

第二节 智慧的概念界定

智慧是一个很难界定的概念。归纳与总结上述古今中外哲学、心理学和佛学领域对智慧意蕴的理解发现，已有研究主要集中在知

① 根据对《摩诃般若波罗蜜多心经》《大乘百法明门论讲解》的理解所得。

识、道德、审美、实践和人性等方面。它们对本书有重要启发，尤其是冯契的“智慧学说”。冯契第一次系统提出的“智慧学说”具有重要意义：首先，他第一个尝试沿着实践唯物主义辩证法的道路提出了较为完整、系统的智慧学说，这是一种伟大的哲学探索；其次，他尊重人的本质、肯定人的价值，以人性的自由发展作为研究的出发点，尤其对“转识成智”的飞跃机制在理论上进行了有益的探索。但是，他是在广义认识论的领域内研究智慧的，把智慧看做是认识发展的最高阶段，把智慧界定为合乎人性的自由发展的一种真理性的认识，这是从主体和客体之间的认识论关系这个角度来考察智慧的，是把“我”与世界分割开的一种“主客二分”的思维模式，即把主体和客体分成两个互相外在的东西，然后以客观的态度对对象（这对象也可能是主体）作外在的描述性观测和研究。这既没有反映近代西方对知识与智慧区别的认识，也在很大程度上脱离了中国传统文化中智慧的基本精神。把智慧等同于认识活动无疑窄化了智慧的维度。笔者认为，必须跳出“主客二分”认识论的框框，智慧不是认识活动而是主观见之于客观的实践活动，应该依照“天人合一”的思维模式来研究智慧问题。实际上，除了认识论，智慧还与伦理学、美学有重要关系，应该有更全面的定位和更丰富的内涵。

由于智慧是人所特有的，是人的本性的需要，因此要想搞清楚智慧是什么，还是要从人的需要出发、围绕人的本质和一切活动展开。自从苏格拉底提出“认识你自己”开始，人对自己的思索和研究几乎没有中断过，但是直到近代文艺复兴时期人文主义运动的兴起，“人是什么”才被真正作为一个重大的哲学问题而提出，形形色色有关人性的学说相继提出。如“人是理性的动物”是古希腊以来西方哲学家们关于人的特性的一贯看法；卡西尔（Ernst Cassirer）

认为“人是符号的动物”，具有文化属性；但丁（Dante Alighieri）、彼特拉克（Francesco Petrarca）和莎士比亚（William Shakespeare）等认为人的本质在于人的自然本性，人是“自然人”；费尔巴哈（L. A. Feuerbach）主张从完整性上理解人，认为“人的本质在人本身”；等等。而马克思主义人学理论是哲学史上最科学、最全面揭示“人是什么”的人学理论。①

首先，人具有物质需要和精神需要。人的需要是马克思主义研究人的问题的出发点，是马克思主义解释人的行为的主要根据，是理解人的活动与人类历史发展的逻辑起点之一。因为人的需要是人能动追求外部对象的内在本质力量，必然引起能够表现人的内在本质力量的人的创造性生产实践活动。在马克思看来，“在现实世界中，个人有许多需要”，“他们的需要即他们的本性，以及他们求得满足的方式，把他们联系起来”②，即人的需要就是人的本性。人的需要是复杂的，根据不同的标准，可以将人的需要划分为各种不同的类型。但是，其中最重要的划分标准，则是按照社会功能特征即社会的生存活动领域，将人的需要划分为物质需要和精神需要。③所谓人的物质需要，是指人们为维持肉体生命存在、生理健康与活力等而对衣、食、住、行、用等社会物质生活条件的需要。所谓人的精神需要，是指人为了提高文化品位、加强社会联结或实现人生价值而向主体精神世界寻求思想信念、价值意义与心灵寄托的需

① 张奎良：《马克思人的本质思想的全景展示》，载《天津社会科学》，2014（1），4~5页。

② ［德］马克思、恩格斯：《马克思恩格斯全集》，第3卷，中共中央马克思恩格斯列宁斯大林著作编译局编译，326、514页，北京，人民出版社，1960。

③ 李连科：《论人的需要》，见《关于人的学说的哲学探讨》，259页，北京，人民出版社，1982。

要。对人来说，人的物质需要和精神需要缺一不可，因此必须协调好两者之间的关系。既然人的需要是人类各种社会实践活动的内在动因，那么，智慧必然也是由人的需要所驱动的，人的物质需要和精神需要是智慧生成的内在动因，是研究与理解智慧的基础与出发点，智慧就是人们基于物质需要和精神需要认识与改造客观物质世界与主观精神世界的各种实践活动。

其次，马克思指出，“人类的特性恰恰就是自由的自觉的活动”①，即人的本性在于自由自觉的活动。这一论述把人与动物从根本上区别开来。在《1844 年经济学哲学手稿》中，马克思对此有过精确的描述，指出“动物只是按照它所属的那个种的尺度和需要”进行生产，动物的活动归根结底只是由本能所驱动，从未达到真正的自由自觉；而人不单能“按照它所属的那个种的尺度和需要”进行生产，而且“懂得按照任何一个种的尺度来进行生产”，所以说人的活动是自由自觉的。马克思所说的“自由”“自觉”，是指人的独特的生命活动——劳动——的性质，是人在感性实践中对实践对象自身必然性的能动适应与其实际实现，其实质就是人在实践基础上真、善、美的统一，合规律性与合目的性的统一。真、善、美各从不同的方面体现着主体（人）的自由自觉：“真”是理智上的自由，“善”是意志和行动上的自由，“美”是情感上的自由。“真”可以消除主体对客体的盲目无知，把人从偶然性的支配下解放出来，使人成为掌握必然性的主体，通过解决知和不知、已知和未知的矛盾，达到主客体的统一；“善”是主体把自己的意愿贯注到客体上去，通过实践使实然客体发生应然变化，克服主体需

① ［德］马克思、恩格斯：《马克思恩格斯全集》，第 42 卷，中共中央马克思恩格斯列宁斯大林著作编译局编译，96 页，北京，人民出版社，1979。

要和客体不能满足主体需要之间的矛盾，达到主客体的统一；“美”是主体把自己的本质力量对象化出来，在客体之镜中自我观照、自我欣赏，以象征性的方式解决主体自由发展要求的无限性和客体对主体自由的现实制约性的矛盾，达到主客体的统一。[①] 在这个意义上，智慧就是人达到真、善、美相统一的实践活动，是人的本质发展的最高实现。人有了智慧，便由“必然王国”走向了“自由王国”。

再次，马克思在《关于费尔巴哈的提纲》中讲到：“人的本质不是单个人所固有的抽象物，在其现实性上，它是一切社会关系的总和。”[②] 就是说，在社会中，任何人都不可能孤立地存在与发展，人的任何一种对象性活动，都与另一些人的对象性活动相联系并构成相互制约的关系。因此，应当具体、历史地，从社会关系的总和来考察现实的人的本质；人的本质正是在这一切社会关系中展现的，在社会实践中形成和发展起来的。[③] 人们在社会实践中形成的关系是多方面、多层次的，除了政治、经济和文化关系，还包括婚姻关系、家庭关系、地域关系、业缘关系、生产关系、阶级关系、民族关系、国家关系、道德关系、宗教关系和法律关系等，现代社会更是通过网络和社群把人们的社会关系推向极致。社会关系好像一张大网，任何人都在网上布下了自己社会关系和活动的经纬线，这些线条的交叉和集合形成了凸显自己特色的纽结，它们既体现了人与人之间的本质区别，又标注了不同人在社会关系中所承担的责任和扮演的角色。其实，在现实性上，除了人的社会性，还有人的

---

① 李淑梅：《论人类自由：真、善、美的统一》，载《教学与研究》，1997（9），25页。

② ［德］马克思、恩格斯：《马克思恩格斯选集》，第1卷，中共中央马克思恩格斯列宁斯大林著作编译局编译，135页，北京，人民出版社，2012。

③ 冯契：《人的自由和真善美》，34~35页，上海，华东师范大学出版社，1996。

自然性，因为它是人的社会性的基础，撇开人的自然性也就谈不上人的社会性。马克思说："任何人类历史的第一个前提无疑是有生命的个人的存在。因此，第一个需要确定的具体事实就是这些个人的肉体组织，以及受肉体组织制约的他们与自然界的关系。"① 可见，人的现实性本质是建立在人首先是一种自然存在基础之上的，是人的自然存在和社会存在的统一，那种认为马克思主义不重视人的自然性的观点是没有根据的。② 在这里其实谈到了人与自然关系的基础性和重要性，它和人与人之间的社会关系一起构成了人的现实性本质。但是，人的现实性本质只是从"存在"的角度解释人，这只是人的本质的一个方面。人具有自我意识和主观能动性，是可以自我规划、自我激励、自我选择和自我规定的主体，人丰富的内心世界和巨大的精神力量可以反作用于"存在"，所以在非现实性上，人的本质还体现在要把握好人与自己内在心灵的关系。由此，笔者认为，人的本质不仅在于人与人的关系（社会关系），还在于人与自然、人与自身的关系，这囊括了人可能涉及的一切关系。那么，人的智慧也应表现在人与人的关系、人与自然的关系以及人与自身的关系之中。相应地，可以把智慧划分为人与自然相处的智慧、人与他人相处的智慧以及人与自己相处的智慧三种类型。

由此，本书在梳理与吸收古今中外关于智慧的思想源流基础之上，批判性地继承与发展了冯契的"智慧学说"，并从马克思主义人学理论出发进行综合分析，形成了"智慧"的概念界定：智慧是人基于个体的需要，在自然、社会和人本身三个领域内达到真、善、

① ［德］马克思：《黑格尔法哲学批判》，曹典顺译，360页，北京，商务印书馆，1982。

② 方同义、黄瑞瑞：《马克思人的本质理论的重新解读与探讨》，载《浙江社会科学》，2008（12），57页。

美相统一的行为状态。这一定义包括了智慧的内涵与外延或者说智慧的本质属性与类型划分两个方面，下面将分别对其进行详细阐述。

一、智慧的本质属性

一般认为，“本质”相对于事物的外在表现形式，是指深藏在事物内部的内在联系。尽管这样的理解不够深刻与具体，但却可以说明一点：智慧的表现形式与本质属性常常是不一样的，智慧可以有千万种不同的表现形式，但智慧的本质属性却是唯一的。而本书要揭示的正是智慧的本质属性。黑格尔对“本质”所作的详尽论述值得注意：首先，“根据就是内在存在着的本质，而本质实质上即是根据”①，这意味着，本质是“实存的根据”。其次，“凡一切实存的事物都存在于关系中，而这种关系乃是每一实存的真正性质”，“关系就是自身联系与他物联系的统一”②。这说明，本质是通过事物从他物联系中所获得的各种属性之间的关系而得到揭示的。再次，事物的本质是具体的，是不同规定性的统一和综合，把握事物的本质即是把握事物的整体，因此要对事物进行结构的分析。列宁同志曾对黑格尔的上述观点给予赞赏。那么，智慧的本质就是指智慧现实存在的根据。只有具体地分析智慧与周围世界的关系、这种关系所导致的智慧所具有的各种属性之间的关系以及两者的统一，才能把握智慧的完整本质、揭示智慧发展的具体规律。这样，对“智慧的本质”的理解就不是“空洞的抽象”，而是有着非常具体的内容，即它是智慧在与周围世界的关系中所获得的智慧所特有且共有的各种属性

① ［德］黑格尔：《小逻辑》，贺麟译，259 页，北京，商务印书馆，1980。
② ［德］黑格尔：《小逻辑》，贺麟译，281 页，北京，商务印书馆，1980。

的综合体，其中每种属性都从一个侧面反映了智慧的本质，而它们的综合即它们之间的关系体系则反映了智慧的完整本质。[①] 智慧作为一种复杂的存在，必然具有多方面的属性。根据马克思主义人学理论，本书认为，智慧具有三个方面的本质属性：

第一，智慧是从人的需要出发的。

因为人的需要是人同周围世界发生关系从而生成智慧的原动力，是智慧获得和发展自身各种属性并将其彼此统一起来的基础。换言之，只有在人的需要的基础之上，才能全面理解智慧的各种属性之间的关系，从而把握智慧的完整本质。因此，尽管对于智慧起源的讨论，曾经有神本主义智慧、自然主义智慧和人本主义智慧三种思考方式，但只有人本主义智慧的思考方式才是最合理、最恰当的。[②] 马

---

① 周国平：《人的活动和完整的人性》，见《关于人的学说的哲学探讨》，109 页，北京，人民出版社，1982。

② 姚新中在讨论智慧的起源时，区分了三种智慧的思考方式：神本主义智慧、自然主义智慧和人本主义智慧。神本主义智慧将智慧的起源归于神的存在或力量，认为人类智慧来自神的启示。正是因为智慧在根本上是神性的，所以人类不能通过世俗教育或哲学思辨来获得智慧，而只能运用心灵体悟或戒定修行的方式才可具有。自然主义智慧声称智慧就存在于自然世界本身，体现在自然的神秘操纵和法则中，所以智慧是外在于人类的，根据人能否掌握自然的奥秘产生了“认知的自然中心论”和“自然神秘论”。人本主义智慧确信智慧主要来源于人的知识、反思、道德，存在于求知过程和人事关系之中；又可将这种思考方式划分为唯心主义人类中心论和理性主义人类中心论，其中唯心主义者认为人天生有“万物皆备于我”的“心”，通过良好的修养和反省就能具有智慧，而理性主义者认为智慧不是生而具有的，但是人却可以运用观察、反思等能力观察外部世界并对其进行理性分析从而具有智慧。尽管唯心主义和理性主义有这样的不同，但是两者都认同可以通过知识教育、道德实践和哲学训练发展智慧。（参见姚新中：《早期儒家与古以色列智慧传统比较》，陈默译，190 页，北京，中国社会科学出版社，2013。）本书认为，佛学中所讲的智慧就是神本主义智慧的思考方式，显然这样的思考方式不符合我们的唯物史观和人类的现实社会；而自然主义智慧的思考方式“自然至上”，否定了人的地位和价值，使人沦为自然的奴隶，显然是站不住脚的；人本主义智慧既表明了人人都具有智慧的潜能，也肯定了教育在智慧生成中所发挥的重要作用，因此只有人本主义智慧才是思考人类智慧的合理方式。

克思指出，“动物只是按照它所属的那个种的尺度和需要来建造”，而人不单能“按照它所属的那个种的尺度和需要来建造”，而且“懂得按照任何一个种的尺度来进行生产，并且懂得怎样处处都把内在的尺度运用到对象上去；因此，人也按照美的规律来建造”①，这就是人类智慧的重要体现。

具言之，人是智慧的寓所，只有尊重人，以人为本，满足人的物质需要和精神需要，才能生成智慧。“把人看作是人，就是不光把人看作一个肉体的存在，同时他也是一种精神的存在。”② 如果只关注人的自然本性或物质需要，那么人就会只满足于肉体和物质的欲望而罔顾社会道德和精神价值的诉求，从而蜕变为麻木不仁、冷酷无情的“衣冠禽兽”；反过来，如果只关注人之为人的特有本性或精神需要，那就是否定了人之存在的生物基础，使人难以维持基本的生存和生理需要，人就变成了不食人间烟火的“神仙”。众所周知，这两种看法都是片面的。黑格尔（G. W. F. Hegel）指出：“每一方只有在它与另一方的联系中才能获得它自己的规定。此一方只有反映另一方，才能反映自己。”③ 只有折中“兽性”和“神性”或“物本”和“神本”，将人的自然本性和自身特性相结合，或者说同时满足人的物质需要和精神需要，才是完整统一的人。即“在物质追求中体现理性精神，在理性规范下实现物质欲求，才能成为一个独立自主的、真正意义上的‘人’”④。因此，人的物质需要和精神需要之间是对立统一的关系，两者缺一不可。当然，人

① ［德］马克思、恩格斯：《马克思恩格斯全集》，第42卷，中共中央马克思恩格斯列宁斯大林著作编译局编译，97页，北京，人民出版社，1979。

② 周国平：《周国平人文演讲录》，50页，上海，上海文艺出版社，2009。

③ ［德］黑格尔：《小逻辑》，贺麟译，254页，北京，商务印书馆，1980。

④ 祁志祥：《人学原理》，227页，北京，商务印书馆，2012。

的物质需要与精神需要之间并不总是协调一致的，实际上，两者之间常常是不协调的，但无论孰轻孰重、孰强孰弱，只要两者对立统一地存在着，就能成为智慧生成的原动力，就是智慧的出发点或基础。

第二，智慧蕴含着真、善、美三个构成要素，三者缺一不可。

首先，“真”的方面。一般来讲，“真”有三个意思：第一个意思是指真实，与假相对，是事物的本原、本性、本来面貌，是本体之“真”；第二个意思是指真理，对事物一般本质、属性和规律的正确认识，属于认识论范畴，是认识论之“真”；第三个意思是指一种人生境界，是一种不惑、知天命的境界，是知天乐命、安常处顺的心理状态。“真”是一个人具有智慧的基础。人要达到“真”，就需要学习知识。克里希那穆提早就说过，学会去观察和理解知识的整个结构，就是唤醒智慧的开始。[①] 知识是哲学认识论或知识论的研究对象，换言之，认识论维度的智慧表现为一种知识形式，涉及自然、人类与精神世界的法则和偶然联系，体现为通过反复观察与逻辑推理所综合与积累而得来的真理。[②] 对知识的看法，中西哲学家各自有不同的观点，从而形成了不同的知识观，也就产生了众说纷纭的知识定义。目前知识论中得到公认的比较传统和经典的知识定义是：如果将知识的拥有者设定为S，而信念为P，那么S知道P，当且仅当“S相信P”“P是真的”“S相信P”时得到证实。这样的知识定义具有三个条件：知识是信念，是真的信

---

① ［印］克里希那穆提：《教育就是解放心灵》，张春城、唐超权译，13页，北京，九州出版社，2010。

② 姚新中：《早期儒家与古以色列智慧传统比较》，陈默译，59页，北京，中国社会科学出版社，2013。

念，是经过证实的信念。[①] 波兰尼（Michael Polanyi）提出的默会知识在智慧的知识维度中具有非常特殊的作用，因为“我们的一切知识在根本上都具有默会性而我们永远不能说出所有我们知道的东西，由于意义的默会性，我们也永远不能完全知道我们所说的话中暗示着什么”[②]，而这些“冰山下”大量不可言说的知识往往是催生智慧的重要力量。毋庸置疑，知识理论的目标是发现并且达到真理，即知识导向求真。进言之，人只有掌握和洞察了自然界和社会人事等方面的知识及事物现象背后的原因、本质、规律和原理，才能够形成正确的认识、思想、观点甚至新颖独到的见解或方法，才能正确分析和判断目前面临的形势，预测事物未来发展变化的趋势，从而做出合规律性的决策和选择。正所谓“世事洞察皆学问，人情练达即文章”，而这正是人在个体需要基础上走向智慧的第一步。

其次，善的方面。虽然不同人对“善”有不同的理解，但比较一致的观点是，“善”有广义和狭义之分。广义的“善”就是“好”，即“可欲之谓善”（《孟子·尽心下》）。就是说一切可以使人快乐、给人利益、满足人需要和愿望的对象，都可称为“善”或“好”。这个“善”或“好”就是合理的利益、利他性的言行。狭义的“善”是指伦理道德意义上的“善”，是指涉及人伦关系、符合一定社会或阶级道德准则规范的行为。“善”是智慧的重要维度，人在“真”的基础上，要做出对自然、人类和社会有利的行为，才符合智慧的内在要求，否则就是小聪明，甚至会造成对自然、人类

---

① 胡军：《知识论》，57 页，北京，北京大学出版社，2006。

② ［英］迈克尔·波兰尼：《个人知识：朝向后批判哲学》，徐陶译，109 页，上海，上海人民出版社，2017。

和社会的危害，这非但不是智慧的，甚至是邪恶和愚蠢的。

进言之，智慧只包含知识这一个要素是不够的，因为拥有知识可能对社会和他人产生好的影响，同时也可能造成坏的影响。比如核武器的研发，虽然加快结束了第二次世界大战的进程，但如果哪天被不法分子利用，将会危害国家安全和人类生存；曹操、希特勒虽然聪明绝顶，是赫赫有名的历史人物，但我们并不称之为有智慧的人，因为他们或奸诈、或残忍、或独裁，对他人和社会产生了坏的影响。正如克里希那穆提所说："智慧和爱是分不开的，它从来不会杀戮……当智慧在我们的日常生活中运作，它会告诉我们什么时候去合作，什么时候不去……慈悲和智慧是并行的，不是分开的。"[①] 必须用"善"来规范人类言行从而促进人、社会和生态的良性发展，"善"由此成为智慧的第二个构成要素，更是区分智慧与聪明的重要标准。总之，伦理学或道德哲学维度的智慧表现为一种道德形式，是指人具有利他性的观念、情感、意志和行为习惯，人的言行符合一定社会或阶级的伦理关系、行为准则和道德规范。

再次，美的方面。智慧的生成不仅与逻辑思辨和理性思考有关，还与人的感觉、态度、想象、情绪、情感、直觉等非逻辑因素有关。在这个意义上，智慧是理性和感性、逻辑因素和非逻辑因素相结合的产物。换言之，除了真和善两个构成要素，智慧还蕴含着美的要素，美也是智慧不可或缺的重要构成要素。几千年来，中西方美学史上对美的本质的探讨和争论非常丰富，比如黑格尔（G. W. F. Hegel）认为，美就是理念的感性显现[②]。席勒

① ［印］克里希那穆提：《教育就是解放心灵》，张春城、唐超权译，100~101 页，北京，九州出版社，2010。

② 黑格尔：《美学》，第 1 卷，138 页，北京，人民文学出版社，1958。

(E. Schiele) 认为，美的本质就是游戏。马克思认为，美就是人的生命活力的自由能动的表现。[①] 冯友兰认为，美是使人有某种感觉的形象。[②] 新中国成立后，我国学术界曾就美的本质问题进行过两次大讨论，有人认为美是客观的，如蔡仪；有人认为美是主观的，如吕荧、高尔太。朱光潜认为美是主客观的统一，李泽厚认为美是客观性和社会性的统一。笔者比较赞同朱光潜的观点，即美既不全在物，也不全在心，而在于心物的关系上，并不存在一种外在于人的、实体化的“美”，“美”是“呈于吾心而见诸外物”的审美意象，“美”只能存在于审美活动之中。[③] 审美活动是人的一种精神—文化活动，它的核心是以审美意象为对象的人生体验。在这种体验中，人的精神超越了“自我”的有限性，得到一种自由和解放，回到人的精神家园，从而确证了自己的存在。[④] 与真和善相比，美是智慧最高层次的构成要素，因为在马克思看来，美以真、善为基础，是合规律性与合目的性的统一。

审美活动对智慧的作用主要表现在：首先，调节和控制情绪与情感。有智慧的人能够做自己情绪的主人，遇事不会大喜大悲，心态平和，恬然自若。他们还有丰富的内心和情感世界，能够推己及人，至情至性，但又能适时收放自如、恰到好处。其次，激发创造力。有智慧的人通常具有较高的创造才能，虽然创造力与人的逻辑思维、知识学识有一定关系，但相比而言，直觉、顿悟、灵感、想象等审美活动对创造力的产生具有更为关键的作用。正如昂利·彭

---

① 黎启全：《美是自由生命的表现》，61 页，桂林，广西师范大学出版社，1999。

② 冯友兰：《哲学的精神》，259 页，西安，陕西师范大学出版社，2008。

③ 叶朗：《美学原理》，13 页，北京，北京大学出版社，2009。

④ 叶朗：《美学原理》，15 页，北京，北京大学出版社，2009。

加勒所说："逻辑和直觉各有其必要的作用。二者缺一不可。唯有逻辑能给我们以确定性，它是证明的工具；而直觉则是发明的工具。"① 灵感或顿悟是突然涌现在意识中的经过长期无意识工作而产生的观念或结论。我们为这些顿悟所振奋，因为我们的心力在这么长时间投入探寻解决问题的办法之后，在发现的极度快感中突然得到了释放。我们为之振奋，还因为这种心力的释放给我们带来一种心理能力的充实感。② 再次，有智慧的人常常会体验到自由、愉快、超脱等高峰体验，这是一种与智慧相伴相随的最高审美体验。这种审美体验会陶冶智慧，也会在智慧生成过程中和生成后出现，与智慧如影随形。雷蒙·潘尼卡指出："智慧是自由之座椅，为我们提供幸福和喜悦，它是这样一个居所，在那里我们无拘无束，在那里我们自由自在；而这意味着福乐。智慧的特征是喜悦、喜乐、欢愉、幸福、福乐。这种深沉而平静的喜悦是智慧所结的首要果实。"③ 那么，这种高峰体验是怎样的呢？马斯洛认为，这种高峰体验也许是瞬间产生的、压倒一切的敬畏情绪，也许是转眼即逝的极度强烈的幸福感，甚至是欣喜若狂、如醉如痴、欢乐至极的感觉。在高峰体验中，人们摆脱了一切怀疑、恐惧、压抑和怯懦，沉浸在纯净而完善的幸福之中，自我意识也悄然消逝，感觉自己已与世界融为一体。最为重要的是，人们都声称在这类体验中感到窥见了终极的真理、事物的本质和生活的奥秘，好像突然步入了天堂，

---

① ［法］昂利·彭加勒：《科学的价值》，李醒民译，20页，北京，商务印书馆，2010。

② ［美］尼勒：《知识的类型》，见瞿葆奎主编：《教育学文集·智育》，唐晓杰译，施良方校，248~249页，北京，人民教育出版社，1993。

③ ［西］雷蒙·潘尼卡：《智慧的居所》，王志成、思竹译，3页，南京，江苏人民出版社，2000。

实现了奇迹，达到了尽善尽美。[①] 总之，美学维度的智慧，表现为一种审美形式，要求有智慧的人要具有平和的心态、充盈的心灵、高尚的情操、高雅的情趣、宽广的胸襟以及洒脱超然的人生境界。

总之，智慧使人免除了对对与错、善与恶、美与丑的不确定性，使人能够知对错、辨善恶、感美丑。真、善、美是智慧不可或缺的三个构成要素，缺少了其中任何一个要素都不能称之为智慧，真、善、美的统一才是智慧。如果个体能够洞悉某一或某几个领域内事物本身所固有的本质、原理和运动发展的规律，还能够做出符合一定社会伦理道德规范要求的利他性言行，并且在此过程中体验到超脱、愉快、自由的审美体验和情感升华，那么个体在这一个或这几个领域内就是有智慧的。

第三，智慧是一种主客统一的实践活动。

智慧既不是人的精神主体和主观心理的纯粹臆想，也不是现实世界中客观存在的事物属性，而是主观见之于客观，“事物”在人们既定的主观条件（如意识形态、情趣等）的影响下反映于人的意识的结果，即主客观相统一的实践活动。这是一种“天人合一”的思维模式（“人—世界”的结构关系），即人与世界的关系不是彼此外在的关系，而是人融身于世界万物之中、沉浸于世界万物之中，世界由于人的“在此”而展示自己，就是海德格尔所说的“澄明”，世界万物在“此”被照亮。自人类诞生以来，人类就在改造自然、改造社会的实践活动中创造着无穷的智慧，虽然随着历史的发展，在不同的社会历史形态，智慧的产生和存在有多有少，智慧的表现形式也千差万别，但不可否认的是，人类有创造性的实

① ［美］马斯洛等：《人的潜能和价值》，林方主编，林方译，366~367页，北京，华夏出版社，1987。

践活动始终是智慧产生的源泉。“任何智慧都不是个人头脑的产物，而都是人类实践经验的积累和升华。”① 因此，智慧不是仅停留在人的观念或意识层面的东西，而是人们在生活实践中具体的活动，智慧在本质上具有实践品质。在《关于费尔巴哈的提纲》中，马克思指出：“哲学家们只是用不同的方式解释世界，问题在于改变世界。”② 从根本上讲，智慧不是广义认识论领域的认识活动或价值论领域的价值判断，而是主观见之于客观的实践活动，包括“真”的实践活动、“善”的实践活动和“美”的实践活动，即智慧是真、善、美相统一的实践活动，从而对现实世界产生着实际作用。反过来讲，实践将人类智慧落到了实处，使智慧成为一个真实性的存在。

总之，智慧观照人的整个生活世界，与人的物质生活和精神生活具有内在的关联性和统一性。换言之，智慧统摄世界经验与人生意义，整个世界与人生都是智慧的天地。智慧满足人在生活中的物质需要和精神需要，告诫人们如何幸福、快乐地生活，具有对生活实践、智慧人生以及美好生活的指导意义。

二、智慧的类型划分

根据马克思主义人学理论，从关系角度讲，人的智慧应表现在人与自然的关系、人与他人的关系以及人与自身的关系之中，这三种关系构成了人的生活世界的整体。因此，可以把智慧划分为人与

---

① 王德有：《智慧论》，2 页，北京，中国青年出版社，1993。

② ［德］马克思、恩格斯：《马克思恩格斯选集》，第 1 卷，中共中央马克思恩格斯列宁斯大林著作编译局编译，136 页，北京，人民出版社，2012。

自然相处的智慧、人与他人相处的智慧以及人与自己相处的智慧三种类型。

第一，人与自然相处的智慧。

这是人类向外寻求、理解与建立自身与外部自然世界之间的关系，表现为人类在探寻、认识、适应、战胜、利用和改造自然现象、环境和事物过程中所拥有的智慧。诚如马克思所说，“外部自然界的优先地位”总是始终保持着，自然界在人类出现之前便本来存在着，有了人类精神，自然界也始终保持其本原、第一性的地位。[①] 在冯契看来，人类认识世界，就是不断地化自在之物为为我之物的过程。[②] 自然界就是永恒运动而又无限多样的物质的现实世界。“自然”一词的涵义，包括认识论的和本体论的。从认识论来说，“自然”与“人为”相对，自然物是独立于人的意识的存在，不是人的有目的的活动的产物。但“人为”实际上也是自然的一部分，人的有意识的活动以及认识世界的过程本身也是自然过程。从本体论来说，中国哲学把自然而然叫做“莫为”，它和“或使”相对。自然就是自己而然，非有或使之者。统一的物质实体，分化为各种具体运动形态、各个发展过程、各个个体，凡是“体”，都是以自身为动因，而又都相互作用，这即是自然。自然界的一切都是自然而然的。《道德经》第二十九章：“万物以自然为性。”自然是万物的本性（天性和德性），是自然物之所以为自然物的根据。它具有本体论和认识论的双重的意义。[③]

---

① 冯契：《认识世界和认识自己》，237～238 页，上海，华东师范大学出版社，2015。

② 冯契：《认识世界和认识自己》，238 页，上海，华东师范大学出版社，2015。

③ 冯契：《认识世界和认识自己》，245 页，上海，华东师范大学出版社，2015。

苍茫宇宙，天地万物，从古至今无数学者都在探求和揭示宇宙和自然的奥秘，研究成果主要涉及天地万物的起源、演变、结构、存在形式及其依据等，展示出了人类无穷无尽的智慧力量。关于宇宙的起源，老子认为宇宙和世界的原初时期，混混茫茫，似无而有，似有而无，“道生一，一生二，而生三，三生万物。万物负阴而抱阳，冲气以为和”（《道德经》第四十二章）。但在道生万物的过程中，还有德、物、势等共同发生作用，即“道生之，德畜之，物形之，势成之。是以万物莫不遵道而贵德。道之尊，德之贵，夫莫之命而常自然。故道生之，德畜之；长之育之；成之熟之；养之覆之”（《道德经》第五十一章）。尽管万物的形成依靠多种因素，但道是最根本的。道不仅生育万物，还要培养、看守它们，所以这个“道”就是开辟天地化育万物的根源。庄子继承老子之说，提出了宇宙的混沌开窍学说，认为宇宙原本混沌一体没有分别，之后开了窍，有了区分，随之出现了天地万物，原先的混沌便不存在。

无独有偶，古希腊和近代欧洲也都有这一观念的表现形态。古希腊的阿那克西曼德（Anaximander）认为宇宙的原初状态是无限的，因此以地为中心的旋转整体会有无数个，这些旋转体及其中的人物都在不断地生灭，宇宙就是这样由混沌无有化为万物万有，又由万物万有回归于混沌无有之中，循环不已。① 这一思维方式传到近代欧洲，便催生了康德和拉普拉斯（P. Laplace）的混沌星云说。还有一种观点认为数是宇宙的源头，有形的具体存在都是由数演化而来，如古希腊的毕达哥拉斯及其学派，中国古代的《周易》以及宋代邵雍所创立的“先天之学”。关于宇宙存在和变化的本因，有

① 王德有：《智慧论》，34 页，北京，中国青年出版社，1993。

“月印万川”说、“当无有用”说和“阴阳交错”说等。而关于宇宙基本组成成分的假说也有很多，如“万物皆水”说、“一气聚散”说、“原子碰撞”说、“五行生克”、“坐地日行”说等，在此不一一详述。[①] 这些构想虽不乏荒诞和虚假，但能由感官可及的领域推出感官不及的境界，使思路在一定程度上合乎事物的道理，就是人类认识自然的智慧。我们不敢说智慧要达到绝对的合规律性，因为即使科学发展到今天，我们也不敢说已经存在绝对的真理、不敢说对宇宙有了完全、绝对和正确的了解，因为真理总是处在不断发展变化中的，人类总是在掌握相对真理的过程中逐步逼近绝对真理的。所以上述前人的智慧引导人类逐渐揭开宇宙的谜底。

人与自然万物的实际关系，展现在具体的分工领域内，也显示着人类的无穷智慧。从原始社会钻木取火、石器的制造、金属器的使用、文字的发明，到古希腊亚里士多德物理学、生物学和逻辑学的创立，阿基米德的杠杆原理和浮力定律，欧几里得的几何学，古罗马拖密勒地球中心说的天体模型，再到中国春秋战国时期《墨经》中实验方法的萌芽，炼丹术、张衡的浑天说和地震仪的发明，《黄帝内经》《本草纲目》和针灸法的出现，钢铁冶炼、印刷术、火药等的发明，及至近现代哥白尼的“日心说”，牛顿“万有引力”定律，哈雷彗星的发现，达尔文的进化论、道尔顿的原子论，爱因斯坦的相对论，量子力学的建立，原子能技术、空间技术、生物工程、电子计算机、互联网和人工智能技术等的形成，使人类从衣不附体、饥寒露宿、与野兽搏斗的原始社会进入物质丰富、科技发达、生活安定的现代文明社会。这些无一不闪烁着人类认识自

① 王德有：《智慧论》，50~116页，北京，中国青年出版社，1993。

然、利用自然和改造自然的智慧光芒。由此，人类已经在很大程度上可以认识和洞察自然世界的本质和规律，并按照自然的规律利用自然和改造自然，从而创造更好的生存环境和生活质量。

在天人关系的问题上，即人类在自然环境中和面对自然事物时应有的态度和行为方式，以及人在自然中所处的位置，人们有着不同的主张，最主要的是天人相分说和天人合一说。天人相分说认为，虽然人与自然具有共同的本性，但人作为天地之心具有自身的独特性，人既被天地自然的普遍规律所规定，又具有超出天地自然的特殊法则。所以荀子说，让天地走天地的路、人走人的路，才是真正适宜的人与自然关系。刘禹锡也认为天道和人道各有不同，天和人在不同的世界里各具优势。然而，天人合一说认为，天是天地自然，人是天地间的人，天人合一即人与自然关系的和谐统一。这种思想在中国历史上占绝对主导地位，而且现代西方哲学也逐渐趋向这种"天人合一"的思想，如海德格尔"诗意地栖居"等。天人合一在儒家思想里是天人本一、天人相通，天即人，人即天；在道家思想里就是庄子的"天地与我并生，而万物与我同一"或魏晋玄学的"越名教而任自然"。总之，人类生于、长于自然界，依赖自然界生存和繁衍，并随自然界的变化而变化，人类与自然界有着千丝万缕的联系，人类在利用和改造自然的同时，更要爱护和回报自然，人类只有做到与自然共命运，防止科技发展的社会应用所造成的生态平衡的破坏、并与自然和谐相处才是人与自然相处的最高智慧。

第二，人与他人相处的智慧。

人与他人相处的智慧可以划分为两个方面：一方面是如何看待和处理作为单独个体的人与他人之间的关系，表现为在老人与小孩、男人与女人、老师与学生等关系之中个体相处与维持关系的智慧；另一方面是在对待和处理个体与社会（人与人结合而成）之间的关系中所展现出来的智慧，包括司法的、政治的、社群的和伦理的各个方面，表现为道德命令、伦理规范、法律制度和政治机构等。但无论其表现为何种形态，在本质上都是人与他人之间的关系。人类不断探求恰当处理人与他人关系的洞见，在古今中外的典籍中，可以找到很多这方面的格言警句、文章轶事和经典案例，可以指导人们如何恰当地待人接物、说话做事和为人处世，尤其是中国的儒家思想。孔子说，人要“志于道，据于德，依于仁，游于艺”（《论语·述而》），即是说，道、德、仁和艺是人一生最重要的几件事。就人与他人关系而言，孔子主张爱人，且“不患人之不己知，患不知人也”（《论语·学而》），即人不是要考虑自己，而是要考虑他人。关于如何处理好人与他人的关系，孔子从否定方面讲，就是“己所不欲，勿施于人”（《论语·颜渊》）；从肯定方面讲，就是“夫仁者，己欲立而立人，己欲达而达人”（《论语·雍也》）。孟子提出大丈夫的理想人格：“居天下之广居，立天下之正位，行天下之大道；得志，与民由之；不得志，独行其道。富贵不能淫，贫贱不能移，威武不能屈，此之谓大丈夫。”（《孟子·滕文公章句下》）《大学》提出“修身、齐家、治国、平天下”这样一个从个人到家族再到国家乃至天下的“外王”过程，来说明人与他人、人与社会的关系。具体来讲，王者自身首先是智慧的榜样，然后依赖智慧召唤、感化和教化百姓，使百姓也具有智慧，从而治人，这就是王者的王道。文天祥《过零丁洋》的名句“人生自古谁无死，留取丹心照汗青”表达了看透生死、舍小我取大义的爱国智慧。颜之推的《颜氏家训》是一部为人处世的百科全书，如

“士君子之处世，贵能有益于物耳，不徒高谈虚论，左琴右书，以费人君禄位也”①，即君子立身处世，贵在对社会有用，而不仅仅是高谈阔论，弹琴练字，白白耗费君王的俸禄。又如，“为善则预，为恶则去，不欲党人非义之事也。凡损于物，皆无与焉”②，就是说有人做好事要参与，有人做坏事要远离，不要拉帮结派去做不仁不义之事。凡是有损于社会的行为，都不要参与。社会是靠人与人之间的关系维系的，良好的人际关系对幸福人生至关重要。

日本学者渡边淳一认为在人际关系方面最重要的就是钝感力。在他看来，一个谨小慎微、凡事看得过重的自寻烦恼的时代，应该宣告终结了。钝感虽然有时给人以迟钝、木讷的负面印象，但钝感力却是我们赢得美好生活的手段和智慧。③ 具有钝感力的人，不为琐事动摇，对他人令人不快的毛病泰然处之，听完别人的中伤和刁难能够马上抛到脑后，能够较快适应各种环境，具有可以原谅一切的情感等，因此他们能够如鱼得水地工作、更好地生存并且更易取得成功。这就是钝感的力量。换言之，“钝感力”作为一种为人处世的态度及人生智慧，相比激进、张扬、刚硬而言，更易在目前竞争激烈、节奏飞快、关系复杂的现代社会中生存，也更易取得成功，并能同时求得自身内心的平衡及与他人、社会的和谐相处。④ 巴尔塔沙·葛拉西安（Baltasar Gracián）所著《智慧书》汇集了300则关于识人观事、慎断是非、修炼自我、防范邪恶等为人处

① ［南北朝］颜之推：《颜氏家训》，管曙光注译，155页，郑州，中州古籍出版社，2013。

② ［南北朝］颜之推：《颜氏家训》，管曙光注译，165页，郑州，中州古籍出版社，2013。

③ ［日］渡边淳一：《钝感力》，李迎跃译，1页，上海，上海人民出版社，2007。

④ ［日］渡边淳一：《钝感力》，李迎跃译，1页，上海，上海人民出版社，2007。

世、安身立命的智慧，与《君主论》和《孙子兵法》一同被欧洲学者视为千百年来人类思想史上具有永恒价值的三大智慧奇书。比如“做事时常留有悬念”“让别人依赖你”“至善至美的境界”“事前不要让人期望过高”“善于领会弦外之音”“天生为王”“做一个有深度的人至关重要”“培养高雅的品位”“不要总开玩笑”“不做无所不知之人”“习惯熟人的缺点”“绝不与一无所有者争斗”，等等。① 这些格言警句非常实用，可以增强你对生活的洞察和理解从而更好地生活。诸如此类关于人与他人相处的智慧有很多，在此不一一枚举。总之，人与他人相处的智慧是智慧的类型之一。

第三，人与自己相处的智慧。

人不仅能认识世界，还能认识自己。具有自我意识，是人与动物的重要区别。人与自己的关系是展现智慧的第三个领域，它包括人如何对待自己的心灵和身体两个方面。其实，当人们试图去明智审慎地了解自身时，将会产生比理解外部世界时更多的问题，因为受自我主观意识、情感和感受的强烈干扰，人往往很难对自己形成一个清醒和稳定的认知。但是形成正确的自我认知和自我定位又非常重要，因为这种智慧可以使人清楚地了解自己的能力、品质、性情、特点和限度，知道自己能做什么、不能做什么，那么人就会更加明智和小心地做出适合自己的言行从而更容易获得成功。古今中外许多圣贤哲人都强调认识和反省自我的重要性，并且阐释了如何处理好与自己关系的智慧。苏格拉底提出了“认识你自己”的哲学智慧，道家认为“知人者智，自知者明”（《道德经》第三十三章）。关于人与自己的关系，孔子强调“克己”二字。所谓克己，

---

① ［西］葛拉西安：《智慧书》，王涌芬译，2～102 页，北京，中央编译出版社，2009。

就是自己克制自己，让自己恪守在一个边界之中。这是一件艰难的事情，因为人最大的敌人就是自己，人只有具有非凡的力量才能战胜自己、超越自己。如何才能达成呢？在孔子看来，最好的办法就是“复礼”，即人自己用礼来约束自己的欲望、遵守礼的规范，而礼就是对于是与非的边界的划分和确立①，正所谓“非礼勿视，非礼勿听，非礼勿言，非礼勿动”（《论语·颜渊》）。克己就是复礼。《大学》中“内圣外王”之道中的“内圣”讲的是人的内在心性获得最高的道的过程，尤其是诚意、正心两步，体现了人与自己心灵的关系。诚意是指人的心意要诚实，要真实地显现自身、如实地表达自己的心意，不要虚伪、遮掩和欺骗自己。正心是指修正心灵，让人的心灵要保持其自身，不要被外物所支配和影响。现实生活中，人的心灵总是会受外物的影响而产生相应的情感、态度和喜怒哀乐惧等情绪反应，这些都破坏了心灵自身的纯正，而正心就是要让不正的心灵回归到纯正本心自身，达到不以物喜、不以已悲的境界。弥尔顿（John Milton）在《失乐园》中说明了人自身观念或心态的重要性：“意识本身可以把地狱造就成天堂，也能把天堂折腾成地狱。”② 佛学阐释了许多心灵修炼的法理和戒律。如果说中国的儒家思想集中反映了人与人相处的智慧，道家思想主要表达了人与自然相处的智慧，那么佛学思想便集中体现了人与自己相处的智慧，因为它提供了有关心灵的系统思考。它指出，人有所谓“三毒”——“贪、嗔、痴”，贪就是贪欲，嗔就是愤怒和仇恨，痴就是无知或误知，人的自性或佛性常被它们所遮蔽或迷失，为返回自性求觉悟，就要通过“戒定慧”进行修行，戒是规范、戒律，定是

① 彭富春：《论中国的智慧》，102页，北京，人民出版社，2010。

② ［英］约翰·弥尔顿：《失乐园》，朱维之译，61页，上海，译林出版社，2013。

禅定，慧就是智慧的修习，从而净化心灵、归于本性、顿悟成佛。人生在世，所谓“智慧周旋常遍转”，不论遭遇如何境地，山不转，路转，路不转，人转，人不转，境转，境不转，心转，心一转，宇宙人生，穷通祸福，一派潇潇洒洒，任运自然。① 伊壁鸠鲁（Epicurus）说，我们从自己那里汲取的快乐，远比从周遭所获得的要多得多，因为人类幸福最基本的要素是他的内在构成，即心灵的构造。② 人自身内在的心态、人格、个性、修养和胸怀等对人的健康发展和人生幸福至关重要，一切皆由我心（禅宗语）。因此，人首先要具备与自己相处的智慧，因为人与自然、与社会相处的智慧都是以此为基础的。

第三节　智慧教育的概念界定

根据智慧的概念界定，结合马克思主义人学理论，智慧教育是指教育者从人的需要出发，通过启迪与影响受教育者，使其能够在自然、社会和人本身三个领域中求真、求善、求美，从而培养人的智慧，致力于实现人的自由而全面发展的实践活动。这一概念表明：第一，智慧教育是从人的需要出发、以人为本的；第二，受教育者要在自然、社会和人本身三个领域中求真、求善、求美，自然、社会和人本身三个领域是受教育者要学习的范围，求真、求善、求美是促进受教育者的智慧发展的手段和途径，那么，以求真

① 星云大师：《星云大师谈智慧》，3页，上海，上海人民出版社，2014。

② ［德］亚瑟·叔本华：《人生的智慧》，张红玉、卢凯译，7页，北京，台海出版社，2016。

为旨趣的知识教育、以求善为旨趣的道德教育和以求美为旨趣的审美教育便构成智慧教育的内容；第三，智慧教育的目标在于培养人的智慧即达到真善美的统一状态，致力于实现人的自由而全面发展，这是智慧教育的发展定位、根本旨趣和价值取向所在。

根据马克思主义人学理论，智慧教育是以人为本的，基于人的物质需要与精神需要的。智慧是人所特有的，人是智慧的寓所，回归人、丰盈人、以人为本、促进人的自由而全面发展从而使人成为完满的人就应是旨在启迪与陶冶人类智慧的智慧教育的题中应有之义。在马克思看来，人具有物质需要和精神需要，智慧教育要致力于满足人的物质需要与精神需要，两者缺一不可。无论是过分强调客观物质世界，而没有很好地创造、丰盈与提升主观精神世界，还是过分重视价值与意义世界，而对客观物质世界缺乏必要的认同与尊重、满足与改善，都意味着人性问题或问题人性的产生。[①] 人的物质需要与精神需要不是静止不变的，而是始终处于运动变化之中的，两者之间总是处于不断互动、博弈与调适状态之中，有时人的物质需要处于相对主流、强势或支配地位，有时人的精神需要处于相对主流、强势或支配地位，有时两者会达到一定的和谐与平衡状态。

智慧教育要回归人、以人为本，就意味着要把“人”放在教育的中心位置，教育要“目中有人”，尊重与满足人的物质需要与精神需要，既要使人们能够具备一定能力与素养从事某一具体实践以维持物质生存，又要使人们能够沉思生活、提升修养与品位、追求生命的意义与价值以丰富精神生活。智慧教育回归人、以人为本，

① 涂艳国、周贵礼：《试论教育回归人性的基本方式》，载《教育研究》，2012(2)，25页。

就是要实现真、善、美的统一，即客观事实（真）、价值引领（善）、意象体验（美），是人之存在的圆满状态，是人的物质需要与精神需要不断展开与演进的内在逻辑。于是，人的物质需要与精神需要就统摄真、善、美，真、善、美是以人为本智慧教育的具体展开与表现，以求真为旨趣的知识教育、以求善为旨趣的道德教育和以求美为旨趣的审美教育就成为智慧教育回归人的基本构成内容。因此，回归人、以人为本、满足人的物质需要与精神需要是智慧教育的基础，更是统摄智慧教育以求真为旨趣的知识教育、以求善为旨趣的道德教育和以求美为旨趣的审美教育三个方面内容的主线。总之，智慧教育是回归人、以人为本的，满足人的物质需要与精神需要的，具体表现为教育要以求真、求善和求美的方式实现知识教育、道德教育和审美教育三者的统一，从而促进人的自由而全面的发展。

首先，智慧教育需要以求真为旨趣的知识教育促进学生智力的开发、知识的增长、技能和逻辑思维能力的发展，以便学生能够洞明自然、社会和人生的本质和规律，对自然、社会与人生形成正确的认知、思想与观念。以求真为旨趣的知识教育是指教育者有目的地向学生传授科学文化知识、培养实践技能从而开发其智力、培养其能力、促进其探求真理的教育实践活动。人的物质需要与精神需要在以求真为旨趣的知识教育方面具体表现为自然科技知识教育与人文社会知识教育。自然科技知识教育是指教育者有目的地向学生传授自然现象、科学技术方面的知识与技能，以使学生掌握与探究自然世界本质与规律的教育，一般涉及天文、地理、物理、化学、数学、工程、农业、医药等领域的知识与技能教育。人文社会知识教育是指教育者有目的地向学生传授关于人类文化、社会现象方面的知识与技能，以使学生掌握与探究社会文化本质与规律的教育，一般涉及哲学、政治、经济、考古、历史、文学、伦理、社会学、教育学等领域的知识与技能教育。对智慧教育而言，以求真为旨趣的知识教育可以帮助学生正确认识自然、社会与人生中各种现象与事物的特征、本质及其发生发展的规律以便做出合理的判断、选择与预测，可以发展学生的归纳与演绎、分析与综合、抽象与具体等逻辑思维能力，还可以培养学生的生活技能、实践能力从而解决日常生活中遇到的各种实际问题。然而，以求真为旨趣的知识教育只能帮助学生澄清正误、对错，却无法帮助学生明辨善恶、鉴赏美丑，存在使学生因缺少意义建构与价值引领而误入歧途的可能，所以智慧教育还需要其他构成部分。

其次，智慧教育需要以求善为旨趣的道德教育使学生遵守一定社会的行为准则和道德规范，向往和追求利他性的观念、情感、意志和行为习惯，养成良好的道德品质，从而为智慧教育提供目的导向与价值引领。以求善为旨趣的道德教育是指教育者有目的地把一定社会或阶级的伦理道德规范与要求转化为学生的道德知识、道德情感、道德意志和道德行为，从而使其向善的教育实践活动。人的物质需要与精神需要在以求善为旨趣的道德教育方面具体表现为功利论道德教育与道义论道德教育。对功利与道义之间关系的讨论导致了道德教育史上著名的“义利之辨”。道义论道德教育把“义”看作无条件的道德律令，认为遵守并践行道德规范本身就是人行为的唯一目的，除此之外没有其他任何外在目的，可以说是为了道德而道德的道德教育。尽管有时也存在承认“利”的情况，但这种“利”始终受到“义”的制约，“义”始终处于主导地位。功利论道德教育把“利”理解为与个人或群体相关的利益或功效，认为遵守并践行道德规范是为了获得与追求某种外在的实际利益或好处以满足个人或群体的目的，尽管有时与“义”纠缠在一起，但“利”始终是道德行为发生的原初动机和所要追求的最终目的，“利”处于主导地位。值得注意的是，功利论道德教育与道义论道德教育两者之间并没有孰优孰劣、孰好孰坏之分，两者之间是对立统一的关系。对智慧教育而言，以求善为旨趣的道德教育可以帮助学生明辨是非、善恶，形成正确的道德观念，养成良好的道德行为习惯，做出有利于他人和社会的言行，使学生过上一种向善的生活，从而促进个体与社会的良性发展。然而，到此为止的智慧教育还是不完整的。

再次，智慧教育还需要以求美为旨趣的审美教育帮助学生鉴别美丑，调节情绪、情感，激发灵感与顿悟以发展创造力，生成自由、愉快、超脱等高峰体验，从而提升学生的整体生命境界。以求美为旨趣的审美教育是指教育者有目的地通过各种审美方式感染学生的情绪、情感，陶冶学生的情操，提升学生的审美趣味，培养学生感知美、发现美、鉴赏美和创造美的能力，并且塑造学生美好心灵的一种教育实践活动。人的物质需要与精神需要在以求美为旨趣的审美教育方面具体表现为感性审美教育与理性审美教育。感性审美教育是指强调审美教育对人的感官愉悦与情感陶冶的作用，注重审美与艺术外在的形式与技巧，基本持一种审美教育超利害的观点，即将其与政治、伦理、真理等内容剥离开来，以凸显审美与艺术自身特有的规律、价值和地位。理性审美教育就是指强调审美教育对人的思想淳化、道德提升和心灵净化的作用，注重审美与艺术所蕴含的思想内容和精神价值，重视审美与艺术的社会和政治功用，凸显审美与艺术所承载的思想、意义与价值。需要特别注意的是，“理性审美教育”中的“理性”与现代性意义上的“工具理性”不是一回事，而是指“伦理理性”和“纯粹理性”。而且，感性审美教育与理性审美教育两者之间并没有孰好孰坏、孰优孰劣之分，两者之间是对立统一的关系。对智慧教育而言，以求美为旨趣的审美教育可以调节与控制人的情绪、情感，使人拥有稳定的情绪与平和的心态，可以通过激发灵感或顿悟现象的出现来培养学生的创造力，还可以促进生成一种与智慧如影随形的自由、愉快、超脱等高峰体验，从整体上提升学生的生命境界，而这些对人的智慧的生成与培养都是至关重要的。

当然，智慧教育内容的这三个方面之间是密切关联甚至有一定交叉重叠的，但为了研究方便，在此将它们分开讨论，但这并不意味着否定它们之间的密切关系。

第三章　中国古代的智慧教育

智慧伴随着人类实践的诞生而诞生、人类实践的发展而发展，科技发明、制度变革、文化创新等都是人类智慧的结晶，可以说，整个人类的发展史就是人类不断生成智慧并运用智慧的历史。[①] 因此，智慧是一个历时性的概念，它随着人类历史的变迁而发展，不同的发展阶段赋予它不同的特征，因而在不同的发展阶段必然呈现出不同的发展样态。同理，智慧教育也是一个历时性的概念，它随着人类智慧的发展而发展，并在不同的发展阶段呈现出不同的发展样态与阶段特征。

本章首先以列举与分析诸多智慧教育典型案例的方式来考察、分析与归纳我国古代智慧教育的总体特征，然后深入探究我国古代智慧教育形成的深层根源，最后对我国古代的智慧教育进行评价。根据史学界对我国历史分期的一般划分方式，本书中的“古代”是指从公元前 2070 年夏王朝建立、出现国家、进入文明时期开始，直至 1840 年鸦片战争爆发为止的这段历史时期。

---

① 邓刚、陈放、王谦:《教育理念的革新——塑造“智慧人”》，载《教育发展研究》，2006（9A），64~65 页。

第一节 古代智慧教育的历史考察与总体特征

我国古代的教育思想非常丰富，包括儒家、道家、墨家、法家等不同教育流派，但自汉武帝“罢黜百家、独尊儒术”以来，儒家的教育思想在我国古代的教育发展过程中始终占据着主流与统治地位，这是不可否认的事实。因此，要从“大历史”的视野考察我国古代智慧教育的总体特征与发展趋势，就要去除那些无关紧要的细枝末流，主要研究占据主流地位的以儒家思想为根基的智慧教育。毋庸置疑，千百年来，儒家的教育思想与实践中闪烁着许多智慧的光芒，蕴含着许多智慧教育的宝贵资源。以下将分别从学校中的智慧教育、家庭中的智慧教育和社会中的智慧教育三个层面，以列举与分析典型案例的方式来考察、分析与归纳我国古代智慧教育的总体特征。

一、古代学校中的智慧教育

古代学校中的智慧教育是指在古代各种学校场域中开展的智慧教育。在此将列举与分析孔子私学中的智慧教育、孟子私学中的智慧教育、荀子私学中的智慧教育、书院中的智慧教育和蒙学中的智慧教育五个典型案例，以此来管窥我国古代学校中智慧教育的总体特征。

案例一 孔子私学中的智慧教育

孔子生活于春秋末期，是我国古代历史上伟大的教育家、思想家，儒家学派的创始人。私学是我国古代私人创办的学校，是与官学相对而言的一类学校。私学产生于春秋时期，以创办者的思想或偏好为主要教育内容，打破了官学的垄断地位，促进了文化下移，在我国教育史上具有重要地位。孔子在大约三十岁时开始讲学，开创了儒家私学，成为我国古代私学的首创者之一。孔子私学的教育目的在于培养德才兼备的君子，即有智慧的人。孔子在《论语·宪问》中说道："君子道者三，我无能焉；仁者不忧，知者不惑，勇者不惧。"这段文字意为，君子之道有三个方面，仁德的人不忧愁，睿智的人不迷惑，勇毅的人不畏惧。在孔子看来，君子是品德高尚、才能卓越的人才，兼具仁者、智者、勇者的优秀品质，是真善美相统一的有智慧的人。而孔子私学中无疑蕴含着丰富的智慧教育。

首先，在以求真为旨趣的知识教育方面，孔子致力于在战乱年代探寻治国真理，古为今用、温故知新，对西周"六艺"教育的内容进行传承和创新，因而其知识体系具有现实性、历史性和创新性。孔子认为，君子才具备参与政治的修为，人文社会知识在治国方面相对于其他类型的知识更为直接有效，因而君子之道主要在于加强人文修养。孔子在《论语·学而》中说道："道千乘之国，敬事而信，节用而爱人，使民以时。"这段文字意为，治理一个拥有一千辆兵车的国家，就要严谨认真地办理国家大事而又恪守信用，诚实无欺，节约财政开支而又爱护官吏臣僚，役使百姓要不误农时。在孔子看来，治国须有道，道即君子之道，人文社会知识是君子之道的载体。

孔子搜集和整理历代流传下来的社会历史文化资料，编著成《诗》《书》《礼》《乐》《易》《春秋》，即"六经"，作为教材传授给弟子。除少数自然科技知识以外，“六经”中大部分都是人文社会方面的知识，涉及哲学、历史、政治、经济、文化、文学等领域，因而孔子私学实施的主要是人文社会知识教育。孔子思想的核心观点是“礼”和“仁”，他在《论语·季氏》中说道：“不学礼，无以立。”礼仪寄寓和表现着个人道德与伦理的自觉，象征和代表着一种上下有差、等级有序的社会秩序；《论语·颜渊》说：“樊迟问仁，子曰：‘爱人’。”“仁”是一种基于血缘亲情而以己推人的普遍感情，是孔子建立协调有序道德伦理大厦的基石，是保证“礼”的秩序得以被人们承认和自觉遵从的最终心理本原和价值依据。在多年的教育实践中，孔子积累了丰富的人文社会知识教育经验，他采用学思行结合、启发诱导、因材施教、实事求是等教学方法和态度来培养德才兼备的君子即智慧人。

孔子轻视生产劳动等方面的自然科技知识教育。《论语·子路》中写道：“樊迟请学稼，子曰：‘吾不如老农。’请学为圃，曰：‘吾不如老圃。’樊迟出，子曰：‘小人哉樊须也！上好礼，则民莫敢不敬；上好义，则民莫敢不服；上好信，则民莫敢不用情。夫如是，则四方之民襁负其子而至矣，焉用稼？’”这段文字意为，樊迟向孔子请教如何种庄稼，孔子说：“种地我不如老农。”又请教种菜，孔子说：“那我也不如老菜农。”樊迟退去，孔子说：“樊迟真是小人！当权者如果爱好礼义，那么老百姓就没有谁敢不恭敬；当权者如果爱好正义，那么老百姓就没有谁敢于不信服；当权者如果爱好信用，那么老百姓就没有谁敢于不讲真话。如果这样，四面八方的老百姓就会背着小孩前来投奔，哪里还用得着种地呢？”可见，孔子致力于培养君子而非小人，提倡“学而优则仕”，不主张弟子们去学习生产劳动方面的科学技术知识。

其次，在以求善为旨趣的道德教育方面，孔子认为，道德是君子立身之本、从政之基。因为孔子在《论语·为政》中说道：“为政以德，譬如北辰居其所而众星共之。”同时，道德也是教化百姓必要的有效手段，正如孔子在《论语·为政》中所说：“道之以政，齐之以刑，民免而无耻；道之以德，齐之以礼，有耻且格。”孔子道德教育的核心是“仁”与“礼”。子曰：“克己复礼为仁。”（《论语·颜渊》）就是说，克制不正当的感情欲望，使自己的言行符合礼的规范，就是有仁德。可见，从义利关系上讲，孔子是典型的道义论者。他提出“仁者安仁”（《论语·里仁》）、“义以为上”（《论语·阳货》）、“见利思义”（《论语·宪问》）、“见得思义”（《论语·季氏》）等主张，与作为个人利益私欲的“利”相比，作为道德义务的“义”是最重要的、第一位的。尽管孔子也承认“富与贵，是人之所欲也”（《论语·里仁》），但“不义而富且贵，于我如浮云”（《论语·述而》），即取利要在“义”的限度之内，不可逾越和违反“义”的要求。孔子道德教育的目的是培养君子，“君子义以为质”“君子喻于义，小人喻于利”（《论语·里仁》），君子还要“行义以达其道”（《论语·季氏》）、“求仁而得仁”（《论语·述而》），为了践履仁德，可以忽略个人的得失利害，甚至可以“杀身以成仁”（《论语·卫灵公》），这就是孔子道德教育所要求的最高理想人格，对后世产生了深远影响。

再次，在以求美为旨趣的审美教育方面，孔子的审美教育思想与他以“仁”“礼”为核心的伦理道德思想密切相关，甚至在一定意义上可以说，他的审美教育思想就是道德审美教育，因而呈现出“美”“善”统一的显著特征，蕴含着明显的理性审美教育倾向。这表现在“里仁为美”（《论语·里仁》）、“人而不仁，如乐何？”

(《论语·八佾》)“子谓《韶》尽美矣，又尽善也。谓《武》尽美矣，未尽善也”(《论语·八佾》)等，即“尽善尽美”是审美和艺术的理想境界。这里涉及孔子对“文”与“质”即形式与内容关系的看法。孔子认为，“质胜文则野，文胜质则史。文质彬彬，然后君子”(《论语·雍也》)，在此他主张艺术的质地与文采、内容与形式要和谐统一。其实，孔子所提倡的“美”与“善”统一、“文”与“质”统一、形式与内容统一的实质就是美学与审美教育上的感性与理性的统一。但很多时候孔子却表现出过于注重道德美、人格美、理性美、精神美、内容美的倾向，而相对忽视感性美、形式美。比如，“饭疏食饮水，曲肱而枕之，乐亦在其中矣。不义而富且贵，于我如浮云”(《论语·述而》)，“辞，达而已矣”(《论语·卫灵公》)，“巧言令色，鲜矣仁”(《论语·学而》)。进言之，道德美、理性美、内容美是感性美、形式美的基础，是第一位的和最重要的。因而，孔子审美教育思想的目的是培养彬彬君子，其“文、行、忠、信”四教和《诗》《书》《礼》《乐》《易》《春秋》“六经”都在不同程度上蕴含着审美教育的内容，但主要体现在“文教”和“诗教”、“礼教”和“乐教”之中，倡导“中庸”“无邪”的审美教育标准，主张“兴、观、群、怨”的艺术功用论，从而使艺术和审美教育为社会的礼教政治服务。总之，孔子的审美教育思想十分强调“美”“善”统一，表现出鲜明的理性审美倾向，这一特点被后世儒家的审美教育思想所继承和发展，一直居于中国古代审美教育思想的主流地位和正统地位。

总之，孔子私学作为我国古代较早的私学典范，其智慧教育成为我国古代智慧教育发展的源头活水，具有重要的开创性意义。孔子私学中的智慧教育紧紧围绕孔子的儒学思想展开，在追求真、善、美的过程中表现出偏重人文社会知识、轻视生产劳动科技知识，强调道义论的道德标准，突出美善统一的理性审美等特征，总体而言是一种相对重视人的人文素养、道德修养，强调追求至善至美以满足人的精神需要的智慧教育。孔子私学中的智慧教育培养了弟子三千、七十二贤人，成功促进了儒家学派的传承与发展，是中华民族宝贵的智慧资源，对当时和后世智慧教育的发展产生了广泛而深远的影响。

案例二　孟子私学中的智慧教育

“孟氏之儒”是儒家学派的一个重要分支，被认为是孔子思想的嫡传之一，其代表人物是孟子。孟子毕生尊崇孔子，人生经历与孔子也较为相似。他一生热爱教育事业，聚徒讲学，其私学弟子多达数百人，曾经显赫一时。孟子私学的教育目的在于使人“明人伦”，人性本善是其教育思想的基础和前提。孟子私学中也蕴含着丰富的智慧教育。

首先，在以求真为旨趣的知识教育方面，孟子私学重视对人文社会知识教育的传承。在人性观上，他认为人生来固有仁、义、礼、智四“善端”，这是人与动物的本质区别，指出“人皆可以为尧舜”（《孟子·告子下》），这实际上肯定了人人都可以成为有智慧的人，而教育的作用就在于扩充人的善端、发展与培养人的智慧。孟子还提出了“大丈夫”的理想人格，即“富贵不能淫，贫贱不能移，威武不能屈”（《孟子·滕文公下》）。要实现这一理想人格，就要通过持志养气、动心忍性、存心养性、反求诸己等内心修养方式来达成。在政治观上，孟子提出“保民而王”，实施“仁政”，主张“民为贵，社稷次之，君为轻”（《孟子·尽心下》）。在社会观上，他认为社会分工和阶级差异是必要且合理的，社会就是由劳心者和劳力者、君子和小人所构成的，所谓“或劳心，或劳力；劳心者治人，劳力者治于人；治于人者食人，治人者食于人，天下之通义也”（《孟子·滕文公章句上》），而他自己则是培养“劳心者”“食于人”的君子而非“劳力者”“食人”的小人。因此，孟子私学主要向学生传授包括人性论、理想人格、政治观、社会观、人伦关系、道德修养等在内的人文社会知识，其核心是由仁、义、礼、智、信所构成的道德规范体系，进而由人伦关系影射君臣、君民关系，致力于形成以血缘宗法关系为纽带的稳固的国家结构。

其次，在以求善为旨趣的道德教育方面，孟子继承了孔子以“仁”为核心的道德教育思想，突出了“义”的道德价值，提出了建立在“人伦”基础之上，以“仁义”为主体、重义轻利的“道义论”道德教育思想。《孟子·梁惠王上》中写道：“王！何必曰利？亦曰仁义而已矣。王曰：‘何以利吾国？’大夫曰：‘何以利吾家？’士庶人曰：‘何以利吾身？’上下交征利而国危矣。万乘之国，弑其君者，必千乘之家；千乘之国，弑其君者，必百乘之家。万取千焉，千取百焉，不为不多矣。苟为后义而先利，不夺不餍。未有仁而遗其亲者也，未有义而后其君者也。王亦曰仁义而已矣，何必曰利？”可见，在孟子看来，“义”与“利”根本不可相提并论，“义”是修齐治平的根本，显然“义”比“利”要重要得多。在孟子看来，“义”源自人性善，强调“义”才能扩充人的善端，才能理顺人伦关系。相反，“利”是根本不必谈及的，它与人性善是不相符的，因而在人伦关系中只需强调“义”便可正本清源。即通过使群臣百姓不曰“利”、倡“仁义”而实现“王天下”的大利。与孔子一样，孟子也认为小人“为利”即作恶，君子“为义”

即为善。“义”还成为比生命更宝贵的东西，即“生亦我所欲也，义亦我所欲也；二者不可得兼，舍生而取义者也”（《孟子·告子上》）。如此一来，人们就能够达到“富贵不能淫，贫贱不能移，威武不能屈”（《孟子·滕文公下》）的理想人格与境界。

再次，在以求美为旨趣的审美教育方面，孟子开拓了孔子的审美教育思想，更加深刻地强调美与善的统一，提出“理义悦心”“仁义为美”的伦理审美教育价值取向以及“善、信、美、大、圣、神”六个层次的人格美①，高扬人格美的价值，彻底排斥生理的欲望与冲动于美之外。他还认识到美感的共同性问题，强调审美的社会作用，进而提出“与众乐乐”“与民乐乐”的审美教育观点，主张“善养吾浩然之气”“反求诸己”等审美教育途径。《孟子·尽心上》中写道：“仁言不如仁声之入人深也，善政不如善教之得民也。善政，民畏之；善教，民爱之。善政得民财，善教得民心。”孟子将审美教育与道德教育相融合，强调美与善浑然一体、美以善为根基，达至“浩然之气”的人格境界，即为美的最高水平。同时，在孟子看来，理性审美是由人性需要所决定的。《孟子·告子上》中写道：“口之于味也，有同耆焉；耳之于声也，有同听焉；目之于色也，有同美焉。至于心，独无所同然乎？心之所同然者何也？谓理也，义也。圣人先得我心之所同然耳。故理义之悦我心，犹刍豢之悦我口。”可见，理义能够满足人的较高层次的精神需要，给审美赋予了理性内涵。

总之，孟子私学对孔子私学进行了传承与发展，是我国古代学校智慧教育发展的重要环节。孟子私学中的智慧教育紧紧围绕孟子

① 邱明正、于文杰：《中华文化通志·美育志》，51~54页，上海，上海人民出版社，1998。

“性善论”的儒学思想展开，在追求真、善、美的过程中表现出偏重人文社会知识教育，强调“重义轻利”的道德教育，注重以“仁义为美”为核心的审美教育等特征，总体而言是一种相对重视人格修养、明德惟馨、人的精神需要的满足的智慧教育。孟子被尊称为“亚圣”，孟子私学中的智慧教育进一步促进了儒家学派的传承与发展，对当时和后世的智慧教育产生了深远的影响。

案例三　荀子私学中的智慧教育

荀子是先秦时期儒家的最后一位大师级人物，也是先秦思想的集大成者。荀子毕生讲学、著书，他的著名弟子有韩非、李斯等人。荀子私学的教育目的在于培养推行礼法的儒者，儒者按层次由低到高分为俗儒、雅儒和大儒三等，而荀子私学中的智慧教育将培养大儒作为理想目标。

首先，在以求真为旨趣的知识教育方面，荀子重视传授人文社会知识，并对儒家经典进行了传承与阐释。例如，在《诗》方面传授了《鲁诗》《毛诗》《韩诗》，传授《公梁》于弟子浮邱伯、《左传》于弟子张苍；他著有《荀子》，其中的《非相》《大略》篇明显论及《易》，《礼论》《乐论》篇明显论及《礼》。在人性论上，荀子与孟子相反，提出了“性恶论”。《荀子·性恶》中开篇说道：“人之性恶，其善者伪也。”就是说，人因生而好利恶害而具有恶端，道德理智只是后天人为努力与教育的结果，因而教育的作用就在于“化性起伪”。而这种“性恶论”的思路有助于开出一套实际可以操作的政治经济制度。① 荀子在《荀子·王制》中讲：“人生不能无群，群而无分则争，争则乱，乱则离，离则弱，弱则不能胜

① 葛兆光：《中国思想史》，第一卷，149页，上海，复旦大学出版社，1997。

物。”就是说，个人不能离开社会（群），要使社会不争不乱而有秩序就要有“分”，“分”就是等级差别之分，而“分”的原则是“礼”，即按照“礼”的要求区分人的等级差别、调节人际关系，从而维持社会的稳定秩序。因而，荀子在传授儒家诸经时尤其重视《礼》，说“学至乎《礼》而止矣”。在教学人文社会知识时，荀子认为“闻、见、知、行”构成了一个完整的学习过程，尤其重视“行”（即实践），认为它是学习的最高阶段。

其次，在以求善为旨趣的道德教育方面，荀子也是走重义轻利的道义论路线的，他提出了“以义制利”① 或以礼节欲的义利观主张。他说，“人生而有欲”②，即是说人天生就有“好利”的欲望，这是合乎自然本性的。然而，有限的物质财富无法满足人类无限的欲望，就需要运用道德礼仪来节制人的利欲，而且人之为人的本质属性就是“有义”，因而“以义制利”是可行的。他还进一步指出，“先义而后利者荣，先利而后义者辱”③，“重义轻利行显明”④。即在荀子看来，义是首要的，利是次要的，道德评价的标准是义而不是利，取利必须要合乎礼仪规范。《荀子·劝学》中写道：“积土成山，风雨兴焉；积水成渊，蛟龙生焉；积善成德，而神明自得，圣心备焉。”可见，达到圣人的境界是重义轻利的极致表现，需要人们在生活实践中不断践行、不断积善，在面对义利冲突时，能够断然择义舍利，实现道德的升华。《荀子·性恶》中写道：“今使涂之人伏术为学，专心一志，思索熟察，如日悬久，积善而

① 《荀子·正论》。
② 《荀子·礼论》。
③ 《荀子·荣辱》。
④ 《荀子·成相》。

不息，则通于神明，参于天地矣。故圣人者，人之所积而致也。”可见，荀子的道义论道德教育强调积累与践行，只有积极进取、积善不息，化性起伪，摒弃个人欲望与私利的羁绊，最终才能达至圣人重道义的道德境界。

再次，在以求美为旨趣的审美教育中，与孔子、孟子一样，荀子也非常重视塑造人的人格美，认为最美的人格是在“德操”上达到“全”“粹”境界，所不同的是这样的人格美只能在后天的学习和实践中实现。[1] 因为“人之性恶”，人“生而有耳目之欲，有好声色”“心好利”的本能欲望，要“养人之欲，给人之求”[2]，但又不可纵欲，因而要通过“善学”“从事”“积伪”的方式“以理节欲”“以道制欲”，即“化性起伪”的审美教育过程。《荀子·性恶》中写道：“圣人化性而起伪，伪起而生礼义，礼义生而制法度。”在荀子看来，美寓于人格之中，是一种摆脱性恶的人生境界，圣人是人格美的完满体现。“化性起伪”这一核心思想贯穿于荀子审美教育的全过程，是一个不断追求人格美的过程，也是善与美相融合的过程。《荀子·礼论》中写道：“性者，本始材朴也；伪者，文理隆盛也。无性则伪之无所加，无伪则性不能自美。性伪合，然后圣人之名，一天下之功于是就也。”荀子所谓“性伪合”，即理性审美教育与人之本性相结合，仅有人之本性是不能实现自美的，离不开理性审美教育的积极引导。人之本性是教育的起点、原始素材，“伪”是后天的、理性的教育途径，两者相合是审美教育的必要前提。可见，荀子既肯定了人的欲望、情感以及艺术给人带来的感官享受，又强调要以理性的伦理道德规范节制这种享乐，如此就

① 敏泽：《中国美学思想史》，175页，济南，齐鲁书社，1987。
② 《荀子·礼论》。

把审美的感性与理性统一起来，但感性与理性两者相较，理性的仁义道德始终是审美教育根本的标准和归宿。因而荀子是倡导实施理性审美教育的。

总之，荀子私学中的智慧教育紧紧围绕荀子“性恶论”的思想展开，在追求真、善、美的过程中表现出偏重人文社会知识，强调“以义制利”的道义论道德取向，注重塑造人格美的理性审美等特征，总体而言是一种相对重视德行修养、人格美塑造、人的精神需要的满足的智慧教育。

案例四　书院中的智慧教育

书院最早产生于唐朝，发展于五代时期，又在宋代得以繁荣与完善，逐渐成为我国古代社会一种重要的学校教育组织形式，相继出现了一批较有影响力的著名书院，如白鹿洞书院、岳麓书院、茅山书院、应天府书院、石鼓书院、嵩阳书院等。书院以传授和研究儒学为己任，以培养明道、传道和济世的儒学人才为教育目的，蕴含着丰富的智慧教育。书院中的智慧教育集中体现在书院倡导自由讲学的讲会制度上，自由讲学是书院的基本精神、精髓和特色，“讲会是书院讲学的重要组织形式，也是书院区别于一般学校的重要标志”①。书院中的自由讲学不仅是指来自不同学派、具有不同学术观点的学者都可在书院讲学、论辩和交流，而且是指讲学的时间、地点和方式等灵活多样、不受约束。《明史·东林诸儒传》曾描述了书院讲会活动的盛况，即“搢绅之士，遗佚之老，联讲会、立书院，相望于远近”。这种自由讲学的讲会制度有利于师生之间观点的碰撞、思想的交汇，营造了自由宽松的学术氛围，形成了质

① 陈元晖、尹德新、王炳照：《中国古代的书院制度》，141页，上海，上海教育出版社，1981。

疑思辨的书院文化，促进了学术的争鸣与发展，使真理进一步澄明与显现，从而实现真善美的统一。心学士人萧良榦指出了书院讲会发挥的积极作用，即“顾人心之良，不触则不发。良心之发，不聚则不凝。一番拈动，一番觉悟；一番聚会，一番警惕。此古人所以有取于会也”（《稽山会约》）。具体而言，书院的自由讲学主要涉及以下三个方面内容：

首先，在以求真为旨趣的知识教育方面，书院中的智慧教育重视人文社会知识的传承。明代学者杨廉在明世宗时期任礼部尚书，他对书院的自由讲学内容进行了较为全面的概括：“书院之教，其来尚矣。所以讲明而切劘者，儒之道而已。三纲五常，吾身之所系也；四端万善，吾心之所统也；《五经》《四书》，作吾之阶梯也；诸子百家，资吾之辩驳也。群居终日，潜心乎儒，如射者之必志于中的，如行者之必期于赴家。”（《白鹿洞书院宗儒祠记》）可见，书院自由讲学以传授和探索“儒之道”、学习儒家经典为主要内容，由此书院也逐渐成为具有较强辐射作用的儒学文化研究中心。

其次，在以求善为旨趣的道德教育方面，书院中的智慧教育重视道义论的道德教育。南宋淳熙八年（公元 1181 年）初春，陆九渊在白鹿洞书院讲学时勉励学子们要取义去利、明确志向。《陆象山文集·白鹿洞讲义》中写道：“人之所喻由其所习，所习由其所志。志乎义，则所习者必在于义，所习在义，斯喻于义矣。志乎利，则所习者必在于利，所习在利，斯喻于利矣。故学者之志，不可不辨也。”在陆九渊看来，依据儒家道义而立志和学习对书院学子具有非常重要的意义。道德教育要使儒生明辨义利，树立崇高而远大的理想，不要被名利遮蔽了仁爱之心。南宋初期名儒、岳麓书院主教张栻，系南宋抗金名将张浚之子，他对书院的道德教育宗旨做了较为透彻的阐释。他在《岳麓书院记》中指出："候之为是举也，岂特使子群居佚谈，但为决科利禄计乎？亦岂使子习为言语文辞之工而已乎？盖欲成就人才，以传道而济斯民也。惟民之生，厥有常性，而不能以自达，故有赖圣贤者也。三代导人，教学为本，人伦明、小民亲；而王道成。夫子在当时虽不得施用，而兼爱万世，实开无穷之传。果何欤？曰：仁也，仁、人心也，率性立命，位天地而宰万物者也。今夫目视而耳听，手持而足行，以至于饮食起居言动之际，谓道而有外乎？是乌可乎？"在此，张栻首先提出了一个问题，即难道重建岳麓书院之举是为了让学子们在此闲谈阔论、追名逐利的吗？答案是否定的。他指出书院的智慧教育在于传承儒学道义，而儒学道义的核心便是仁爱之心，重义轻利是仁爱之心的表征。南宋名儒真德秀是福建南浦书院的创办者，他在《问治国平天下章》中写道："苟以义为心，则事无不宜矣，不惟宜于一己，亦且宜于人，人己两得，其宜何利如之。若以徇利为心，则利于己必害于人，争斗攘夺于是乎兴，己亦岂能享其利哉。"① 这段文字说明，义与利是彼此相对立的，书院在以求善为旨趣的道德教育上要取义弃利，如此才能合于道义，表现出道义至上的价值取向。

再次，在以求美为旨趣的审美教育方面，书院中的智慧教育偏重理性审美教育。龙冈书院是王阳明讲学及悟道之所，他体悟到"心即理"，圣人之心即达到纯明之心境，他在《传习录》中写道："盖其心学纯明，而有以全其万物一体之仁，故其精神流贯，志气通达，而无有乎人己之分，物我之间。譬之一人之身。"圣人之境

① 《真文忠公文集·问治国平天下章》。

具有纯粹的仁爱之心，心之美在于仁，因而便消解了人我、物我之间的分别，人与天地浑然一体。王阳明认为，只要能够明心见性，任何人都可以彰显出人格之美，达到圣人的道德境界。南宋初期名儒、教育家张栻，主教岳麓书院长达八年之久，勉励学子们要培养自身美德。他在《岳麓书院记》中写道："尝试察吾事亲从兄，应物处事，是端也，其或发见亦知其所以然乎？苟能默识而存之，扩充而达之，生生之妙，油然于中，则仁之大体，岂不可得乎？及其至也，与天地合德，悠久无穷，则其初则不远也。"在张栻看来，人之仁爱本心往往在日常生活待人接物的过程中自然地显露出来，如果书院学子能够默默体会，并不断扩充仁爱之心，那么就会回归仁之大体，离真善美的太初境界就不远了。可见，书院将审美教育与道德教育相结合，因而美中必有德、德中必见美，从而使美与德相统一。

总之，书院中的智慧教育以自由讲学为核心紧紧围绕儒学思想展开，在追求真、善、美的过程中表现出偏重学习儒家经典、强调道义论的道德教育、注重扩充"仁爱本心"的审美教育等特征，总体而言是一种相对重视培养仁爱品格、人的精神需要的满足的智慧教育。书院作为我国历史上一种极富特色的学校教育组织形式，其中的智慧教育对于智慧人才的培养、对于儒家学术文化的繁荣与发展发挥了很大的积极作用。

案例五　蒙学中的智慧教育

我国古代一般将低年龄段儿童的教育称为蒙养教育，而进行蒙养教育的学校叫做蒙学。儒学经典《周易·蒙卦》中写道："蒙以养正，圣之功也。"这表明，对孩子启蒙施教是为了培养孩子纯正无邪的崇高品质，这是造就圣人的成功之路。儿童时期是人一生成长的关键时期，是塑造品质高尚之人的最佳时期，故设蒙学以养正。鉴于蒙学教育在个体发展过程中的奠基作用，我国自古以来就非常重视儿童的蒙学教育，各地广设蒙学，编撰了大量蒙学教材，其中闪烁着丰富的智慧光芒。

首先，在以求真为旨趣的知识教育方面，我国古代很多知识分子为儿童编著了蒙书，例如《三字经》《百家姓》《千字文》，唐代李翰的《蒙求》、宋代方逢辰的《名物蒙求》、王逢源的《十七史蒙求》、刘班的《两汉蒙求》、元代胡炳文的《纯正蒙求》、清代罗泽南的《养正蒙求》等。这些蒙书的基本内容涵盖人伦、道德、姓氏、历史、饮食、穿着、洒扫、地理、动植物等各个方面。尽管蒙学也会教给儿童少量的算术、自然博物常识和农业生产技术常识，但还是以教给儿童读书、识字、道德和文化等方面的人文社会知识为主要内容。

比如，《三字经》中写道："人之初，性本善。性相近，习相远。苟不教，性乃迁。教之道，贵以专。昔孟母，择邻处。子不学，断机杼。窦燕山，有义方。教五子，名俱扬。养不教，父之过。教不严，师之惰。子不学，非所宜。幼不学，老何为。玉不琢，不成器。人不学，不知义。"这段文字用通俗的语言说明了人性、父母、老师、环境与教育之间的关系，强调了教育对人发展的重要作用，要求儿童要刻苦学习、磨炼自己，以便知理明义。明朝著名思想家、教育家王阳明非常重视蒙学，他认为蒙学中的智慧教育要顺应儿童的性情、激发儿童的兴趣，还要注意循序渐进、因材施教，即"随人分限所及"，更强调培养儿童在学习过程中的批判怀疑、独立思考和自求自得。这种思想不仅尊重儿童天性、顺应了儿童身心发展的规律，而且还遵循了教学规律和学习规律，体现了对教育之真理的探索与实践，因而获得了良好的教育效果。

其次，在以求善为旨趣的道德教育方面，蒙学中的智慧教育重视培养儿童良好的德行，强调重义轻利的道义论道德标准。例如，清代教育家李毓秀受《论语·学而》中“弟子入则孝，出则悌，谨而信，泛爱众而亲仁。行有余力，则以学文”这一名句的启发，为使儿童明道义，创作了《训蒙文》，后经贾存仁修订改名为《弟子规》。《弟子规·泛爱众》中写道：“凡是人，皆须爱，天同覆，地同载。行高者，名自高，人所重，非貌高。才大者，望自大，人所服，非言大。己有能，勿自私，人所能，勿轻訾。勿谄富，勿骄贫，勿厌故，勿喜新。人不闲，勿事搅，人不安，勿话扰。人有短，切莫揭，人有私，切莫说。道人善，即是善，人知之，愈思勉。扬人恶，即是恶，疾之甚，祸且作。善相劝，德皆建，过不规，道两亏。凡取与，贵分晓，与宜多，取宜少。将加人，先问己，己不欲，即速已。”这段文字的核心思想是“泛爱众”，基于儒家以“仁”为核心的道义论，要求在日常言行、道德修养等方面给予儿童以指导，使儿童能够洞明儒家伦理之道义善恶并身体力行。总之，蒙学中的智慧教育蕴含着丰富的明道义、知人伦、重德行等道德教育思想。

再次，在以求美为旨趣的审美教育中，蒙学中的智慧教育重视培养儿童的心灵美、道德美等理性审美素养，以达至人格美的天地境界为旨归。《史籀篇》相传是由西周太史籀为儿童所作的教育读本，是中国最早的字书。《史籀篇》强调将审美教育融入儿童日常生活的言行、举止、习惯等各个方面，尤为重视儿童美德的养成，强调给予儿童言行美、仪态美、心灵美等方面的审美教育。元代教育家、文学家胡炳文在其蒙学教材《纯正蒙求》中写道：“白裘万里，杜厦千间。唐白乐天《新制布裘》诗云：‘安得万里裘，盖裹周四垠，稳暖皆如我，天下无寒人。’新制绫袄成，有诗云：‘百姓多寒无可救，一身独暖亦何情，心中惟念农桑苦，耳里如闻饥冻声。争得大裘长万里，与君都盖洛阳城。’唐杜子美《茅屋为秋风所破歌》云：‘安得广厦千万间，大庇天下寒士俱欢颜，风雨不动安如山。呜呼！何时眼前突兀见此屋，吾庐独破受冻死亦足。’观二公之诗，子美能苦身以利人；乐天推身以利人，二公之心亦仁矣哉！”这段文字说明，白居易心系天下百姓的饥寒，杜甫思虑天下寒士的处所，他们以仁爱之心推己及人、胸怀苍穹，体现了天地境界的人格之美、义理之美。胡炳文在其蒙学教材中写作此段是为了使儿童能够自觉以白居易、杜甫等历史文化名人为榜样，心怀仁爱、心系苍生、至善至美，勤勉学习以达到天地境界的人格之美，体现了理性审美的价值取向。

总之，蒙学中的智慧教育根据儿童身心特点而编撰的各种蒙学教材，因其简洁易懂、押韵易诵、朗朗上口等特点而受到古代儿童的喜爱。由于儿童年龄小，心地单纯且记忆能力强，因此学习与记诵这些蕴含真善美的蒙学内容可以在其纯洁的心灵上打上深深的智慧烙印，使其永远铭记而受益终身，从而达到事半功倍的教育效果。蒙学中的智慧教育在追求真、善、美的过程中表现出偏重人文社会生活常识，强调重义轻利的道德标准，注重天地境界的人格之美等特征，总体而言是一种相对偏重人文素养、至善至美、人的精神需要的满足的智慧教育，因其良好的教育效果而被今人所称道。

二、古代家庭中的智慧教育

我国古代的家训集中反映了古代家庭中的智慧教育。相传，早在先秦时期，姜太公的《太公家教》就已行世。秦汉以降，则有东汉马援的《诫兄子严敦书》，三国时期诸葛亮的《诫子书》，嵇康的《家诫》等。之后，则有梁朝颜之推的《颜氏家训》，唐朝李世民的《帝范》等。宋代传于后世的家训有十余种，代表作有司马光的《家范》、陆游的《放翁家训》等。明代有著名谏臣杨继盛的《椒山遗嘱》、庞尚鹏的《庞氏家训》与姚舜牧的《药言》等。清代有清初大儒孙奇逢的《孝友堂家训》、朱柏庐的《治家格言》、康熙的《庭训格言》、郑板桥家书等。这是一笔丰富且珍贵的古代文化遗产，凝结成了我国古代家庭中的智慧教育。下面将重点分析颜之推《颜氏家训》中的智慧教育、司马光《家范》中的智慧教育和袁采《袁氏世范》中的智慧教育三个典型案例，以此来透视我国古代家庭中智慧教育的发展特征。

案例一　颜之推《颜氏家训》中的智慧教育

颜之推，梁朝金陵人，出身于传统士族家庭。颜氏家族历来有家学传统，以《左氏春秋》《周官》等儒学经典世代相传。颜之推在儿童时期便受到了这种家庭氛围的熏陶，这也进而影响了他的家庭教育思想。他依据自身的成长经历与体悟，创作了我国古代第一部系统完整的家庭教育经典，即《颜氏家训》，其中蕴含着丰富的智慧教育。纵观历史，颜氏子孙在操守与才学方面都有不俗的表现。在唐朝，有注解《汉书》的颜师古、书法大师颜真卿、以身殉国的颜杲卿等人，足证其家训中的智慧教育之重要影响。即使到宋元两朝，颜氏族人仍然入仕不断，令后人钦羡不已。

首先，在以求真为旨趣的知识教育上，《颜氏家训》中的智慧教育偏重人文社会知识的传承。《颜氏家训》的内容包括言行修养、待人接物、崇贤慕德、自勉勤学、文以载道、音律杂艺等日常生活的多个方面，共有七卷，二十篇。颜之推教育子孙要以学习儒家经典为主，杂艺知识为辅，而且杂艺只能兼学，不能专攻，只需粗知，不要精通。《颜氏家训·勉学》中写道：“自古明王圣帝，犹须勤学，况凡庶乎！此事遍于经史，吾亦不能郑重，聊举近世切要，以启寤汝耳。士大夫之弟，数岁已上，莫不被教，多者或至《礼》《传》，少者不失《诗》《论》。及至冠婚，体性梢定，因此天机，倍须训诱。有志向者，遂能磨砺，以就素业；无履立者，自兹堕慢，便为凡人。”在这段文字中，颜之推劝勉子孙要勤奋学习，因为凡是士大夫的子弟，没有不接受教育的，读书多的甚至学习《周礼》和《左传》，少的也读过《诗经》和《论语》。成人结婚后，身体与性情逐渐定型，此时更需加倍教导其智力开发，有志向的人能经受住磨炼，终生研读经书而功成名就，没有志向的人便从此懒散懈怠而成为庸人。可见，在知识教育与智力开发上，颜之推教导子孙要终生研读儒学经书，学习为人处世之道。《颜氏家训·勉学》中又写道：“人有坎壈，失于盛年，犹当晚学，不可自弃。孔子云：‘五十以学《易》，可以无大过矣。’魏武、袁遗，老而弥笃。曾子七十乃学，名闻天下。荀卿五十，始来游学，犹为硕儒。公孙弘四十馀，方读《春秋》，以此遂登丞相；朱云亦四十，始学《易》《论语》；皇甫谧二十，始受《孝经》《论语》：皆终成大儒，此并早迷而晚寤也。”这段文字通过列举历史名人的学习经历，教导子孙明白学习是毕生的事业，求学问道不分年龄，如果错过了盛年的学习时机，晚年仍然可以继续学习，绝对不能自暴自弃。颜之推强调，人并不仅仅在年少时才需要学习人文社会知识，人文化成持续人的一生，因而学无止境，这也体现出了他睿智的终身教育、终身学习理念。

其次，在以求善为旨趣的道德教育上，《颜氏家训》中的智慧教育重视道义论的道德教育。颜之推重视子孙的道德教育，他继承了儒家以仁义孝悌等道德准则为主要内容的道德教育传统，告诫子孙做人要以仁义为本、厚德载物，并且要知行合一，努力践行仁义。他进一步指出，践行仁义的道德准则比生命更重要，必要时甚至要舍生取义，因为一己私利根本无法与仁义相提并论。《颜氏家训·养生》中写道："行诚孝而见贼，履仁义而得罪，丧身以全家，泯躯而济国，君子不咎也。"这段文字指出，诚信守孝而受到伤害、履行仁义而获罪罚、为了保全家庭而丧生、为了国家而捐躯，这些行为都是君子在所不惜的。可见，在颜之推看来，义重于利，他明确表明了自己的价值立场，即为了道义，即使付出生命也值得。颜之推劝导子孙必须恪守仁义之道，养成良好的德行操守。同时，他还强调要磨炼子孙勤奋好学的人生态度，使其端正学习态度。因为在他看来，学习是为了以道修身、以义正我，并不是为了私利，当以勤勉的态度去学习。

再次，在以求美为旨趣的审美教育上，《颜氏家训》指出，德行美是家庭中审美教育的首要内容，义理之美是德行美的内核，圣贤是德行美的榜样，因而要教导子孙仰慕圣贤的美德。《颜氏家训·慕贤》中写道："古人云：'千载一圣，犹旦暮也；五百年一贤，犹比髆也。'言圣贤之难得疏阔如此。傥遭不世明达君子，安可不攀附景仰之乎！吾生于乱世，长于戎马，流离播越，闻见已多，所值名贤，未尝不心醉魂迷向慕之也。"这段文字表明，圣贤是世间不可多得的人才，他们散发着美德的光辉，值得世人仰慕。颜之推对圣贤极尽赞誉，为子孙树立了学习的优秀榜样，使他们不断向追求德行美的方向发展。《颜氏家训·慕贤》中又写道："人在年少，神情未定，所与款狎，熏渍陶染，言笑举动，无心于学，潜移暗化，自然似之，何况操履艺能，较明易习者也！是以与善人居，如入芝兰之室，久而自芳也；与恶人居，如入鲍鱼之肆，久而自臭也。墨子悲於染丝，是之谓矣，君子必慎交游焉。孔子曰：'无友不如己者。'颜、闵之徒，何可世得，但优于我，便足贵之。”这段文字说明一个人在年少的时候，思想和性情还不成熟，容易受到周围人的影响，因而是对其进行审美教育的关键时期。一个人在年少时，如果和具有美好德行的人相处，就如同进入养满芝兰香草的花房，久而久之自身也会有仁德之美、散发芳香；如果与德行低劣的人同处，就像来到满是臭鱼烂虾的店铺，时间长了自身就会变臭。可见，颜之推强调培养儿童的德行美，注重在日常生活中熏陶儿童养成美善合一的理性审美取向。不仅如此，在文艺创作上，颜之推也教导子孙要注重文以载道。《颜氏家训·文章》中写道：“朝廷宪章，军旅誓诰，敷显仁义，发明功德，牧民建国，施用多途。至于陶冶性灵，从容讽谏，入其滋味，亦乐事也。行有余力，则可习之。”在这段文字中，颜之推以朝廷的典章制度、军旅的誓诰言辞为例，说明文章的主要用途在于显扬仁义、阐发功德，即文以载道，而用文章来陶冶性情、琢磨文采修饰，则是用剩余精力来做的，并不重要。这显然是一种强调文章的思想与内容的理性审美取向。

总之，颜之推创作的《颜氏家训》作为我国古代第一部系统完整的家庭教育经典，虽是一家一族教导子孙的训诫，但实则汇聚了颜之推所处朝代以前许多宝贵的历史经验与教训。《颜氏家训》中的智慧教育以教导子孙、传承优良家风为旨归，在追求真、善、美的过程中表现出注重人文社会知识，强调儒家仁义孝悌的道德准则，重视培育儿童的德行美、强调文艺创作的文以载道等特征，总体而言是一种更为强调厚德载物、文以载道、人的精神需要的满足的智慧教育。《颜氏家训》中的智慧教育对当时和后世的家庭教育产生了深远的影响，使得越来越多的人更加重视家庭中的智慧教育，着意营造与传承优良家风，并且涌现出了越来越多饱含智慧的家训与家规。

案例二　司马光《家范》中的智慧教育

北宋政治家、史学家司马光创作了《家范》，其目的在于以儒家义礼教导子孙后代，被之后历代推崇为家庭教育的经典之作。全书共十九篇，内容主要包括修身、以礼治家、和睦之道、勤俭致富、仗义疏财、礼乐教子、诗书传家等家庭生活的各个方面。《家范》将历史案例与个人评论相结合，系统阐述了家庭场域中的修身养性、伦理关系、治家原则以及为人处世之道，闪烁着隽永的智慧光芒。

首先，在以求真为旨趣的知识教育上，《家范》中的智慧教育主要涉及人文社会方面的知识。《家范》的内容主要包括两部分：一是儒家经典中许多关于修身齐家思想的论述；二是许多历史人物的典型案例。《家范》中写道："爰自卿士以至匹夫，亦有家行隆美可为人法者，今采集以为家范。"可见"家行隆美"是司马光在《家范》中选取历史案例的基本准则，这些历史案例不仅来源于士大夫阶层，也有来自民间庶人的治家典范。司马光对这些内容进行分析、评论，提炼出了其《家范》中的智慧教育思想。《家范》中写道："夫治家莫如礼。男女之别，礼之大节也，故治家者必以为先。"这表明，《家范》要求治家要遵循儒家之礼，以礼为先，儒家之礼是治家的根本依据、是贯穿《家范》的指导思想。《家范》

中又写道："《大学》曰：'古之欲明明德于天下者，先治其国；欲治其国者，先齐其家；欲齐其家者，先修其身；欲修其身者，先正其心；欲正其心者，先诚其意；欲诚其意者，先致其知；致知在格物。物格而后知至，知至而后意诚，意诚而后心正，心正而后身修，身修而后家齐，家齐而后国治，国治而后天下平。自天子以至于庶人，一是皆以修身为本。其本乱而末治者否矣，其所厚者薄，而其所薄者厚，未之有也！'此谓知本，此谓知之至也。所谓治国必先齐其家者，其家不可教而能教人者，无之。"这段文字分析与强调了修身的重要性，教导子孙要以修身为本，要在日常生活中不断格物、致知，而后才能诚意、正心、修身。

其次，在以求善为旨趣的道德教育方面，《家范》中的智慧教育注重道义论的道德教育。《家范》中写道："孔子曰：'均无贫，和无寡，安无倾。'善为家者，尽其所有而均之，虽粝食不饱，敝衣不完，人无怨矣。夫怨之所生，生于自私及有厚薄也。"这段文字对家长的治家智慧提出了要求，即善于治家的家长要遵循道义、以仁德处理家庭内部矛盾，尽最大可能公平对待每一位家庭成员，这样即使每天吃粗茶淡饭、穿破旧衣服，甚至吃不饱穿不暖，子孙也不会有怨恨产生。而怨恨之所以会产生，就是因为家长存有私心，而且对待家人不公平。因此，家长在家庭中更应身正示范，践行道义，不断提升自我的道德修养，如此才能引导子孙重道义、弃私利。《家范》中写道："然不知以义方训其子，以礼法齐其家。自于数十年中勤身苦体以聚之，而子孙于时岁之间奢靡游荡以散之，反笑其祖考之愚不知自娱，又怨其吝啬，无恩于我，而厉虐之也。始则欺绐攘窃，以充其欲；不足，则立券举债于人，俟其死而偿之。观其意，惟患其考之寿也。甚者至于有疾不疗，阴行鸩毒，亦有之矣。然则向之所以利后世者，适足以长子孙之恶而为身祸也。”这段文字指出了家庭道德教育中一个很重要的问题，即到底是给予子孙万贯家财还是道义之德呢？家长若只想留给子孙万贯家财，自以为子子孙孙、世世代代都会享用不尽。但是他们却不懂得，更重要的是应该用义礼之道来教育子孙。否则，他们自己几十年辛勤劳作所积累起来的财富，却被那些没有教养的子孙在短时间内挥霍殆尽，因为在他们的子孙眼里只有利益、没有道义。司马光明确表明了自己的道德教育立场即道义重于资财，家长要通过言传身教使子孙明了义礼、道义，才能使子孙避免祸患、和乐安定。

再次，在以求美为旨趣的审美教育方面，《家范》中的智慧教育强调理性审美。在司马光看来，培养子孙的美德是最为重要的。《家范》中写道：“昔者圣人遗子孙以德以礼，贤人遗子孙以廉以俭。舜自侧微积德至于为帝，子孙保之，享国百世而不绝。周自后稷、公刘、太王、王季、文王，积德累功，至于武王而有天下。其《诗》曰：‘诒厥孙谋，以燕翼子。’言丰德泽，明礼法，以遗后世而安固之也。”这段文字意为：古代圣人懂得留给子孙后代高尚的美德与严格的礼法，贤人们传给子孙廉洁的品质和俭朴的作风。舜出身卑贱却能够努力修养美德，终于当上了帝王，他的子孙们继承他的高尚美德，统治国家历经百代而不灭。周朝从后稷、公刘、太王、王季、文王开始修德，到了周武王的时候，终于推翻殷商，夺取了天下。《诗经》里说，周文王谋及子孙、扶助子孙，指的就是周文王积累美德、申明礼法，而且将这笔遗产传给后代，使得国家安定、社稷稳固。司马光在此列举古代圣人贤王修养美德传于子孙的事迹，是为了教导子孙后代要向这些圣人贤王学习，修养自身德性以养成德行美、心灵美和内在美，因为人美不因其貌而因其善，继而形成美好和谐的家庭关系和家风。因此，《家范》中对子孙后代的审美陶冶是与其德行的培养相统一的，体现了理性审美教育取向。

总之，司马光所创作的《家范》对宋代及以后的家庭教育产生了深远的影响，许多士大夫家族及普通人家，都将《家范》作为教导子孙的范本。《家范》中的智慧教育以史为鉴、引经据典来教导子孙，在追求真、善、美的过程中表现出重视知礼修身、道义之德、内在美德和形成美好家风等特征，总体而言是一种更为强调人文素养、美善合一、人的精神需要的满足的智慧教育。《家范》中的智慧教育确立了司马光在我国古代家训文化发展进程中的重要地位。

案例三　袁采《袁氏世范》中的智慧教育

袁采，浙江衢州信安人，曾先任乐清等县县令，后官至监登闻鼓院，其《袁氏世范》成书于南宋淳熙五年（公元 1178 年）。袁采创作《袁氏世范》的目的并不仅仅是为了教育自家子孙，更希望能够以之教化一方百姓。清代《四库全书》中对《袁氏世范》评价较高，称之为“《颜氏家训》之亚”。袁采的《袁氏世范》中蕴含着丰富的智慧教育。

首先，在以求真为旨趣的知识教育上，《袁氏世范》中的智慧教育主要涉及各个方面的人文社会知识。《袁氏世范》共三卷，包括《睦亲》《处己》《治家》。其中，《睦亲》卷共 60 则，涵盖饮食起居、家务料理、立嗣养子、周济亲戚等方面内容；《处己》卷共 55 则，涵盖修身、言行、处世、交游等方面内容；《治家》卷共 72 则，涵盖和睦邻居、公平公正、热心公益等方面内容。可以说，《袁氏世范》的内容几乎涵盖了当时人类社会生活的方方面面。袁采擅长运用生活中的具体事例，来说明为人处世之道，行文通俗易懂。比如，《袁氏世范·睦亲》中写道："骨肉之失欢，有本于至微而终至不可解者。止由失欢之后，各自负气，不肯先下尔。朝夕群居，不能无相失。相失之后，有一人能先下气，与之话言，则彼此酬复，遂如平时矣。宜深思之。"这段文字说明，家人之间不和睦，往往是本源于细小琐碎的事，却最终可能导致了终身失和。终身失和的原因恐怕是各怀气愤，谁也不肯先提出和解。人与人朝夕相处在一起，不可能没有相互失礼之处，倘若其中的一人能够先主动讲和，与对方平心静气地把话说开，那么彼此的关系就会恢复。袁采将家庭中的相处智慧具体化、细节化、知识化，使人不但能够明白是非，还能知道如何智慧地处理家庭中的问题。《袁氏世范·睦亲》中又写道："今世之人能自省其忠、信、笃、敬者盖寡，能责人以忠、信、笃、敬者皆然也。虽然，在我者既尽，在人者也不必深责。今有人能尽其在我者固善矣，乃欲责人之似已，一或不满吾意，则疾之已甚，亦非有容德者，只益贻怨于人耳。"这段文字表明，很少有人能够自我反省是否真正做到了待人忠诚、有信、厚道和恭敬，而以之要求别人的人却比比皆是。况且即使自己在待人接物时做到了这些，也不必以此要求别人。可是很多人都对他人要求较高，一时不称心，就狠狠地责备，这绝非有容人之德的表现。可见，袁采特别重视人际相处的智慧，他教导子孙要尽早明白与践行这些为人处世的道理和知识，因为作为社会的一分子，每个人都必然处于特定的人际网络之中，为了能够在社会中更好地生活，个人就必须尽早学会这些为人处世之道。

其次，在以求善为旨趣的道德教育上，《袁氏世范》中的智慧教育偏重道义论的道德教育。袁采要求子孙要坚守儒家义礼之道，以义礼原则去为人处世。《袁氏世范·睦亲》中写道："世有无知之人，不能一概礼待乡曲。而因人之富贵贫贱设为高下等级。见有资财有官职者则礼恭而心敬。资财愈多，官职愈高，则恭敬又加焉。至视贫者，贱者，则礼傲而心慢，曾不少顾恤。殊不知彼之富贵，非吾之荣，彼之贫贱，非我之辱，何用高下分别如此！长厚有识君子必不然也。"这段文字表明，贪财自利的人，对待他人不能一视同仁，而是根据富贵贫贱划分高下，见到有钱、有权的人就礼貌恭敬，别人钱财越多、官职越高，他就越是恭敬。而见到地位低下的人，他则态度傲慢、轻视，很少去关照周济。殊不知，别人的富贵并非自己的荣耀，别人的贫贱也不是自己的耻辱，又何必因人的富贵贫贱而用不同的态度待人呢，德行深厚的君子决不会如此。在袁采看来，儒家的义礼之德是为人处世的基本原则，仁爱之心则是义礼之德的内核，因而他教导子孙要在细节处彰显德行。《袁氏世范·处己》中写道："言忠信，行笃敬，乃圣人教人取重于乡曲之术。盖财物交加，不损人而益己，患难之际，不妨人而利己，所谓忠也。不所许诺，纤毫必偿，有所期约，时刻不易，所谓信也。处事近厚，处心诚实，所谓笃也。礼貌卑下，言辞谦恭，所谓敬也。"这段文字告诫子孙，根据圣人的教诲，言论要讲究忠信，行动要奉行笃敬。在财物方面，不干损人利己的事；在患难时刻，不做损人利己的事，此即"忠"。一旦许诺别人，即便是小事，也一定要有结果；一旦约定时间，则一时一刻也不耽误，此即"信"。待人接物热情厚道，内心诚实敦厚，此即"笃"。礼貌谨慎，言辞谦逊，此即"敬"。在袁采看来，一个人的言行是其道德修养的外在反映，因此人的言行不要损人利己，要时刻秉持忠信、敬笃的仁爱之心，践行道义。

再次，《袁氏世范》中的智慧教育偏重理性审美教育。袁采强调品德美的重要性，如《袁氏世范·处己》中写道："行高人自重，不必其貌之高；才高人自服，不必其言之高。"这段文字说明品德美的人自然会受到敬重，不一定非要容貌有多么出众；才能高超的人自然会受到别人敬服，不一定非得言论有多么高明。换言之，在袁采看来，品德美是儒家君子之美的彰显，是对仁爱、义礼之道的践行，是一种真正的美。《袁氏世范·处己》中又写道："饮食，人之所欲，而不可无也，非理求之，则为饕为馋；男女，人之所欲，而不可无也，非理狎之，则为奸为婬；财物，人之所欲，而不可无也，非理得之，则为盗为贼。人惟纵欲，则争端起而狱讼兴。圣王虑其如此，故制为礼，以节人之饮食、男女；制为义，以限人之取与。"这段文字说明，人的欲望不可或缺，但如果不加节制地去追求，就会走向极端，在饮食、男女、财物等方面莫不如此。人如果一味地放纵自己的欲望，就会引起争端。古代圣王考虑到这些问题，因此制定了义礼，以节制人的欲望。也就是说，在袁采看来，人需要用理性来节制欲望，节制之美是品德美的重要表现，正所谓君子有所为有所不为，而儒家义礼之道则是节制之美的内在依据，表现出理性审美的特征。

总之，袁采创作的《袁氏世范》旨在教导子孙和百姓践行道德伦理，美化家风乃至地方风俗习惯，其教育对象不局限于自己的本家本族，而是扩及社会大众，对当时及后世的家庭教育、社会教育均产生了深远的影响。《袁氏世范》中的智慧教育秉持厚人伦、美风俗的原则，在追求真、善、美的过程中表现出注重生活化的人文社会知识，强调在待人接物的细节处践行义礼的道德准则，重视培养子孙和老百姓的美德等特征，总体而言是一种更为重视为人处世之道、以义正我、人的精神需要的满足的智慧教育。《袁氏世范》中的智慧教育拓展了家训的社会教化功能，在我国家训发展史上占有重要的地位。

三、古代社会中的智慧教育

除了古代学校和家庭中的智慧教育，我国古代还有多种形式的社会教育，其中也闪烁着不少智慧的光芒。下面将主要分析古代乡约教化中的智慧教育、古代乡贤教化中的智慧教育和古代社学教化中的智慧教育三个典型案例，以此来透视我国古代社会中智慧教育的发展特征。

案例一　古代乡约教化中的智慧教育

乡约是乡人之间互相劝勉、共同遵守，以相互协助救济为目的的一种制度，是中国古代社会教化的重要形式之一。乡约旨在通过乡民互约来保障乡土社会成员的共同生活，它以儒家思想为主要指导原则，推行社会教化，从而形成良好的社会风气。乡约的萌芽最早可以追溯至西周时期。《周礼·地官·族师》中写道："五家为比，十家为联，五人为伍，十人为联，四闾为族，八闾为联。使之相保、相受，刑罚庆赏相及、相共，以受邦职，以役国事，以相葬埋。"这段文字说明，西周时期，乡人之间相互担保托付，遇到刑罚、喜庆、赏赐的事，相互共受共享，来承担职事，为国事服役，相互帮助丧葬，形成了互帮互助的良好社会风气。可见，我国古代历来重视化民成俗的社会教化。自西周以后，民间自发的社会教化逐步发展，其化民成俗的实际效果也逐渐得到官方认可，进一步促进了古代乡约的发展。中国最早的成文的乡约制度，是北宋"吕氏四贤”即吕大忠、吕大钧、吕大临、吕大防四兄弟于北宋神宗熙宁九年（公元1076年）制定的《吕氏乡约》（原名蓝田公约）。《吕氏乡约》是对北宋乡村治理的巨大创新，它以乡而非县为社会教化的单位，对当时及后世的社会教化产生了极其重要的影响。乡约制度的正式确立，在基层社会中，促进了社会教化的制度化和常态化。至明朝，我国古代乡约的发展达到了鼎盛时期，实现了从区域性向全国性的重大转变。

首先，在以求真为旨趣的知识教育方面，尽管古代乡约教化中的智慧教育也会教化百姓少量自然、生产方面的基本技术常识，但还是以人文社会知识的教化与传承为主要内容。以《吕氏乡约》为例，其内容分为《乡约》和《乡仪》两部分。其中的《乡约》除了“德业相劝，过失相规，礼俗相交，患难相恤”四部分外，还包括聚会、主事与罚式。可见，《吕氏乡约》的核心内容是以儒家伦理道德为依据，规范乡民的行为，旨在通过伦理道德规范教化与建构儒学社会。王阳明的《南赣乡约》是明朝推行乡约的经典范例，其目的在于教化百姓，使百姓心存善念，养成仁厚的社会风气。《南赣乡约》中写道：“故今特为乡约，以协和尔民，自今凡尔同约之民，皆宜孝尔父母，敬尔兄长，教训尔子孙，和顺尔乡里，死丧相助，患难相恤，善相劝勉，恶相告戒，息讼罢争，讲信修睦，务为良善之民，共成仁厚之俗。呜呼！人虽至愚，责人则明；虽有聪明，责己则昏。尔等父老子弟毋念新民之旧恶而不与其善，彼一念而善，即善人矣；毋自恃为良民而不修其身，尔一念而恶，即恶人矣；人之善恶，由于一念之间，尔等慎思吾言，毋忽！”可见，王阳明旨在通过乡约倡导百姓学习仁义孝悌、诚信友爱、明辨善恶等儒家人文社会知识，使百姓能够在乡土社会中践行伦理道德，从而形成仁厚淳朴的社会风气。

其次，在以求善为旨趣的道德教育方面，由于儒家知识分子是乡约的核心推行者，因此古代乡约教化中的智慧教育主要以儒家的道义之德教化百姓。《吕氏乡约·德业相劝》中写道："德，谓见善必行，闻过必改。能治其身，能齐其家。能事父兄，能教子弟。能御僮仆，能事长上。能睦亲故，能择交游。能守廉介，能广施惠。能受寄托，能救患难，能规过失。能为人谋事，能为众集事。能解斗争，能决是非。能兴利除害，能居官举职。凡随善，为众所推者，皆书于籍，以为善行。"这段文字指明了道义之德的重要作用，它要求乡人要内外兼修，即对内能修身养性、能治理家事、能侍奉尊长、能教诲子弟，对外能和睦亲朋、能择友交游、能守持廉洁、能广施恩惠，凡是众人推举的好人好事，都可作为善行记录。《吕氏乡约》为乡民树立了共同的道义论道德准则，明确了向善重义的价值取向，并且强调对道德准则的践行，倡导对道德榜样事迹进行记录与宣传，引导社会风气向重视仁义的方向发展。王阳明在《南赣乡约》中写道："彰善者，其辞显而决，纠过者，其辞隐而婉；亦忠厚之道也。如有人不弟，毋直曰不弟，但云闻某于事兄敬长之礼，颇有未尽；某未敢以为信，姑案之以俟；凡纠过恶皆例此。若有难改之恶，且勿纠，使无所容，或激而遂肆其恶矣。"在这里，王阳明认为彰善惩恶是改变社会道德风气的有效手段，他非常讲究社会教化中彰善惩恶的方法，认为要大力宣扬与表彰有善行的人，委婉地纠正有过失的人，这才是忠厚之道。明朝岭南著名学者黄佐是"泰泉乡约"的发起者，他创作了《泰泉乡礼》。《泰泉乡礼》中写道："凡乡礼纲领，在士大夫，表率宗族乡人，申明四礼而力行之，以赞成有司教化。其本原有三：一曰立教，二曰明伦，三曰敬身。”在此，黄佐强调了士大夫具有申明儒家义礼，并以儒家义礼教化乡村百姓的职责，而如此施行乡约的最终目的在于树立教化、辨明人伦、敬重自身，表现出了倡导伦理道义的道德教育取向。

再次，在以求美为旨趣的审美教育方面，古代乡约教化中的智慧教育以儒家的伦理理性为依据，重视人的美德培养，致力于建构具有人格美、人伦美和社会美的乡村和谐秩序与美好风气。《吕氏乡约》中写道：“人之所赖于邻里乡党者，犹身有手足，家有兄弟。善恶利害，皆与之同，不可一日而无之，不然则秦越其视何异与我哉。大忠素病于此，且不能勉，愿与乡人共行斯道。惧德未信，动或取咎，敢举其目，先求同志。苟以为可，愿书其诺。成吾里仁之美，有望于众君子焉。”这段文字意为：“依赖邻里乡党的人，犹如身有手足、家有兄弟，因为一切善事与恶事的利害，都与邻里乡党彼此相关，不可一日缺失，不然我们就像当年的秦国与越国一样关系疏远了。我吕大忠一直想推行乡约，可是不能勉强相邻参加，但今愿与乡人共同推行此乡约。因怕约中道德规定尚未取得众人信任，匆忙行使会自取其咎，特冒昧列举乡约名目，先求志同道合。如各位以为可以，愿写下履约承诺，成我里居仁义之美，望众位君子努力。”可见，《吕氏乡约》强调以美德作为社会教化的核心，希望以此重塑乡村美好的人伦关系，形成和谐美好的乡村社会风气。王阳明的《南赣乡约》也致力于塑造乡村社会的人格美、人伦美和风气美。《南赣乡约》中说：“昔人有言：‘蓬生蔴中，不扶而直；白沙在泥，不染而黑。’民俗之善恶，岂不由于积习使然哉！往者新民盖常弃其宗族，畔其乡里，四出而为暴，岂独其性之异，其人之罪哉？亦由我有司治之无道，教之无方。”这段文字说明，蓬草长在麻地里，不用扶持也能挺立住，白沙混进了黑土里，就会变得跟黑土一样黑，民俗的善或恶也是如此，是由当地的积习造成的。因此，要改变一方不良的社会风气，就要从当地民间积习存在的问题入手，通过儒家义礼教化乡民改变恶习，逐渐使乡民弃恶从善，以达到美化社会风气的目的。

总之，我国古代乡约教化中的智慧教育旨在倡导百姓践行儒家的伦理道德，美化乡村社会的风俗习惯，其教育对象是社会大众，有效促进了文化下移，唤醒了民众的伦理道德意识，对社会的安定和谐产生了重要的影响。乡约中的智慧教育秉持崇德行、重人伦、美风俗的原则，在追求真、善、美的过程中表现出注重人文社会知识的教化，强调在乡村社会生活中践行向善重义的道德准则，重视塑造乡村社会的人格美、人伦美和风气美等特征，总体而言是一种更为强调人文化成、仁义道德、人的精神需要的满足的智慧教育。我国古代乡约中的智慧教育有效扩大了儒学的影响范围，在一定程度上提高了民众的道德品质和文化修养，淳化了社会风气，使邻里关系更加和谐亲睦，促进了我国古代社会的发展。

案例二　古代乡贤教化中的智慧教育

“乡贤”一词始于东汉，是指出生于某地，并且在德业、功绩等方面可以作为乡人楷模，从而具有较大社会影响力的人物。明朝洪武初期，朝廷令各府州县儒学建立一个乡贤祠，集中奉祀本地的乡贤。乡贤祭祀经过明朝的大规模推行，逐渐成为国家典制，并为清朝所继承。作为中国封建社会的基石，乡贤承担了“皇权不下县”时代基层的社会教化职能。明朝时的徐一夔在《乡贤祠记》中写道：“巧若一乡之贤，里巧相接，封败相连。而其人之德行、风节、文学、事功，遗风余烈，洽于所见所闻所传闻者，至亲且切，有不待旁求远访而后知也。乡之俊彦，岁时登降，出入于诸贤之庭，仰瞻列圭。”这段文字说明，乡贤的德行、气节、文学、事功等能够潜移默化地影响本地的后生，因是同乡的缘故，这种影响对乡邻而言更为亲切真实，从而促进一方社会风气的改良。可见，“乡”与“贤”是乡贤的两个核心要素，其中“乡”是指乡里、同乡，“贤”是指德行出类拔萃的人，是乡民心目中真善美的化身，堪为楷模和榜样。因此，乡贤就是乡里有智慧的人，同乡之情能够拉近乡贤与社会大众之间的距离，使人们更能够以乡贤作为人格榜样，进而成就了历代乡贤的社会教化功能。因此，乡贤教化主要是一种隐性的智慧教育。

南宋四川广汉人李发，在当地广施慈善三十年，救济灾民无数[①]，堪为乡贤代表。李发坚持行善，不图扬名，前后历时30年。据南宋名儒杨万里估计，李发救济过的灾民约270万人，用粮约10460石。四川民间百姓感念李发不图名利的善行，坊间美名流传：“我有耋老，李君粥之；我有辰髫，李君谷之。孰旌李君，吾尸祝之。”[②] 这段文字意为，我有老人，李发供养，我有孩童，李发养育，官府若再不嘉奖他，我们民间就来表彰他。可见，李发持续三十年不图名利的善行为百姓所称道，他去世17年后，宋高宗闻知李发的事迹，甚为感动，追加他为承务郎。

著名乡贤、南宋大儒真德秀是福建浦城人，他目睹灾荒之后一些家庭遗弃婴儿的现象，于心不忍，于嘉定九年在建康府创办慈幼庄，用以收养灾荒之年被遗弃的婴儿。真德秀创办的慈幼庄，以被

① 袁灿星：《中国乡贤》，68页，北京，新星出版社，2015。
② 袁灿星：《中国乡贤》，70页，北京，新星出版社，2015。

没收官产田的地租收入作为运转经费，共维持了四十余年①，造福一方百姓，潜移默化地产生了积极的社会影响，可谓功德无量。真德秀重视社会教化的作用，认为为政之本、教化为先，因此强调改良社会风气是儒治的关键，倡导儒家孝悌之道。真德秀在其名作《大学衍义》卷十二中写道："仁者心之德，心存于仁则安，反是则危；义者心之制，身由于义则正，反是则邪。"这段文字表明，真正仁爱的人，内心具有善良的品德，只有心存仁爱才能安心；儒家义理能够规范人的思想，只有遵循义理才能身正。真德秀不但以儒家仁爱之心、义理之道要求自我，身体力行，并以此教化乡里，他的德行善举与学说对当时及后世产生了深远的社会影响。

著名乡贤、明代名儒邹守益，是王阳明的高徒，江西吉安安福县北乡彻源人，也是江右地区最重要的阳明学派代表人物。邹守益的学识和德行，深为王阳明称许，王阳明甚至将他比作孔子的爱徒颜渊。邹守益辞官回乡后，热衷于慈善公益事业，广泛设学、讲学，仿效其师王阳明积极推行乡约，效力乡里，成为当地杰出乡贤的代表。他强调："本心之善，其体甚微，而利欲之攻，不胜其众，非有以辨别之，则理欲混淆，而天下之大本无以正矣。"② 即教导人们要辨别义与利，防止利欲对人心之善的侵扰，只有不断扩充善心，才能弘扬天下正道。可见，邹守益之所以能成为一方著名乡贤，源自他对阳明心学的坚守与践行，他通过办学、乡约、慈善公益等活动不断施行社会教化，以善行惠及相邻。

总之，我国古代乡贤是有智慧的人，他们在道德、气节、功

---

① 袁灿星：《中国乡贤》，81页，北京，新星出版社，2015。

② ［明］邹守益：《邹守益集上·制策》，5页，南京，凤凰出版社，2007。

绩、思想、言行等方面为社会大众树立了光辉的榜样，他们以其自身所散发的真善美智慧光芒激励各地百姓纷纷效仿，起到了移风易俗的作用。乡贤教化中的智慧教育在追求真、善、美的过程中表现出践行仁义、施行善举的特征，总体而言是一种崇美德、惠乡里、美风俗，侧重人的精神需要的满足与提升的智慧教育。我国古代乡贤教化中的智慧教育发挥了各地乡贤的社会教化功能，淳化了社会风气，在我国社会教育发展史上占有重要的地位，对当时及后世的社会发展产生了深远的影响。

案例三　古代社学教化中的智慧教育

我国古代的社学不仅是一种乡村社会中的初级学校，更是作为乡村的文化中心而由点到面持续发挥着社会教化的辐射功能，其中闪烁着璀璨的智慧光芒。社学萌芽于唐朝末年，正式设立于元朝，在宋朝得以发展，主要设立于乡村或城镇，尤以乡村居多。元制每五十家为一社，每社设一所社学，选择乡村社会中道德高尚、通晓经书者为社学教师，教材主要包括《大学》《中庸》《论语》《孟子》等儒学经典。至明代，社学逐渐被推广至全国，主要教育 15 岁以下的儿童。教育内容除儒学经典外，还包括御制大诰、政府律令及冠、婚、丧、祭等礼节。同时，社学也是乡村举行乡约活动的主要场所，以此来推行社会教化。社学教化中的智慧教育使得我国古代乡村社会不再是一片肆意生长的文化荒原，对乡村的化民成俗、移风易俗产生了积极的影响。

首先，在以求真为旨趣的知识教育上，古代社学教化中的智慧教育主要教化乡民识文断字、礼义之道等人文社会生活常识。明代教育家章潢借鉴王阳明在《社学教条》中关于社学教育内容的陈述，指出社学中的智慧教育应该“诱之歌诗以发其志意，导之习礼以肃其威仪，讽之读书以开其知觉”。这段文字说明，在社学中要通过歌诗启发儿童的志趣与情意，通过学习儒家礼仪塑造儿童端庄威严的仪表，通过读书启迪儿童的认知与觉悟。可见，社学的主要学习内容包括歌诗、习礼、读书等，以此培养儿童在知、情、意、行等方面的全面发展，达到文化启蒙、道德养成的教育目的。与此同时，社学还承担着乡村社会教化的职能。明朝时期，岭南著名学者黄佐在《泰泉乡礼·乡校》中写道：社学在开馆日，要“楷书《谕俗》六条、《劝民》二事及《四礼条件》，皆正句读，使之传写，各分投劝谕，深山穷谷必至，务多方以化导之。《谕俗》六条：一曰教子弟以兴礼义，二曰禁火化以厚人伦，三曰辟异端以崇正道，四曰敦朴俭以保家业，五曰息争讼以免刑罪，六曰化愚顽以息盗贼。劝民二事：一曰劝农，二曰劝孝”。这段文字说明，社学教师要在开馆日楷书《谕俗》《劝民》《四礼条件》分发给乡村中的各家各户，即使位于偏僻深山中的人家也必送达，目的在于发挥社学的社会教化作用。《谕俗》六条的内容包括教礼义、禁火化、辟异端、敦朴俭、息争讼、化愚顽。同时，社学教师也要劝导百姓兴农事、守孝道。可见，社学在乡村社会中具有非常重要的社会教化职能。而且，社学教师也在一定程度上成为乡村社会中的精神领袖，起到了行为示范的榜样教化作用，具有较高的社会地位和声望。

其次，在以求善为旨趣的道德教育方面，古代社学教化中的智慧教育倡导儒家的道义之德，教化百姓重义轻利。王阳明曾于江西南赣推行过兴办社学的政令，通过社学教化了当地百姓，改变了以前贪财好利、好勇斗狠的民风民俗，使南赣地区的道德风气面目一新。王阳明在《兴举社学牌》中写道：“牌仰岭北道督同府县官吏，即将各馆教读通行访择，务学术明正、行止端方者乃与兹选。官府仍籍记其姓名，量行支给薪米，以资辛苦，优其礼待，以示崇劝。”① 这段文字说明，要选择品德高尚、品行端正、学问明正的人担任社会教师，因为良好的教师素养是社学的灵魂，能够在学校及乡邻中产生潜移默化的教化作用。而且，古代大部分社学的校名是经过谨慎挑选才确定的，可以在一定程度上发挥隐性道德教化的功能，如“启善”“同仁”“敦风”等。② 这意味着，社学的校名不只是几个冷冰冰的文字或标签，而是向民众传达了特定的道德价值取向，彰显了一定的要求、理想和期望，在乡村社会中发挥了潜移默化的道德教化作用。

再次，在以求美为旨趣的审美教育上，古代社学教化中的智慧教育旨在通过道德教化形成乡村社会的风俗美、风气美，表现出了美善合一的理性审美倾向。《明太祖实录》中写道：“昔成周之世，家有塾，党有庠，故民无不习于学，故民无不知学，是以教化行而风俗美。今京师及郡县皆有学，而乡社之民未睹教化，有司其更置社学，延师儒以教民间子弟，庶可导民善俗也。”这是明代国家下令设立社学的开始，说明了设立社学的目的在于仿效西周时期的塾、庠以教化百姓，导民以善，从而建设风俗美的乡村社会。王阳明在《行雩都县建立社学牌》中写道：“照得本院近于赣州府城设立社学乡馆，教育民间子弟，风俗颇渐移易。牌仰雩都县掌印官，即于该县起立社学，选民间俊秀子弟，备用礼币，敦请学行之士，延为师长，查照本院原定学规，尽心教导，务使人知礼义，户习诗

① 王守仁：《王阳明全集》，第17卷，235页，上海，上海古籍出版社，2011。

② ［美］施珊珊：《明代的社学与国家》，王坤利译，146页，杭州，浙江大学出版社，2019。

书，丕变偷薄之风，以成淳厚之俗。”① 这段文字表明，赣州府城设立的社学对于当地移风易俗的影响已经颇见成效，因此要继续在雩都县推行社学，聘请优秀教师，尽心教导优秀民间子弟，目的在于使人明辨礼义，改变浮薄的社会风气，养成淳厚的社会风俗。可见，社学是一种行之有效的社会教化方式，它能够充分发挥自己的文化辐射功能，德化一方百姓，改善一方风俗习惯与社会秩序，形成美好敦厚的社会风气。

总之，我国古代社学教化中的智慧教育秉持崇德行、重人伦、美风俗的信念，在追求真、善、美的过程中表现出注重人文社会知识、重义轻利和美好敦厚的社会风气等特征，总体而言是一种更为强调人文化成、道德修养、人的精神需要的满足的智慧教育。我国古代社学教化中的智慧教育有效提升了乡民的道德水平，美化了社会风气，使乡村社会更富有文化生活气息，在我国社会教育发展史上占有重要的地位。

通过对我国古代学校、家庭和社会中智慧教育诸多典型案例的分析与透视，从“大历史”的视野、马克思主义人学理论的角度来概括我国古代智慧教育的总体特征，可以发现：我国古代的智慧教育较为重视人文社会知识的传授、道义论的道德价值取向和美善合一的理性审美，其主要目标在于满足与丰富人的精神需要、塑造与升扬人的精神境界，闪耀着人文荟萃、明德惟馨和至善至美的智慧光芒，对人文社会、思想文化和人类精神文明的发展具有积极作用。

① 王守仁：《王阳明全集》，第 17 卷，239 页，上海，上海古籍出版社，2011。

第二节　古代智慧教育的评价

一、古代智慧教育的闪光点

古代智慧教育的最大闪光点在于主要强调人文精神，致力于人的精神培养。“人文”二字，最早见于《周易·贲卦·彖辞》中“观乎天文，以察时变；观乎人文，以化成天下”，是指礼乐文化。“人文”中的“文”特指人的精神面①。人文精神是一个历史性的概念，在不同民族、不同历史阶段具有不同的思想内涵，主要包括古代人文精神、近代西方人文精神和现代人文精神三种类型。近代西方人文精神主张以人性反对神性，以人的个性解放、自由平等和理性反对宗教桎梏与封建专制；现代人文精神与科学主义相对，反对人的物化、技术化，具有非理性主义特征；古代人文精神不同于前两者，它主张以人性反对兽性，将人从自然万物之中提升出来，认为人是万物的灵长、人是天地的精华，重视人的地位、本质、意义与价值等问题，观照人的精神发展与道德成长，并在人与自然、人与社会、人与自我等关系中获得充分性展开。② 本书所讲的人文精神就是这种古代意义上的人文精神。

在古代，正规的学校智慧教育主要是为皇亲贵胄、官宦或富贵人家的子弟所准备的，受教育只是少数已经摆脱生存烦忧的羁绊，拥有闲暇可以从事精神追求的人们的特权。而对于广大贫苦民众来

① 张楚廷：《大学人文教育与人的解放》，载《高等教育研究》，2011（2），2页。
② 惠吉兴：《试论中国古典人文精神的内涵》，载《管子学刊》，2004（2），58页。

说，教育只是一种奢侈品。因此，古代的智慧教育与生存技能关系不大，专门化的教育是人类摆脱了生存压力之后对自身进行探索的活动，存在于人的生存目的之外，是完全超越人类生存的教育，主要服务于少数人的精神生活与精神成长，关注人生问题、“人的世界”、“人事”、人心、人的灵魂与道德，使人们通过学习经典把握人性、触摸人性的高贵。[①] 可以说，古代的智慧教育就是一种充满人文精神的人文教育。

古代智慧教育所蕴含的人文精神主要体现在以“礼乐之教”为主的儒家教育思想之中，因为儒家教育思想是以人文主义教育为根本追求的，主张德智交修、以德驭智。[②] 春秋战国是人文教育的奠基时期，秦汉至宋明是人文教育的发展与辉煌时期。孔子被奉为“两千年来中国人文教育之宗师”[③]，他创立以“仁”和“克己复礼”为中心的儒学，提出有教无类、因材施教等教育原则与方法，还编著《诗》《书》《礼》《乐》《易》《春秋》即“六经”作为教材教育学生，其中蕴涵圣人“人文化成”之微言大义。孟子的心性之学，从人的仁、义、礼、智四“善端”出发提出“性善论”，主张教育要扩充善端，使人“明人伦”，要通过持志养气、动心忍性、反求诸己等方式来修炼人的心性。王阳明的“心学”教育思想认为“心即理”，教育与学习只能依靠内心的体认，而人“心”的本质在于“良知”，故教育的作用在于“致良知”。总体而言，古代儒家教育思想的目的在于培养温柔敦厚、恭俭庄敬的君子与治国安邦

① 高德胜：《教育：从一端到中道》，载《高等教育研究》，2015（10），20~22页。

② 洪明：《中国传统教育的精义是什么？——简论钱穆的人文主义教育思想》，载《湖南师范大学教育科学学报》，2009（2），47页。

③ 钱穆：《政学私言》，56页，上海，商务印书馆，1946。

的济世之才，其修学体系包括“格物、致知、诚意、正心、修身、齐家、治国、平天下”次第相承的“内圣外王”之道。[①] 这其中所蕴含的人文精神，在人与自然的关系方面表现为“天人合一”的追求与境界，即主张人与自然和谐相处；在人与社会的关系方面表现为身、家、国三位一体的外王之道，即主张学会做人，能够恰当处理各种人际关系，肩负家、国责任与民族使命，在为社会与国家建功立业的过程中立言、立功和立德；在人与自我的关系方面表现为修身养性的内圣之道，即要求个体努力涵养心性、修炼道德、完善人格、感悟生命、提升审美与精神境界。

总之，无论在教育目的上，还是在教育内容上，古代的智慧教育都充满了浓郁的人文精神，这主要体现在儒家教育如何对待人与自然、人与社会以及人与自我的关系之中，是古代智慧教育的最大闪光点。

二、古代智慧教育在实践中存在的问题

古代的智慧教育固然有其闪光点，但由于现实社会的复杂性，人作为社会行动者，其所处的历史社会情境对他的行动选择会构成制约作用，因此，古代的智慧教育在其实践过程中也会面临一些问题，主要表现为道德要求过于理想化、压抑个性自由与创造性两个方面。

（一）道德要求过于理想化

古代的智慧教育要求人们学习与达到非常高的理想人格境界，

① 戴传江：《中国传统人文教育的核心价值及其现代开展》，载《江苏社会科学》，2008（S1），58页。

如孟子要培养“富贵不能淫，贫贱不能移，威武不能屈”（《孟子·滕文公下》）的“大丈夫”理想人格，荀子要培养“以浅持博，以古持今，以一持万”（《荀子·儒效》）的大儒，等等。不仅如此，古代的智慧教育还非常重视“公义”“公德”的价值与理想，经常批判和反对个人“私德”的满足与实现，朱熹甚至主张“明天理、灭人欲”。这些要求作为一种教育理念本无可厚非，然而，在实践过程中，由于古代现实社会专制的腐朽统治、动荡贫穷的社会物质条件以及人自身难以克服的弱点等因素的影响，多数人是很难达到如此高的道德修养与人格境界的。在古代的现实社会中，部分人往往明里推崇公义、暗里却私欲横行，就像金耀基所说：“中国这种重视‘公’的道德理想显然没有能够落实为日常人伦的行为。”①过于理想化的道德与人格要求反而造就了一些具有虚伪人格的伪君子。

所谓虚伪人格，与真诚相对，是指一种人格张度过度的“内我”与“外我”严重不一致的虚假的、恶性的双重人格②。通俗地讲，虚伪人格就是人表面的言行与内心的真实想法相反，是一种道德异化的表现，在日常生活中通常表现为“表面一套，背后一套”“明里是正人君子，暗里是无耻小人”等。陈独秀说：“中国人的虚伪（丧礼最甚）、利己，缺乏公共心、平等观，就是这三样旧道德（指忠、孝、贞节——引注）助长成功的。”③ 道德作为调节一定社会人际关系的价值标准与行为规范，其基本导向在于惩恶扬

① 金耀基：《从传统到现代》，157页，广州，广州文化出版社，1989。

② 彭放珍、李建华：《论虚伪人格》，载《现代大学教育》，2001（4），99页。

③ 陈独秀：《陈独秀文章选编》，上册，445页，北京，生活·读书·新知三联书店，1984。

善、向善除恶，塑造一个美好的世界。人们运用道德可以被理解为是一个与道德“对话”的过程，尤其是在中国古代这样一个伦理中心的传统社会中，人们更是经常“遭遇”道德，可以说，与道德“对话”已经深入到传统国人的生命当中。但是，在现实生活中，由于道德要求过于理想化，人们与道德“对话”所产生的意义往往与道德的本意背道而驰，知而不行的现象常有发生。“道德之‘善’在这个时候就招来了‘恶报’。在漫长的传统社会里，中国人蒙受这种‘恶报’的灾难极为深重”①，表现为传统社会人们自私、虚伪、冷漠等性格特征。鲁迅曾率先撕开了古代人“道德天下第一”的美梦，对封建礼教进行了无情的批判。从本质上讲，虚伪就是一种为了满足自身欲望和利益的自私行为，所不同的是，它要以仁义道德作为表面的掩护和伪装，不会马上赤裸裸地暴露自私的本质。美国传教士明恩溥（Arthur Henderson Smith）、鲁迅、潘光旦、梁启超、孙中山、林语堂、费孝通等人无不认同我国古代社会人们“有私无公”的性格特点和社会行为表现。

从发生学角度讲，以经人们所具有的这种虚伪人格牵涉到一个非常重要的“脸面”问题。中国人最“要面子”“讲排场”“怕丢脸”，人际交往主张要给人“留面子”“讲情面”。“脸面”是中国人特有的、最微妙奇异的社会心理特征，鲁迅称之为理解“中国精神的纲领”，恰恰最能反映一些人的虚伪人格。胡先缙的论文指出，脸面“是指社会对个人道德品格的信心”，“它涉及个人道德品格的完整性”。② 由于古代的智慧教育对外在形式“礼”的过分强调，

① 刘再复、林岗：《传统与中国人》，283页，北京，中信出版社，2010。

② 李培林、李强、马戎：《社会学与中国社会》，445页，北京，社会科学文献出版社，2008。

对宗法伦理等级秩序的维护和对“君子”等理想形象的极力推崇，一些人为了维护和塑造自己在他人心中的完美形象，就通过“脸面”的印象整饰、社会交换、角色扮演、社会规范与控制等功能使自己符合一定社会规范所要求的标准，以显示自己的学识、身份、地位、财富、权力、家世或声望等，从而达到一定的目的或者获得心理上的满足与愉悦。当然，“要脸面”的中国人中不乏表里如一的真君子，但也存在表面一套、背后一套的伪君子或者死要面子活受罪的市侩，甚至阴险狡诈的势利小人。古代智慧教育中道德与人格要求的过于理想化、对“礼”的过分强调常常导致道德上的形式主义，“这是一个奇异的矛盾：礼的原则乃是为给予生命以德性，并以防止形式主义，但事实上却反而造成了形式主义”①，其作用在于保护自己的“面子”。

总之，古代的智慧教育在其实践过程中面临着道德要求过于理想化的问题，导致了虚伪人格的形成和道德上的形式主义。因为道德如果意欲跨越人的物质需要、利益和欲望等的满足而直接“奔跑”，那是绝对“跑”不起来的，只会成为“走一步退一步”的虚伪或者“原地踏步”的空谈。因此，道德“如果没有人的尊严和权利来补充和衡量它的话，虚伪就是道德的唯一出路”②。这警示我们，未来智慧教育中道德要求的制定一定要考虑到人们的尊严和权利，不可过于理想化，因为只有顾及人的尊严与权利的道德要求才会被多数人践履，才有存在的价值。

（二）压抑个性自由与创造性

一种伦理文化进行教化时选择怎样的语言，是权利的语言还是

① 转引自金耀基：《从传统到现代》，45页，广州，广州文化出版社，1989。

② 刘再复、林岗：《传统与中国人》，295页，北京，中信出版社，2010。

义务的语言，仍然是具有重大意义的事情。[1] 因为权利伦理学与义务伦理学是两种截然相反的伦理取向和话语体系，势必会造就与培养两种对立的道德理想与思维方式。中国古代的智慧教育多数以儒学思想为根基，而儒学一向发挥义务的道德，追求社会的和谐与秩序，显然是一种义务伦理学。作为一种义务伦理学，在现实发展与实践过程中，中国古代的智慧教育在一定程度上压抑了人的个性自由与创造性，抑制了人的自我意识、权利意识、主体意识、独立意识和边界意识，而伸张了人的无我意识、义务意识、依附意识和奴性意识。正如李大钊所指出的："看那二千余年来支配中国人精神的孔门伦理——所谓纲常，所谓名教，所谓道德，所谓礼义，哪一样不是损卑下以奉尊长？哪一样不是牺牲被统治者的个性以事治者？"[2] 由此，古人逐渐形成了听天由命、逆来顺受、知足常乐、因循守旧等性格特点。有学者曾经概括了我国传统人格的特质，其中就包括安分知足、尚空谈、缺乏好奇心、创新能力薄弱、蔑视个人权利、缺乏独立精神、顺从性格等要素[3]。迈克·彭等指出，传统中国人在社会化的过程中培养了依赖性、一致性、自足感、自我压抑、父亲的绝对权威等，具有集体取向、他人取向、关系取向、权威取向等性格特点。[4] 林语堂也归纳了我国古代人民在长期教化实践过程中所形成的消极避世、遇事忍耐、知足常乐、因循守旧等民族性格，指出"思想上过分的稳健会剪去人们幻想的翅膀，使这

---

① 贾新奇：《秩序与和谐的追求》，224～225 页，北京，中国社会科学出版社，2014。

② 李大钊：《守常文集》，50 页，上海，上海北新书局，1950。

③ 沙莲香：《中国民族性》，25～26 页，北京，中国人民大学出版社，1990。

④ ［英］迈克·彭等：《中国人的心理》，148 页，北京，新华出版社，1990。

个民族失去可能会带来幸福的一时的狂热”①。

五四时期的学者们对“吃人”的封建礼教进行了猛烈的抨击，指出它蔑视人的尊严、束缚人的精神、压抑人的个性、绑架人的自由、扼杀人的创造性，并且剥夺人的自我意识、个体意识、人权意识与主体意识，从根本上讲就是一种文化的压迫、教育的压迫。鲁迅在其小说《狂人日记》中说得好：“凡事总须研究，才会明白。古来时常吃人，我也还记得，可是不甚清楚。我翻开历史一查，这历史没有年代，歪歪斜斜的每页上都写着‘仁义道德’几个字。我横竖睡不着，仔细看了半夜，才从字缝里看出字来，满本都写着两个字是‘吃人’！”② 刘再复等将作为中国“固有之精神文明”的“吃人”概括为三种情况：第一种“吃人”是上位者对下位者的欺凌；第二种“吃人”是被人吃者也去压迫比自己弱小的人；第三种“吃人”是自己吃自己，也就是自我压抑、自我束缚，这是最可怕的一种，因为人主动放弃自己的需求、个性自由和权利，把压迫当成自然，把束缚当成应该，把外在规范变为内在欲求。③ 但不论哪种“吃人”，其最终目的都是为了使人成为真正的“奴仆”，供人驱使、奴役、剥削、压迫而不知反抗。周作人对国民的奴才本性进行了无情的揭露，评价“中国似乎当得起是最富于奴才的国”④。徐复观的话进一步论证了这一点，他说：“官学只有败坏人才”，“科举考试，都是‘投牒自进’，破坏士大夫的廉耻，使士大夫日

① 林语堂：《吾国吾民》，56~57 页，北京，外语教学与研究出版社，2000。

② 鲁迅：《鲁迅全集》，第 1 卷，425 页，北京，人民文学出版社，1981。

③ 刘再复、林岗：《传统与中国人》，101 页，北京，中信出版社，2010。

④ 周作人：《周作人早期散文选》，91~92 页，上海，上海文艺出版社，1984。

趋卑贱，日安于卑贱”。① 在古代社会中，士大夫形成了一种自觉的依附奴性，对君主权威绝对的崇拜与屈服，认为个人存在的价值只有在获得权力机构的认可、服从君主与国家的需要、为王权统治所用的过程中才能得以实现，所以他们甘愿做君王的忠实奴仆和利用工具，没有自我意识、自由意志和独立人格，更不懂得个性自由、平等观念和个人权利。余杰曾对此现象做过深入分析：从学而优则仕到八股文科举，在三千年专制主义的酱缸里泡熟的中国知识传统，渗透到中国文人的血液里，大多是逃避心灵自由、通往奴役之路的东西，而“太监化”的知识分子创造的只能是“太监知识”，他们在维护王权统治的过程中丧失了追求人类的精神自由和自身的独立人格。② 在这些传统士大夫的心中，一切由君主所赐，正如柳宗元所说：“身体发肤，尽归于圣育；衣服饮食，悉自于皇恩。”（《为京兆耆老请复尊号表》）就连学问的最高权威也是君主，韩愈说：“得备学生，读六艺之文，修先王之道，粗有知识，皆由上恩。”（《请上尊号表》）而面对如此权威和圣明的君主，他们往往具有恐惧感、错感和负罪感。③ 如此严重阻碍了我国古代学术思想的发展与创新，后代皆标榜前人，“我注六经”，言必称孔孟、不敢独创，导致几千年的学术发展并没有多大的实质性突破。“凡中国人说一句话，做一件事，倘于传统的积习有若干抵触，须一个斛斗便告成功，才有立足的处所；而且被恭维得烙铁一般热。否则免不

① 许纪霖：《20世纪中国知识分子史论》，66~69页，北京，新星出版社，2005。

② 转引自杨师群：《反思与比较：中西方古代社会的历史差距》，494页，广州，花城出版社，2010。

③ 刘泽华：《洗耳斋文稿》，243~245页，北京，中华书局，2003。

了标新立异的罪名，不许说话；或者成了大逆不道，为天地所不容。”①

总之，在实践过程中，古代的智慧教育在一定程度上压抑了人的个性自由与创造性，个人是被规定、被掌握、被指派和被组织的，很难释放自己的生命活力，实现个性解放。

① 鲁迅：《鲁迅全集》，第1卷，399页，北京，人民出版社，1956。

第四章　中国近现代的智慧教育

根据马克思主义唯物辩证法理论，社会总是处于不断变迁之中的。社会变迁是一个社会替易或者社会发展的过程，意味着从一种社会状态变为另一种社会状态。在由古代社会变迁到近现代社会之后，智慧教育也顺应时代与社会的发展趋势，转变为另外一种样态。根据史学界对我国历史分期的一般划分方式，本书中的“近现代”是指自我国1840年鸦片战争开始至现在为止的这段历史时期。

第一节　近现代智慧教育的历史考察与总体特征

1840年鸦片战争之后，我国步入了近现代社会。受西方科技与文化教育的影响，我国开始逐步走上引进和学习西方自然科学技术的教育之路。近现代早期，我国的自然科技知识教育几乎是全部借鉴与照搬西方的。19世纪60到90年代的洋务教育运动以“中学为体、西学为用”为指导思想，开办各种新式学堂、留学教育和翻译出版各种西学书籍，以学习西方科学技术为主要内容，其中尤以军事工业为重。新开办的各类新式学堂都开设多门自然科学，包括算学、物理、化学、地理、天文、生物等课程，自然科技知识教育在所有学堂中都占比很重。比如京师同文馆“天文、化学、测地诸学，欲精其艺者，必分途而力求之；或一年，或数年，不可限定”①。维新变法和清末新政时期废除了八股取士，广泛设立各种新式学堂，增设更多西学科目，细化自然科技教育的专业与课程，全面扩展和深化对西方自然科技知识的学习，并且颁布了若干重要学制，推进了自然科技教育的制度化。自此，顺应我国救亡图存、富国兴邦的时代发展需要，我国近现代的智慧教育从总体上转向了新的发展道路。下面将从学校、家庭和社会三个层面来考察与分析我国近现代智慧教育的诸多典型案例，以便对近现代智慧教育的总体特征有一个清晰的认识。

一、近现代学校中的智慧教育

近现代学校中的智慧教育是指在近现代各种学校场域中开展的智慧教育。在此将列举与分析民国初北京大学中的智慧教育、中华职业学校中的智慧教育和晓庄师范中的智慧教育三个典型案例，以此来管窥近现代学校中智慧教育的总体特征。

案例一　北京大学中的智慧教育

北京大学的前身是京师大学堂，1912 年民国成立，严复担任京师大学堂总监督，后京师大学堂改为北京大学后，他又成为北大的首位校长，并对北大进行了初步的民主改革。严复根据斯宾塞的《教育论》首先提出了中国近代德、智、体三育兼备的教育目标，

① 朱有瓛：《中国近代学制史料》，第一辑，上册，72 页，上海，华东师范大学出版社，1983。

即“鼓民力”“开民智”“新民德”。作为近代科技教育的最早提倡者，严复极力主张在学校教育中全面学习西方的科学知识，并且认为自然科学知识是科学知识的起点和基础，因此教育要以自然科技知识为主、人文社会知识为辅。严复说：“故中国此后教育，在宜注意科学，使学者之心虑沈潜，浸渍于因果实证之间，庶他日学成，有疗病起弱之实力，能破旧学之拘挛，而其于图新也审，则真中国之幸福矣！”① 值得一提的是，严复不仅注重对西方科学知识的学习，还提倡学习和运用科学的方法研究事物，以及培养自由、求真等科学的态度和精神。在道德教育方面，严复提出要改变中国传统的道德教育内容，主张用西方自由、民主、平等等内容取代中国封建社会的伦理道德律令，以便培养人民忠爱国家的道德意识和观念。严复针对义利之辨进行了论述：首先，他主张个人私利第一，将义统一于个人的私利；其次，他主张既利他人也利自己；再次，他主张以自利为目的的合理利己主义。这是一种功利论取向的道德教育。

1917 年，蔡元培担任北京大学校长，基于自由、科学、民主等思想对北大进行了全面改革，从此开辟了中国高等教育的新天地。他在北大改革中贯彻“思想自由、兼容并包”的原则促进了学术的繁荣与发展。“大学者，‘囊括大典，网罗众家’之学府也”②，包容不同的学术流派、不同的人物与观点，但也不是不偏不倚，主要偏重资产阶级甚至无产阶级的新文化、新思想，体现了资产阶级甚至无产阶级对教育的要求。蔡元培受美国实用主义教育思想的影响，非常重视实利主义教育，认为教育“其内容，则军国民主义当

---

① 王栻：《严复集》，第三册，565 页，北京，中华书局，1986。

② 高平叔：《蔡元培教育论集》，213 页，长沙，湖南教育出版社，1987。

占百分之十，实利主义当占其四十，德育当占其二十，审美教育当占其二十五，而世界观则占其五”[①]。因为当时国家积贫积弱、人民失业，教育急需加强培训学生的职业技能，以便发挥教育改善人民生活、提高国家经济实力的作用。蔡元培重视北大师生的道德教育和道德修养，努力改变学校风气。其道德教育的主要内容是资产阶级所倡导的自由、平等、博爱，但他并不全盘否定中国的传统伦理道德，而是汲取和吸收其中与资产阶级道德相通的内容，具有功利主义的色彩。他还在北大实行教授治校、民主管理的校务管理原则，确立大学是研究高尚学问的地方，倡导成立了各种学生团体和研究会来培养学生积极、正当兴趣爱好，使北大充满了自由、民主、乐观、向上的校风和学风。蔡元培还极力倡导审美教育，他在北大亲自开设美学课，讲授美学思想和知识，积极推动校内公共美育设施的建设和艺术相关院系、专业的发展。在他看来，审美教育是一种美感教育，“审美教育者，应用美学之理论于教育，以陶冶感情为目的者也”[②]。那么，美的对象为何能够陶养性情、起到审美教育的作用呢？“因为他们有两种特性：一是普遍；二是超脱。”[③] 这两种特性表明审美只与对象之形式有关而与其存在无关，所以能够超脱各种利害关系，绕开美所包含的善、真内容，即以审美的形式主义净化审美和艺术中所包含的政治、伦理和知识等内容，具有强烈的感性主义、形式主义审美教育倾向。

总之，民国初的北京大学作为我国最早的现代大学，是我国高

① 璩鑫圭、童富勇：《中国近代教育史资料汇编：教育思想》，687 页，上海，上海教育出版社，2007。

② 蔡元培：《蔡元培美学文选》，174 页，北京，北京大学出版社，1983。

③ 蔡元培：《蔡元培先生全集》，640 页，台湾，台湾商务印书馆，1979。

等教育发展中的里程碑。这一智慧教育紧随时代发展，在追求真、善、美的过程中表现出注重科学技术、实利兴邦、功利爱国、情感陶冶、自由独立等特征，总体而言是一种相对偏重人对外在客观世界的改造、人的物质需要的满足的智慧教育。北京大学的办学模式与大学精神对当时和后世大学的创办产生了深远的影响，北京专门以上的学校、全国各地大学渐按北大模式办理，并且培养出了一大批拥有先进思想的青年才俊为中国的独立与富强摇旗呐喊、浴血奋战。

案例二　中华职业学校中的智慧教育

1917 年，我国近代职业教育的创始人黄炎培成立了中华职业教育社，次年创建了中华职业学校，随后开展了波及全国的职业教育运动，在全国范围内成立了诸多职业教育机构，形成了轰轰烈烈的职业教育思潮，旨在教人一技之长、促进实业发展。起初，黄炎培认为，“曰今吾中国至重要、至困难问题，厥惟生计；曰求根本上解决生计问题，厥惟教育”①，而“职业教育之旨三：为个人谋生之准备，一也；为个人服务社会之准备，二也；为世界、国家增进生产力之准备，三也”②。20 世纪 20 年代以后，黄炎培又将职业教育的目的改为“使无业者有业，使有业者乐业”③，这一目的不仅包括了前述职业教育为个人谋生、为社会服务和增进国民经济的追求，而且还增加了职业道德教育的因素，即通过职业教育使有职业的人热爱自己的职业，形成高尚的职业道德修养，在工作中感到

① 璩鑫圭、童富勇：《中国近代教育史资料汇编：教育思想》，794 页，上海，上海教育出版社，2007。

② 璩鑫圭、童富勇：《中国近代教育史资料汇编：教育思想》，803 页，上海，上海教育出版社，2007。

③ 黄炎培：《黄炎培教育文选》，321 页，上海，上海教育出版社，1985。

快乐和幸福，从而尽最大可能造福社会。“使无业者有业，使有业者乐业”也是中华职业学校的人才培养目标。黄炎培在上海为中华职业学校选址时，把学校的地址选在了上海最贫穷、无业者最多的地区，在学校中首先开设当时当地最急需的铁工和木工两科，以便在最大程度上适合与满足穷苦大众的物质生活需要。中华职业学校始终坚持科学化、实用化和社会化的办学方针，在职业教育教学过程中，采用“做学合一”“手脑并用”“知识与技能并重”“理论与实践并行”等方式或原则，培养国家和社会需要的各种实用技术人才。毫无疑问，中华职业学校的知识教育必然是以自然科技知识教育为主、人文社会知识教育为辅。在职业道德教育和审美教育方面，中华职业学校的校训是“敬业乐群”，这就是学校对职业道德教育和审美教育的基本要求，被努力体现在学校教育、教学的方方面面。“敬业乐群”是指学生要热爱自己所学习的职业或专业，具有对职业的责任心和事业心，能够在自己的职业领域内有所创造或创新，并且“具优美和乐之情操及共同协作之精神”①。显然，这里面既蕴含了道德教育的要求，又具有审美教育的因素。具言之，首先，中华职业学校的道德教育教导学生要养成“金的人格、铁的纪律”，要具有博爱互助、吃苦耐劳、为国家和民族服务与奉献的精神，这是一种为国为民的功利论道德教育而非为了道德而道德的道义论道德教育。其次，中华职业学校的审美教育在于教导学生在自己的职业领域内充分发挥自己的创造力与想象力，在从事的职业中感受到快乐、幸福乃至自由的审美体验，这显然具有偏重感性审美的教育倾向。

① 潘文安：《最近之中华职业学校》，载《新教育评论》，第3卷第18期。

总之，黄炎培所创办的中华职业学校为当时的中国社会培养了大批实用技术人才，在国内外享有广泛的声誉。技术的发明和创造是一种实践智慧，当某项技术达到炉火纯青、登峰造极的地步时，如庖丁解牛，便可达到由技进乎道、艺通乎神的境界。中华职业学校中的智慧教育紧随时代发展，在追求真、善、美的过程中表现出注重学习科学技术、服务社会、德技双馨、敬业乐群、追求职业幸福感等特征，总体而言是一种相对重视训练人的谋生技能、促进人民物质生活条件的提高、增加社会物质财富从而满足人的物质需要的智慧教育。这对当时和后世职业院校的创办产生了深远的影响。

案例三　晓庄师范中的智慧教育

1926 年底，我国现代著名的人民教育家陶行知在南京北郊的晓庄村创办了一所乡村师范学校，取名为晓庄师范（1927—1930）。作为杜威的学生，陶行知深受杜威实用主义教育思想的影响，但在晓庄师范的教育实践过程中，陶行知逐渐形成了他自己的“生活即教育”“社会即学校”“教学做合一”的“生活教育”理论体系，闪烁着智慧的光芒。

在计划筹办晓庄师范时，陶行知指出，过去的“中国乡村教育走错了路，他教人离乡进城，他教人吃饭不种米，穿衣不种棉，他教人羡慕繁华，看不起务农，有荒山不知造林，有荒田不知开垦，都是教成书呆子。像这种教育，决不能普及，也不应该普及，非赶紧另找生路不可。生路是什么？就是建设适合乡村实际生活的活教育，造成活的国民。但是活的乡村教育，要有活的乡村教师。活的乡村教师必须具备三种条件：一有农夫的身手，二有科学的头脑，三有改造社会的精神，其方法就是教学做合一，凡事怎样做就怎样学，怎样学就怎样教，其教法不用死的书本，他要运用环境里的活势力去发展学生的本领，去征服自然”①。这段话表明了陶行知创办晓庄师范的初衷和晓庄师范的办学宗旨，即培养具有农夫的身手、科学的头脑和改造社会的精神的活的乡村教师。

所谓“农夫的身手”，是指学生要像农夫一样能劳动、能实干、能吃苦。为了达成这一目标，陶行知整天带领师生参加各种劳动实践，鼓励师生动手干，用双手干出世界、创造一切，教人边干边学、在干中学。所谓“科学的头脑”，是指学生要用近代丰富的自然科学知识武装自己的头脑，具有科学的思想。为此，陶行知指导学生要从实践的需要出发进行读书和做事，反对死读书、读死书，主张读书要有用处，读书是为了指导自己更好地去实践，因此他将晓庄师范图书馆命名为“书呆子莫来馆”。他还倡导读活书，山川河流、花鸟鱼虫等无不是活书，学生要用活书去生产、去实验、去建设、去革命、去建立一个新的社会和世界。在自然科技知识的学习上，陶行知把学生们引向广阔的生活天地读活书、亲身操作与实践，学习活知识。比如，研究鸟、虫、蛇等生物，他就引导学生到大自然中去观察、去捕捉，采集、解剖制作标本；研究农业和园艺，他就聘请农业专家和有经验的老农来教导学生种庄稼、种菜、种树、种花；他还聘请了很多专家学者来校与师生共同筹建实验室、仪器制造室和生物观察室等，为生活教育各项实践活动的实施创造客观条件和环境支持。② 所谓“改造社会的精神”，是指学生要全心全意为农民服务，用自己的实际行动和劳动实践改造农村、

① 南京晓庄师范陶行知研究室：《陶行知先生与晓庄师范》，21 页，南京，南京晓庄师范陶行知研究室，1980。

② 南京晓庄师范陶行知研究室：《陶行知先生与晓庄师范》，12 页，南京，南京晓庄师范陶行知研究室，1980。

改造落后的中国社会。这实际上是陶行知对晓庄学生道德品质修养和道德实践培养方面的要求。为此，陶行知办了晓庄附小和多处乡村小学，以便改造农村。他率领师生编写反帝反封建的新教材，如“蚕吐丝、蜂酿蜜”等与农村生产生活紧密联系的《新三字经》；还把生产劳动作为晓庄师范和各小学的一门重要课程，批判轻视生产劳动的阶级思想；否定“三纲五常”的旧道德，宣传男女平等、个人独立与自由的新道德和革命思想；还从农民群众的实际需要着手，帮助农民朋友解决迫切需要的问题，如凿井喝水、灭蝗抗灾、保卫村庄等，为乡村做了许多好事，与农民打成一片，受到农民的欢迎和喜爱。①

这就是晓庄师范中的智慧教育。它与学生的实际生活紧密结合，“生活即教育”，好生活便是好教育、坏生活便是坏教育，教育为现实服务、为人生服务；“社会即学校”，大自然和社会的各个领域都是活书、活知识、活本领，都是教育教学的天地，都是可以学习的学校；“教学做合一”，事怎么做，就怎么学；怎么学，就怎么教，教的法子根据学的法子，学的法子根据做的法子，教学做合一，以“做”为中心，在做中教、做中学，因为做中出真知、实践出智慧。晓庄师范中的智慧教育在求真、求善、求美的过程中表现出重视自然科技知识、重视实用，强调生产生活实践劳动，极力救国救民改造贫穷落后的旧农村、旧中国以建设新世界，全心全意为人民服务，热望国家独立富强、人民自食其力、生活富足以满足人民物质生活需要的智慧教育。后来，晓庄师范以其鲜明的教育特色与智慧闻名全国，成为我国教育史上的一次伟大创举。

---

① 南京晓庄师范陶行知研究室：《陶行知先生与晓庄师范》，13~15 页，南京，南京晓庄师范陶行知研究室，1980。

二、近现代家庭中的智慧教育

近现代家庭中的智慧教育是指在作为构成社会基本单位的家庭场域中开展的智慧教育。下面将重点分析梁启超家书中的智慧教育和傅雷家书中的智慧教育两个典型案例，以此来透视近现代家庭中智慧教育的总体特征。

案例一　梁启超家书中的智慧教育

曾经慷慨激昂写就“少年智则国智，少年富则国富，少年强则国强”① 的梁启超非常重视对其子女们的家庭教育。他一生给子女们写过400多封家书，而他的家庭教育思想就主要体现在这些家书之中。梁启超的家庭教育是非常成功的，他共有9个子女，个个成才，更是出现了“一门三院士”的少有现象。“三院士”是指：长子梁思成，著名建筑学家，中国科学院院士；次子梁思永，著名考古学家，中国科学院院士；五子梁思礼，著名火箭控制系统专家，中国科学院院士。梁启超子女们所取得的诸多成就与梁启超对子女们全面而严格的家庭教育是密切相关的。

首先，在以求真为旨趣的知识教育方面，梁启超要求孩子们刻苦攻读、学有专长，勇于探索知识之真理，以便打开智慧之门。在他看来，若想不惑，“第一步，最少须有相当的常识，进一步，对于自己要做的事须有专门智识，再进一步，还要有遇事能断的智慧”②。

① 梁启超著、张品兴主编：《梁启超全集》，第一册，411页，北京，北京出版社，1999。

② 梁启超著、张品兴主编：《梁启超全集》，第六册，4064页，北京，北京出版社，1999。

梁启超重视科学，注意培养孩子们的科学素养与精神。他认为中国传统文化中“形而上者谓之道，形而下者谓之器”、将科技看作“奇技淫巧”等贬低科技的做法有失偏颇，而且反对中国传统文化中不求甚解的求知态度与方法，倡导求真的科学精神，努力探索万事万物的内在本质与发展规律。1927 年 8 月，他在《给孩子们书》中对女儿梁思庄说：“我很想你以生物学为主科，因为它是现代最进步的自然科学，而且为哲学社会学之主要基础，极有趣而不须粗重的工作，于女孩子极为合宜，学回来后本国的生物随在可以采集试验，容易有新发明。截至今日止，中国女子还没有人学这门（男子也很少），你来做一个‘先登者’不好吗？”[①] 梁启超手术误诊致死事件更能说明梁对科学的信念和社会责任感。1926 年，梁启超因肾病住进协和医院，不料医生误诊将他健康的一个肾脏切除留下了溃烂的一个，导致仍尿血不止。此事群情激愤、舆论哗然，作为受害者的梁担心此事会使人们怀疑科学，影响新的医学在中国的发展，于是写文章为协和医院辩护，并嘱咐死后将其脑部捐献给医院。当然，梁启超也鼓励儿女们在专业学习之外，学习一些人文常识和兴趣爱好，积淀人文素养，增加生活趣味。

梁启超认为，学问是生活、生活是学问，实践出真知，因此指导孩子们在学业上要专博结合、中西结合并学以致用，注重培养他们的实践能力和实务能力。梁启超教导孩子们：“凡一位大文学家、大美术家之成就，常常还要许多环境以及附带学问的帮助。中国先辈说要‘读万卷书，行万里路’。……转变自己的环境，扩大自己的眼界和胸怀，到那时候或者天才会爆发出来。”[②] 所以，梁启超

① 梁启超著、林洙编：《梁启超家书》，181 页，北京，中国青年出版社，2007。
② 梁启超著、林洙编：《梁启超家书》，149 页，北京，中国青年出版社，2007。

出资资助梁思成夫妇到欧洲游历，实地考察那里的建筑和美术，还多次为梁思永安排到外省进行考古发掘、实地收集资料的实践机会。

其次，在以求善为旨趣的道德教育方面，梁启超吸收西方边沁、穆勒为了大多数人的最大幸福而奋斗的功利主义伦理思想，注重培养孩子们自立自强、热爱国家、报效国家和回报社会的道德品质。梁启超认为，自人出生以来，无时无刻不受国家和社会无形之中的深恩，因此人要常怀回报国家与社会之心，做一个对国家和社会有用的人。比如，他在 1927 年 1 月《给孩子们书》中说道："国家生命民族生命总是永久的（比个人长的），我们总是做我们责任内事，成效如何，自己能否看见，都不必管。"① 他在于 1919 年 12 月 2 日给长女梁思顺的《致思顺书》中说："总要在社会上常常尽力，才不愧为我之爱儿。人生在世，常要思报社会之恩，因自己地位做得一分是一分，便人人都有事可做了。"② 在梁启超看来："国家不振，而欲身家安全发达，此必不可得之数也。我国民当知爱国之理，与爱我同，与爱人异。……我一身不能独活，有许多事非合一家之力不能办到。……更有许多事非合一国之力不能办到，故既爱我身即不得不爱我国。……不管国事，则眼前吃亏，将来受罪，亦犹是耳。……实实在在知道国家即我命根。我若不爱他不管他，无异不爱自己不管自己。先明此理，先立此心，然后可以讲到爱之法矣。"③ 梁启超从人自利的本性谈起，指出爱国与爱己的利害关

① 梁启超著、林洙编：《梁启超家书》，145 页，北京，中国青年出版社，2007。

② 梁启超著、林洙编：《梁启超家书》，36 页，北京，中国青年出版社，2007。

③ 梁启超著、张品兴主编：《梁启超全集》，第一册，270 页，北京，北京出版社，1999。

系，爱国就是爱自己，真正爱自己的人必定爱国，说明国家的命运与个人的命运是休戚与共的。这样的说理使得爱国不再是空泛的口号，而是关涉到每一位国民切身利益的要事。在父亲强烈爱国、救国情怀的影响之下，梁启超 9 个子女个个都有一颗强烈的爱国之心。梁思成、林徽因夫妇在抗日战争期间坚决回国，炮兵少校梁思忠为国捐躯，梁思庄学成归国为我国图书馆事业奠定了基础，梁思懿、梁思宁投身革命，梁思礼历尽千辛万苦回国投身新中国的航天建设事业，等等。他们都传承与践行了其父梁启超的爱国赤诚。

梁启超敢于言利，在利己与爱他的关系上，梁启超指出："故善能利己者，必先利其群，而后己之利亦从而进焉。……故真能爱己者，不得不推此心以爱家、爱国，不得不推此心以爱家人、爱国人，于是乎爱他之义生焉。凡所以爱他者，亦为我而已。故苟深明二者之异名同源，固不必奢谈'兼爱'以为名高，亦不必讳言'为我'以自欺蔽。但使举利己之实，自然成为爱他之行；充爱他之量，自然能收利己之效。"① 在他看来，利是义产生的根源，利己与爱他是相辅相成的，他注重道德教育的实效，反对空谈名教和讳谈利己。

再次，在以求美为旨趣的审美教育方面，梁启超非常重视对孩子们的情感教育，因为在他看来，情感是生活的原动力。他曾讲过："情感教育最大的利器，就是艺术。音乐、美术、文学这三件法宝把'情感秘密'的钥匙都掌住了。艺术的权威，是把那霎时间便过去的情感，捉住他令他随时可以再现；是把艺术家自己'个性'的情感，打进别人们的'情阈'里头，在若干期间内占领了

① 梁启超著、张品兴主编：《梁启超全集》，第一册，431 页，北京，北京出版社，1999。

‘他心’的位置。……最要紧的功夫，是要修养自己的情感……自己腔子里那一团优美的情感养足了，再用美妙的技术把他表现出来，这才不辱没了艺术的价值。”① 他指出，艺术是进行情感教育的最佳方式，强调艺术要蕴含真挚强烈的情感，注重艺术和审美自身的特点与价值。因此，他重视孩子们的艺术教育，以便培养他们丰富的情感美、感性审美和情商。比如，梁启超告诉女儿思庄："专门科学之外，还要选一两样关于自己娱乐的学问，如音乐、文学、美术等。"② 梁启超还亲自教女儿思顺写作诗词，在给子女们写信时也经常附上自己写作的诗词给大家分享和品评。在梁启超多方面爱好与趣味的影响与教诲之下，他的子女个个多才多艺，不仅情感丰富，还善于驾驭自己的情绪、情感，家庭关系和谐融洽，能够以美的眼光看世界。

总之，作为资产阶级改良派的梁启超，其家书中的智慧教育紧随中国社会转型期的时代发展趋势，在追求真、善、美的过程中表现出崇尚科技、求真务实、学以致用、功利爱国、回报社会、情感审美等特征。与古代的智慧教育相比，总体而言是一种相对重视自然科技之真理、社会与个人利益相统一的功利道德和艺术自身价值的感性审美，致力于实现国家独立富强、偏重满足人的物质需要的智慧教育。梁启超家书中的智慧教育及其成功的教育效果对后世的教育、家庭和社会产生了深远的影响，吸引着无数家长钦慕与学习。

---

① 梁启超著、张品兴主编：《梁启超全集》，第五册，3922 页，北京，北京出版社，1999。

② 梁启超著、林洙编：《梁启超家书》，182 页，北京，中国青年出版社，2007。

案例二　傅雷家书中的智慧教育

傅雷家书是傅雷夫妇写给儿子傅聪、傅敏和干女儿牛恩德的家信集合。傅雷（1908—1966）是我国著名的翻译家、教育家、作家和美术评论家，翻译介绍了大量的法国文学作品，如《托尔斯泰传》《贝多芬传》《高老头》《老实人》《艺术哲学》等，著有《世界美术名作二十讲》等。傅雷夫妇在家书中与孩子们交流生活、学习、为人处世、艺术修养与创作等问题，苦心孤诣地要把孩子们培养成知识渊博、热爱祖国、人格卓越、德艺双馨的艺术家。而从教育成效上看，傅雷夫妇的家庭教育也是非常成功的。在父母的谆谆教诲之下，傅聪成为著名钢琴大师，获得“钢琴诗人”的美誉，傅敏成为英语特级教师，干女儿牛恩德则是著名美籍华人钢琴家。

首先，在以求真为旨趣的知识教育方面，傅雷教导孩子要秉持科学的信念与精神，注意运用科学方法处理为学与做人。他在1955年5月11日给傅聪的家信中说过：“一个艺术家若能科学地处理日常生活，他对他人的贡献一定更大！”“我本来富于科学精神，看这一类书觉得很容易体会，也很有兴趣，因为事实上我做人的作风一向就是如此的。你感情重，理智弱，意志尤其弱，亟须从这方面多下工夫。否则你将来回国以后，什么事都要格外赶不上的。”① 又如，傅雷在1955年12月11日给傅聪的家信中又说：“批评与自我批评所以能成为有力的武器，也就在于它能培养冷静的科学头脑，对己、对人、对事，都一视同仁，作不偏不倚的检讨。”② 为了强

---

① 翟博：《中国人的教育智慧：经典家训版》，217页，北京，教育科学出版社，2007。

② 翟博：《中国人的教育智慧：经典家训版》，217~218页，北京，教育科学出版社，2007。

调科学方法的重要性、纠正儿子傅聪的不足，傅雷在 1955 年 12 月 21 日给傅聪的信中再三叮嘱："我一向主张不但做学问，弄艺术要有科学方法，做人更其需要有科学方法。因为这缘故，我更主张把科学的辩证唯物论应用到实际生活上来。只要你记住两点：必须有不怕看自己丑脸的勇气，同时又要有冷静的科学家头脑，与实验室工作的态度。"① 可见，傅雷教导孩子要崇尚科学，具有科学家一样客观、冷静的头脑，运用科学方法为人处世。不仅如此，在求学和艺术上，傅雷还支持孩子要勇于坚持真理、为真理而斗争，但要讲究方式、方法。1956 年 4 月 29 日，他给傅聪回信说："坚持真理的时候，必须注意讲话的方式、态度、语气、声调。要做到越有理由，态度越缓和，声音越柔和。坚持真理原是一件艰巨的斗争，也是教育工作；需要好的方法、方式、手段，还有是耐性。万万不能动火，令人误会。"②

其次，在以求善为旨趣的道德教育方面，傅雷夫妇教导孩子们要有一颗热爱国家的赤子之心，时刻想着用实际行动报效国家、为人民服务。傅雷在 1954 年 8 月 16 日写给傅聪的信中说："你得抓紧时间，提高警惕，非苦修苦练，不足以报效国家，对得住同胞。看重自己就是看重国家，不要忘记了祖国千万同胞都在自己的岗位上努力，为人类的幸福而努力。"③ 追求最大多数人的最大幸福，这是近代西方以边沁、穆勒为代表的功利主义道德观念，已经成为现代社会普遍的伦理道德观念和价值取向。1955 年 3 月 27 日，傅

---

① 翟博：《中国人的教育智慧：经典家训版》，218～219 页，北京，教育科学出版社，2007。

② 傅雷、朱梅馥：《傅雷家书》，87 页，北京，北京燕山出版社，2018。

③ 翟博：《中国人的教育智慧：经典家训版》，214 页，北京，教育科学出版社，2007。

雷在家信中告诉傅聪报效祖国、为人民服务可以体现在很多方面，随时可做："一个人对人民的服务不一定要站在大会上演讲或是做什么惊天动地的大事业，随时随地、点点滴滴地把自己知道的、想到的告诉人家，无形中就是替国家播种、施肥、垦殖！"① 而且，傅雷强调道德上的知行合一："孩子，一个人空有爱同胞的热情是没用的，必须用事实来使别人受到我的实质的帮助。这才是真正的道德实践。"② 他要求儿子要为国为民做实事、谋实利，用实际行动来践履自己的爱国情怀，才是真正具有了实践智慧。

再次，在以求美为旨趣的审美教育方面，傅雷不仅重视培养孩子们开阔的胸襟、超脱的境界，激发孩子们艺术创造的灵感，而且还强调艺术领悟与创作都需要炙热的感情。1961 年 9 月 14 日，傅雷在家信中告诫傅聪要"多和大自然与造型艺术接触，无形中能使人恬静旷达（古人所云'荡涤胸中尘俗'，大概即是此意）……养成淡泊洒脱的胸怀"，"而萧然意远，旷达恬静，不滞于物，不凝于心的境界只有从自然界获得"。③ 傅雷经常与儿子傅聪交流艺术问题，关于艺术的领会与创作，傅雷在 1956 年 2 月 29 日的家信中写道："用心灵去体会，才能使原作者的悲欢喜怒化为你自己的悲欢喜怒，使原作者每一根神经的震颤都在你的神经上引起反响。否则即使道理说了一大堆，仍然是隔了一层。一般艺术家的偏于 intellectual（理智），偏于 cold（冷静），就因为他们停留在理性认识的

① 翟博：《中国人的教育智慧：经典家训版》，216 页，北京，教育科学出版社，2007。

② 翟博：《中国人的教育智慧：经典家训版》，216 页，北京，教育科学出版社，2007。

③ 翟博：《中国人的教育智慧：经典家训版》，224 页，北京，教育科学出版社，2007。

阶段上。”[①] 有鉴于此，“光有理性而没有感情，固然不能表达音乐；有了一般的感情而不是那种火热的同时又是高尚、精炼的感情，还是要流于庸俗”[②]，因此艺术最需要“热烈的、真诚的、洁白的、高尚的、如火如荼的、忘我的爱”[③] 这样的感情。当傅聪对艺术的领会和弹奏有了巨大进步时，傅雷这样赞赏他：“这一回可不然，你的确和莫扎特起了共鸣，你的脉搏跟他的脉搏一致了，你的心跳和他的同一节奏了；你活在他的身上，他也活在你身上；你自己与他的共同点被你找出来了，抓住了，所以你才会这样欣赏他，理解他。”[④] 可见，傅雷强调热烈的感情对艺术表达的重要作用，他教导儿子，艺术一定要源于心灵，达到感情深入的感性审美才能具有感染力和号召力，才能扣动与震颤人的心弦，使人体验到情感的共鸣。

总之，傅雷家书中的智慧教育紧随中国现代社会的发展趋势，在追求真、善、美的过程中表现出崇尚科学、善用科学方法、真理至上、热爱祖国、为人民服务、知行合一、追求恬静旷达和热烈的情感艺术等特征。与古代的智慧教育相比，总体而言是一种相对注重探求科学与艺术之真理、为国家和人民谋幸福、强调感性审美和实践智慧的智慧教育。傅雷家书中的智慧教育及其成功的教育效果在社会上产生了广泛的影响，其中蕴含的种种智慧成为新时代家庭教育的指南和年轻人求学、立德、修身、学艺的文化沃土。

---

① 傅雷、朱梅馥：《傅雷家书》，82 页，北京，北京燕山出版社，2018。

② 傅雷、朱梅馥：《傅雷家书》，82 页，北京，北京燕山出版社，2018。

③ 傅雷、朱梅馥：《傅雷家书》，82 页，北京，北京燕山出版社，2018。

④ 傅雷、朱梅馥：《傅雷家书》，82 页，北京，北京燕山出版社，2018。

三、近现代社会中的智慧教育

近现代社会中的智慧教育是指在近现代全社会范围内开展的智慧教育。下面将重点分析“五四”新文化运动时期的智慧教育和“科教兴国”战略中的智慧教育两个典型案例，以此来透视近现代社会中智慧教育的总体特征。

案例一　“五四”新文化运动时期的智慧教育

“五四”新文化运动时期，中国先进的知识分子高举民主和科学两面大旗对封建主义的儒家思想文化进行了猛烈抨击，对传统教育进行了深入反思与重建。他们宣扬民主和科学思想，民主就是民主思想、民主政治，科学就是近代的自然科学法则、科学精神，使人成为大自然的主人和统治者。轰轰烈烈的新文化运动动摇了封建思想统治的根基，解放了人们尤其是青年们的思想，使中国的知识分子、青年学生甚至普通民众受到了西方民主、科学思想的影响与洗礼，促进了现代教育观念的变革，推动了各种教育思潮、教育运动的兴起，堪称一场影响广泛而又深远的社会思想文化启蒙教育运动。

“五四”新文化运动时期的智慧教育主要表现出以下特征：

首先，科学化转向。在轰轰烈烈的以科学和民主为精神纲领的新文化运动的影响之下，中国形成了科学教育思潮的空前高涨并盛极一时，成为一种流行的社会思潮。任鸿隽等人成立中国科学社，出版《科学》杂志，向社会宣传和倡导其科学教育思想，主张将科学知识、科学方法和科学精神渗入到社会的各个领域、各项事业中去，尤其是教育。胡适主张科学的实证主义，将实证方法作为解决所有社会问题和学术问题的有效方法，这启发了教育研究的科学化，以后出现了诸多教育教学实验改革与运动。同时，中国科学社通过翻译书籍、发行刊物、设立图书馆和科学研究所等方式向社会广泛传播各种科学思想与科学知识。

1923 年，发生了科学派与玄学派之间的“科玄论战”。丁文江作为“科玄论战”中科学派的代表人物、国际著名地质学家，非常重视自然科学教育，提出了科学万能、全面均衡的科学教育思想。他主张人们要树立科学观念，尊重科学理性，力求科学实证；在他看来，“通过教育传播科学方法，应该教会人类如何有效地达到和平与社会和谐的普遍目标”①，“科学的万能，科学的普遍，科学的贯通，不在他的材料，在他的方法”②。也就是说，他认为科学存在于自然、社会和人生的各个领域，科学是衡量一切的普世价值和有效工具，即唯科学主义。杨杏佛是我国著名的民主革命家和《科学》杂志的主办人之一，他深切体会到科学技术对于创造物质文明、增强国家实力、提高智力水平、提高生活水平、促进社会进步的巨大作用，因而非常重视介绍、学习、宣传和运用西方先进的科技知识和科学方法，并且倡导科学的态度、精神和人生观，主张科技教育要与工商业结合起来，科技教育要与民主革命结合起来，即“要救中国，只有一个办法，就是用科学的智识、革命的精神，精细的研究来计划一个理想的中国”③。此外，鲁迅、任鸿隽、胡适、胡明复等人也非常重视自然科技知识教育，形成了具有各自特色的

---

① ［美］夏绿蒂・弗思：《丁文江——科学与中国新文化》，丁子霖等译，116~117 页，长沙，湖南科学技术出版社，1987。

② ［美］夏绿蒂・弗思：《丁文江——科学与中国新文化》，丁子霖等译，100~101 页，长沙，湖南科学技术出版社，1987。

③ 杨铨：《杨杏佛文存》，76 页，上海，平凡书局，1929。

科学技术教育思想。总之，科玄论战进一步促进了科学教育思潮的发展与传播，有力推动了科学教育运动的开展。

其次，实用化转向。新文化运动时期，提倡实用的、务实的、适应社会需要的、联系生活实际的教育主张已经成为当时社会上有识之士们的共识。从整个社会着眼，人们认识到，教育与国家发展、社会生产和人民生计有着密切关系，教育应该切实承担起救国救民的责任，为人民生活能力的发展、国家经济实力的增长、社会生产建设的发展、物质生活水平的提高、国家的独立强盛而服务，教育应成为国家、社会和个人发展的有效工具；从教育内部讲，人们认识到了过去教育与社会生活相脱节的痼疾，提倡要从社会的需要和学生的实际生活出发对教育进行全面改革，课程内容、教学方式等要密切结合生产和生活的实际，强调学生创造能力、实践能力和生活能力的培养，使学习和教育对学生的现实生活、社会的现实发展产生实际有用的效果。以这种实用化的观念和思想为中心，社会上涌现出了平民教育思潮、职业教育思潮、国家主义教育思潮和工读主义教育思潮等各种带有实用化特征的教育思潮、运动和实验，这对中国转变社会风气、解放与教化民众思想、融入世界性的现代教育潮流发挥了重要作用。

总之，“五四”新文化运动时期的智慧教育表现出科学化和实用化的特征，在追求真、善、美的过程中强调自然科技知识、科学方法和精神，倡导实用的、实效的、功利的道德价值取向，与古代的智慧教育相比，总体而言是一种重视自然科技的进步与发展、人民谋生和实践能力的发展、国家的生存独立、国家经济实力的增长、社会物质生活水平的提高从而满足人们的物质需要的智慧教育。它直接奠定了我国现代教育的发展基调，对我国社会的现代化发展和现代教育的影响是划时代的。

案例二　“科教兴国”战略中的智慧教育

从1995年至今，“科教兴国”战略作为我国实现现代化发展的战略部署与基本国策已经在全社会范围内产生了广泛而深刻的影响，老百姓耳熟能详，深入人心。正是在这一战略的正确实施之下，我国的科技发展日新月异、国民经济高速发展、人民生活水平快速提高从而实现了中华民族的伟大复兴。从教育的角度讲，“科教兴国”战略堪称一项非常成功的社会教育，其中蕴含着熠熠生辉的智慧光芒。

1978年改革开放以后，邓小平高度重视科学与教育，指出要实现社会主义的现代化建设，科学技术是关键，而教育则是基础；科学技术已成为第一生产力，要实现科学技术的现代化。“没有科学技术的高速度发展，也就不可能有国民经济的高速度发展。”①这表明，经济的高速发展离不开科学技术的进步，而科学技术的进步又依赖于教育发展的支撑，因而要将科技和教育的发展摆在国家战略的高度。这一时期中央出台了各项文件来确保全国以经济建设为中心，大力发展生产力，教育为社会主义建设服务，“百年大计，教育为本”。在1995年颁布的《关于加速科学技术进步的决定》中正式提出并确立了“科教兴国”战略，即“全面落实科学技术是第一生产力的思想，坚持教育为本，把科技和教育摆在经济、社会发展的重要位置，增加国家的科技实力及向现实生产力转化的能力，提高全民族的科技文化素质，把经济建设转移到依靠科技进步和提高劳动者素质的轨道上来，加速实现国家的繁荣强盛”。从此，

---

① 邓小平：《邓小平文选》，第二卷，86页，北京，人民出版社，1994。

“科教兴国”战略遂成为我国践行与落实“科学技术是第一生产力”这一思想的有力载体。而随着时代的发展，“科教兴国”战略的内涵和要求也不断得以丰富与发展。21世纪，国家相继发布了《国家中长期科学和技术发展规划纲要（2006—2020年）》《国家中长期人才发展规划纲要（2010—2020年）》《国家中长期教育改革和发展规划纲要（2010—2020年）》，进一步丰富了我国在科教发展与改革方面的行动框架。党的十八大报告将“创新驱动”引入“科教兴国”战略。党的十九大报告指出，要“坚定实施科教兴国战略”，建设科技强国和教育强国，“培养造就一大批具有国际水平的战略科技人才、科技领军人才、青年科技人才和高水平创新团队”。[①] 这无疑为新时代我国的“科教兴国”战略注入了新的内涵，即由“大”到“强”，建设世界科学技术强国和世界教育强国。为此，中共中央、国务院于2016年5月发布了《国家创新驱动发展战略纲要》，提出实施创新驱动发展战略，强调把科技创新摆在国家发展全局的核心位置，提出了建设科技强国“三步走”的战略目标；2019年2月，中共中央、国务院发布了《中国教育现代化2035》对总体实现教育现代化、迈入教育强国行列作出了重要部署。由此，新时代实施“科教兴国”战略，要以科教创新为核心，“抓重大、抓尖端、抓基础”，坚持系统整合、统筹兼顾和协同创新，从而使我国由科教大国发展为科教强国。[②] 近三十年来，我国为深化与发展“科教兴国”战略而发布的这一系列政策文件要求各地区、各部门结合实际认真学习、贯彻与落实，在全社会范围内得到了广泛的学习与传播，对全社会和全体人民具有重要的社会教育

① 陈劲、王璐瑶：《新时代中国科教兴国战略论纲》，载《改革》，2019（6），32页。
② 陈劲、王璐瑶：《新时代中国科教兴国战略论纲》，载《改革》，2019（6），35页。

意义。

总之，实施“科教兴国”战略，就是用智慧装备中国。“科教兴国”战略中的智慧教育表明，国家一直以来都十分重视科技与教育的发展，并且将科技与教育发展始终放在促进国家建设的基础性关键位置上。“科教兴国”战略中的智慧教育在追求真、善、美的过程中重视自然科技教育，主要致力于科学技术的飞速发展、国家经济的迅速腾飞、人民物质生活水平的提高和人们生存环境的改变，以便不断满足人们的物质生活需要、实现人类的美好生活。

通过对我国近现代学校、家庭和社会中智慧教育诸多典型案例的分析与透视，从“大历史”的视野、马克思主义人学理论的角度来概括我国近现代智慧教育的总体特征，可以发现：由于近现代的中华民族处于备受列强欺凌、国家贫穷落后、人民生活于水深火热之中的危急关头，因此开展各种救亡图存运动，探索救国救民之路，以争取民族独立、国家富强、社会进步和人民幸福便成为近现代中国的迫切需要、历史主题和时代最强音。而近现代的智慧教育也必然要顺应时代的迫切需要和发展趋势，承担起救国救民的责任，于是更加注重人民生计和职业能力的培养、利国利民的科学技术与实业教育的发展、爱国主义和服务社会等道德情操的培养以提高生产效率、增长国民经济、促进社会进步、改善人民生活、实现富民强国、最大限度地满足人们的物质生活需要。

根据马克思主义唯物史观，社会存在决定社会意识，社会意识反作用于社会存在。根据马克思主义人学理论，人的物质需要是人的最基本的需要，是人的精神需要的基础，是使人成为人的基础。对整个人类社会而言，人的物质需要还是整个人类社会历史的基础，整个人类社会历史的发展须臾也离不开人们的物质生活需要。

因为从根本上讲，整个人类社会历史的发展就是人类不断提出需要、不断满足需要、再不断提出新的需要的历史发展过程。人类社会若想继续存在与不断发展，就要不断满足、丰富与发展人类的物质需要。因此，近现代的智慧教育更加关心国计民生、富民强国，更加注重人的物质需要的满足是符合历史发展规律的，是时代发展的必然选择，它推动了历史的发展进程，闪耀着求真务实、为国为民、联系生活实践的智慧光芒。

第二节　近现代智慧教育的评价

一、近现代智慧教育的闪光点

近现代智慧教育的最大闪光点在于倡导科学精神，致力于人的物质生存与发展。近代西方，自培根提出“知识就是力量”、斯宾塞提出“什么知识最有价值”以来，科学技术知识逐渐占据绝对优势，并创造了前所未有的丰富物质文明。在“西学东渐”的影响之下，近代中国开始向西方学习先进的科学技术，开启了其现代化进程。在 20 世纪 20 年代，中国的思想文化界发生了一场有关“科学与玄学”的论战，简称“科玄论战”。尽管科学派与玄学派各执一词，但在当时国难当头、救亡图存的严峻历史形势之下，科学派最终在论战中取得了胜利。这反映了中国现代思想界希冀按照现代科学的价值观即科学精神，从理论基础上重建现代人生哲学的一次影响深远的努力；而作为近现代文明同义词的科学，被看做重建近现代人生观与价值观的工具，取得了某种“至高无上”的地位。[①] 这种崇尚科学精神的价值变化也反映到了近现代的智慧教育之中。

何谓科学精神？江泽民指出：“科学精神的内涵很丰富，最基本的要求是求真务实，开拓创新。”[②] 事实上，科学精神起源于人类的科学研究活动，是人类在认识与改造自然的活动中形成的一系列观念、方法论原则、价值体系、思维方式与精神特质，展现出科学活动的内在意义。[③] 科学精神的核心内容包括实事求是的严谨精神、大胆质疑的怀疑精神、开拓进取的创新精神、务实肯干的实践精神、寻求客观数据的实证精神、遵循理智逻辑的理性精神、不畏权威探求真理的求真精神、独立思考的自由精神、尊重各种声音的民主平等精神、互助共进的合作精神，等等。近代以来，随着教育的不断普及以及教育大众化的发展，大规模、集团化的教育组织形式开始出现，接受教育已经成为每个公民的权利和义务，而人们只有接受一定的教育，才能够获得生存技能、找到工作以维持自身生存。因此，在近现代社会，教育已经由古代致力于人的精神成长而转变为致力于人的物质生存。而实用的科学技术知识是最有利于维持人的物质生存的，于是科学技术教育遂受到重视，变得越来越重要。人们在接受科学技术教育、学习科学技术知识以及大众科普的过程中逐渐形成了科学意识与科学精神。在一定意义上，科学精神已经无处不在，它不同程度地存在于近现代人类生活的方方面面。大多数人已经摆脱了迷信、落后与愚昧，对人生、自然和社会树立

① 林可济：《哲学：智慧与境界》，196、198 页，北京，社会科学文献出版社，2013。

② 江泽民：《论科学技术》，180～181、191、70 页，北京，中央文献出版社，2001。

③ 肖峰：《科学精神与人文精神》，49 页，北京，中国人民大学出版社，1994。

起了比较科学的态度，形成了比较科学的世界观、人生观和价值观，能够在各种社会实践活动中勤劳肯干、大胆创新、锐意进取，为社会的发展和人类的进步贡献自己的力量。

作为人类生活的一个方面，近现代的智慧教育也倡导科学精神。其科学化是全方位的，不但教育目的是科学定向的，教育内容是科学为主的，就连教学方法及其组织形式也是科学化的。① 首先，在教育目的上，强调培养具备科学文化知识、能够为国家的现代化建设贡献力量的高科技人才。其次，在教育内容上，由古代主要关注“人事”“人的世界”转向注重对客观自然世界的研究与认识，自然科技知识、自然学科逐步在学校教育中占据主要地位；同时，在教育过程中倡导培养学生求真务实的意识、独立思考的能力、实事求是的态度、批判质疑的精神、勇于创新的思维品质以及解决问题的实践能力等。再次，在教育方法上，不仅倡导教师依据学生身心发展规律、学习规律、教育管理规律等生理学、心理学知识，以及自然科学和社会科学的各种研究方法与方法论进行教育的教学、管理、科研与测评等，还将各种现代信息技术手段如幻灯片、多媒体、电子白板、平板电脑等运用到课堂教学过程之中，从而大大提高了教育教学的效率与质量。最后，在教育组织形式上，由于信息技术的不断发展，将其与教育相结合便形成了远程教学、在线课程、慕课、翻转课堂、智能教室等多样化的教学模式和教育组织形式，于是教育超越了时间与空间的局限，使所有人可以随时随地接受教育、进行学习，从而形成学习型社会。这样的教育变革是划时代的，具有重大的历史进步意义。

---

① 高德胜：《教育：从一端到中道》，载《高等教育研究》，2015（10），24页。

总之，近现代智慧教育最大的闪光点就在于倡导科学精神，教育的目的、内容、方法和组织形式等各方面都在不同程度上渗透着科学的精神与气息，以便培养具有现代科学意识与精神的现代中国人，推进教育现代化的早日实现。

二、近现代智慧教育应避免的极端化倾向

摩尔根（L. H. Morgan）说得好："近代文明吸收了古代文明中一切有价值的东西，并使之面貌一新；近代文明对人类全部知识的贡献很大，它光辉灿烂，一日千里。"[①] 不可否认，近现代的智慧教育有其闪光点，对人类进步尤其是物质文明的发展有重大贡献。但是，对物质的过度追求也会导致近现代智慧教育的极端化发展，主要表现为标准化、机械化倾向和极端功利主义倾向，从而蜕变为缺少智慧的教育。因此，近现代的智慧教育要避免走向极端。

（一）标准化、机械化倾向

所谓标准化，是指将事物依照某种平均水平进行规定与衡量从而塑造形同的事物，而不顾及个别差异性与多样性。所谓机械化，是指像机器一样按照预先设定好的程序、步骤或指令进行重复的、机械的、强制性的操作或训练，而无需加入过多的自由思考、价值澄清、灵魂慰藉、人文关怀等因素。

为应对大工业生产对人才的大量需求以及科学实证主义思想的影响，近现代的学校开始像批量生产工业品一样"批量生产"受教

① ［美］路易斯·亨利·摩尔根：《古代社会》，上册，杨东莼、马雍、马巨译，29页，北京，商务印书馆，1997。

育者，学校在一定程度上变成了“教育工厂”，于是出现了标准化、机械化倾向。首先，标准化倾向主要表现在以科学管理法为模板，按照学生年龄进行分班，有固定的作息时间表，课程内容、教学方式、教学模式、教科书的编排、考试方式完全标准化，把每位学生都当作中等生对待，为他们提供相同的、标准化的教育，而不顾及每位学生的个体差异，即把不同个体改造到同一个标准水平，培养和训练“平均标准人”，而消除异议与创造力。① 个体的人从而被消磨在平均数、统一性和标准化之中。其次，机械化倾向主要表现在学生的学业负担过重，为应对各种考试与评估，机械记忆、题海战术、重复训练等现象时有发生，学生俨然成为做题的“机器”、考试的“机器”和学习的“机器”。电视剧剧本《虎妈猫爸》里有这样一个“必胜诀”：“黎明即起，鸡叫之前，语文英语，大声诵念，还没睁眼，已念多遍。数理公式，牢记心间，公式难背，写手背，有事没事，抬手记。上课争坐第一排，课上听讲要听细，常跟好生谈理想，不与差生闲扯淡。考前错题编辑好，心中有数不慌乱。不会答题越过去，先易后难树雄心，实在不会就写B，概率保你分不低。收卷之前查三遍，铃响收卷再落笔，不要偷懒与侥幸，光明就在黑暗里。胜男胜男莫放弃，全力以赴争第一。”这段生动地描写了俨然成为学习“机器”的现代中小学生的学习生活。

教育的标准化、机械化倾向在一定程度上有使人们沦为“工业品”和“机器”的危险。历史学家托马斯·卡莱尔（Thomas Carlye）说过：“要是我们必须用一句话来说明我们这个时代的特

---

① ［美］托德·罗斯：《平均的终结：如何在崇尚标准化的世界中胜出》，梁本彬、张秘译，35页，北京，中信出版社，2017。

点的话，我们就会首先叫它是机器的时代……同样的习惯不仅支配着我们的行为方式而且支配着我们的思想和感情方式。人不仅在手上而且也在头脑里和心里机器化了。"① 弗洛姆（E. Fromm）也认为，在现代社会。"我们不见得会有沦为奴隶的危险，但却有成为机器人的危险。"② 何谓机器？勒洛（Reuleaux）的定义仍然经典："机器是由一系列在力的作用下才运动的物体组成，人们可利用自然界的力量通过这些物体作功，完成特定的运动。"③ 人成为机器，意味着把人与物无差别地等同起来，意味着"人类生存不过是一种材料、物品和原料而已，全然没有其自身的运动原则"④。法国拉·梅特里从经验主义出发，直接做出"人是一架机器；在整个宇宙里只存在着一个实体，只是它的形式有各种变化"⑤ 的结论。

事实上，在近现代大批量流水线生产、高度集中化和制度化的社会里，这一点都不夸张。因为标准化、机械化的劳动压制了人的个性发展，剥夺了人独立思考的自由、言论和思想的自由以及自由意志，于是，人及其工作世界在此意义上被理解为机器及其机器世界。人异化为僵硬的机器人，通过模仿与复制的生存方式达到与他人、与整个社会的高度一致，有物性无人性，有共性无个性，成为批量产品

---

① ［英］阿伦·布洛克：《西方人文主义传统》，董乐山译，159 页，北京，生活·读书·新知三联书店，1997。

② ［美］埃里希·弗洛姆：《人的呼唤——弗洛姆人道主义文集》，毛泽应等译，145 页，上海，上海三联书店，1991。

③ ［美］芒福德：《技术与文明》，陈允明、王克仁、李华山译，11 页，北京，中国建筑工业出版社，2009。

④ ［美］赫伯特·马尔库塞：《爱欲与文明》，黄勇等译，73 页，上海，上海译文出版社，1987。

⑤ ［法］拉·梅特里：《人是机器》，顾寿观译，76 页，北京，商务印书馆，1959。

和批量机器，“异化了的主体被其异化了的存在所吞没”[①]，这样一种由内而外的生活方式便自然而然产成了一种既无处不在又形式多样的“单向度的思想和行为模式”[②]，产生了“单向度的人”。

这其实是一种行为主义和操作主义的思考逻辑。20世纪初，受笛卡尔（R. Descartes）等人客观主义与机械主义哲学传统、桑代克（E. L. Thorndike）等人动物心理学和卡特尔（J. M. Cattell）等人机能主义的影响，美国的华生（John Broadus Watson）创立了行为主义（behaviorism）心理学派。华生认为，人类心理学的论题是“人类存在的行为或活动”，而不是作为远古“灵魂”说法的“意识”，心理学的研究方法是纯客观的观察、实验而非内省，人类的一切行为（包括情绪、情感、思维、思想等）都不过是刺激—反应（S-R）的组合而已。[③] 斯金纳（B. F. Skinner）提出运用“一种在影响力和精确度上可以与物理技术和生物技术相媲美的行为技术”[④] 来解决日益严重的人类问题，这些问题包括经济、教育、政治甚至人的自由、价值、尊严等问题。他之所以提出运用科学的行为技术解决人类问题，当然是基于把人看作一种普通生物甚至复杂机器的认识之上的。他说：“人是一个按规律方式表现行为的复杂系统，从这个意义上说，人是一台机器，但这个系统的复杂性异于

① ［美］赫伯特·马尔库塞：《单向度的人：发达工业社会意识形态研究》，刘继译，10页，上海，上海译文出版社，2008。

② ［美］赫伯特·马尔库塞：《单向度的人：发达工业社会意识形态研究》，刘继译，11页，上海，上海译文出版社，2008。

③ ［美］华生：《行为主义》，李维译，3~7页，北京，北京大学出版社，2012。

④ ［美］B. F. 斯金纳：《超越自由与尊严》，方红译，4页，北京，中国人民大学出版社，2018。

寻常。人具有根据强化性相倚联系进行调整的能力……”① 而斯金纳所倡导科学分析人类行为的行为技术就是将人看作无目的的、无意识的，人类行为是“操作性条件作用的过程的产物”②，行为结果的强化和环境对人的行为发生起着重要甚至决定性作用。卢卡奇的物化理论认为，近现代社会以来，劳动商品已经成为一种居于整个社会以上的强大统治力量，渗透到社会与个体生活的方方面面和各个层次，包括经济、政治、文化、思想观念、心理结构甚至潜意识之中，人或者劳动者的物化是由外而内、深刻且全面的。而人的异化意味着“人，不是他所创造的机器的主人，却成了机器的奴仆”③。马克思在《1844年经济学哲学手稿》中详细阐述了人的异化理论的根源和表现。在他看来，人的异化产生于异化劳动。具体来讲，首先，人的异化表现在劳动的结果即劳动产品上。“工人创造的商品越多，他就越变成廉价的商品。物的世界的增值同人的世界的贬值成正比。”④ “工人生产得越多，他能够消费得越少；他创造的价值越多，他自己越没有价值、越低贱；工人的产品越完美，工人自己越畸形；工人创造的对象越文明，工人自己越野蛮。”⑤其次，人的异化还表现在生产活动中。因为劳动本身对于工人是外

① ［美］B. F. 斯金纳：《超越自由与尊严》，方红译，202页，北京，中国人民大学出版社，2018。

② ［美］B. F. 斯金纳：《超越自由与尊严》，方红译，28页，北京，中国人民大学出版社，2018。

③ ［美］埃里希·弗洛姆：《人的呼唤——弗洛姆人道主义文集》，毛泽应等译，88页，上海，上海三联书店，1991。

④ ［德］马克思、恩格斯：《马克思恩格斯选集》，第1卷，中共中央马克思恩格斯列宁斯大林著作编译局编译，51页，北京，人民出版社，2012。

⑤ ［德］马克思、恩格斯：《马克思恩格斯选集》，第1卷，中共中央马克思恩格斯列宁斯大林著作编译局编译，52~53页，北京，人民出版社，2012。

在的、强制的、感到不幸的、想要逃避的、饱受折磨的和别人的劳动。现代社会，劳动者长期在社会分工和专业划分更加细致的岗位上从事如此机械、乏味和单调的工作，只熟悉自己狭小专业领域内的知识和技术，常常故步自封、一叶障目，使心灵只运行在狭窄的轨道上，从而导致人格的畸形、心灵的残缺和人的片面发展，成为文明社会的机器人和野蛮人。正如奥尔特加·加瑟特所说："他们对于我们这个时代的有关世界和人类的基本思想体系一无所知。这样的普通人是属于没有文化修养的新生的野蛮人，是落后于时代文明的迟钝者；而且既原始又落后，与他们自身存在的既当代又冷酷的问题形成了鲜明的对比。"①

（二）极端功利主义倾向

"功利"（utility），也可译为"功用"或"效用"，在中国古代主流意识形态中具有道德的贬义，但自从西方"功利主义"思想产生以来，对"功利"的理解实际上是从"功利主义"的角度进行界定的，即个人苦乐基础之上的感性幸福论，而现代社会中的"功利"概念已经中性化，意指利益。② 边沁的功利主义追求"最大多数人的最大幸福"，其实质是追求个人快乐和自身利益最大化。穆勒的功利主义认为唯一可欲求的事情便是快乐与免除痛苦，于是"宁做一个不满足的人，不做一个满足的猪；宁做一个不满足的苏格拉底，不做一个满足的傻子"③。事实上，功利主义如果控制在

---

① ［西］奥尔特加·加瑟特：《大学的使命》，56～57 页，杭州，浙江教育出版社，2001。

② 龚群：《当代西方道义论与功利主义研究》，268～269 页，北京，中国人民大学出版社，2002。

③ ［日］山田孝雄：《东西方伦理学》，吴潜涛等译，249 页，郑州，河南人民出版社，1989。

一定的范围之内，便是合理的，没有问题，但如果发展到极端功利主义或者急功近利的程度就会出现问题。

自亚当·斯密假设每个人都是自私的个体、都在追求自身利益最大化，市场就成为衡量一切的标准，包括人自身的价值。就像弗洛姆所说："人不仅仅出卖商品，而且还出卖他自身，他把自己也当作是某种商品……假如某人所具有的特质在市场上卖不出去，那这个人就毫无价值、分文不值。"① 这突出表现在当前社会的就业市场之中。人们把自己当作商品在就业市场上"出售"，希望能找到一个"好工作"，把自己卖个好价钱。众所周知，我国的中西部或落后偏远地区严重缺乏人才，尤其是中小学教师，急需大批毕业生前往就业，但毕业生们宁愿在东部或发达地区流浪，也不愿去落后地区就业。因为他们坚信经济学中的"成本与收益"理论，在生活中做出任何决定或选择前，都会预先不自觉地计算这样决定或选择后的成本（或付出）与收益（或回报）如何，只有在他们的价值观之下看来是"值得的"，才会下决心去做，比如接受更高一级教育、就业或"跳槽"。而到经济落后地区就业在他们看来显然是"不值得的"。② 在以市场化为导向的现代社会里，贪婪地追逐物质利益和经济利润成为生活的重心，人们也近乎成为"无形的经济人"和"极端功利主义者"。不可避免的，社会上的这种极端功利主义风气也蔓延到了近现代的教育之中。具体来讲，主要表现在以下四个方面：

---

① ［美］埃里希·弗洛姆：《逃避自由》，陈学明译，161 页，北京，工人出版社，1987。

② 邵琪、杨明：《我国教育学本科毕业生就业状况研究》，载《教育科学》，2014（5），74 页。

第一，崇尚一种“占有”的教育存在方式。弗洛姆把崇尚“占有”的现代人的心态描写得十分精彩：“我想把一切都据为己有，能够给我带来欢乐的不是分享，而是占有；我不得不总是那样贪婪，因为占有就是我生活的目的，我占有得越多，我就越是我；我对其他所有的人都抱一种敌视的态度，我想欺骗我的客户，毁灭我的竞争者以及剥削我的工人。我永远不会满意，因为我的愿望和要求是无止境的。”① “占有”（having）来源于私有制，是一种物质、金钱或利润上的获益，可以使人感到瞬间的快乐；“我（主体）有某物（客体）”是对“占有”的最好说明，即主体和客体都变成了物，主客之间是一种无生命的、非创造性的和僵死的关系。在现当代这个追求财富扩张、谋取利润和占有财产的工业社会之中，“占有”已经作为现代人的一种生存方式普遍存在和盛行于现代生活的方方面面。“占有”意味着不仅要占有物，还要占有人及其“自我”，人们总是强调和关注“我的”而不是“你的”“他的”，所有权意识强烈而又明显。弗洛姆还认为“占有”方式与弗洛伊德所说的吝啬的“肛门性格”如出一辙，指出一个以“占有”为生存方式或者以“肛门性格”为主导的社会是病态的，其中的人也是病态的。② 教育中的“占有”不仅表现为占有更多、更好的教育资源，如抢占学区房、保送名额、尖子班、优秀师资、学习资料、各种奖励等，还表现为对自我的占有，学生、教师、家长、校长等利益相关者都把自己看作物，尽量占有自己的时间、精力、生

① ［美］埃里希·弗洛姆：《占有还是存在》，李穆等译，7页，北京，世界图书出版公司北京公司，2015。

② ［美］埃里希·弗洛姆：《占有还是存在》，李穆等译，64~71页，北京，世界图书出版公司北京公司，2015。

命甚至灵魂，使自己投入到各种繁忙与竞争之中，从而获取某种地位、荣誉、钱财、利益和成功。

第二，教育中的残酷竞争。达尔文（C. R. Darwin）和赫胥黎（T. H. Huxley）的进化论主张物竞天择、弱肉强食和适者生存是自然进化的规律，人天生具有为所欲为、“自行其是”的本性，这是人类生存竞争、适者生存的本质，“表明不择手段攫取一切所能抓到的东西和顽强地把持着一切所能保持的东西等特性”①。后来，李嘉图（David Ricardo）、曼彻斯特学派（Manchester school）的经济学家们又将进化论引入经济学领域。于是，这种本该只属于动物世界的现象却在当今社会各行各业激烈的竞争环境中被表现得淋漓尽致。钩心斗角、尔虞我诈、急功近利、心浮气躁，拼业绩、求效率、提速度，为了在这个残酷的社会生存下去，每个人都像个“费尽心机”的陀螺在社会这所大机器里高速运转。生活节奏的加快，使人们更加坚信效率就是生命、时间就是金钱，于是常常感叹“时间是如此的宝贵，以致人们普遍认为不应该把时间白白花在无用的地方……讲究效率的观念被当作是一种最高尚的道德观念”②。极简主义遂成为一种时尚的生活方式。不少人患有“恐慢”焦虑症，怕被赶超甚至淘汰，只能一路向前而没有心情欣赏沿途的美景。于是出现了“不能输在起跑线上”的教育主张，许多家长揠苗助长，让孩子在幼儿园时期学习小学课程、小学时期学习初中课程、初中时期学习高中课程，幼小衔接班、小升初衔接班遍地开花，各种课

① ［英］赫胥黎：《进化论与伦理学》，宋启林等译，36页，北京，北京大学出版社，2010。

② ［美］埃里希·弗洛姆：《逃避自由》，陈学明译，82页，北京，工人出版社，1987。

外补习班层出不穷，目的就在于让孩子拥有更多的竞争力，以便在学校的各种排名、各种考试等竞争比赛中立于不败之地。

第三，盲目追求个人成功。现实生活中，很多教育者与受教育者都在盲目追求自己的成功。学生接受教育是为了学习成绩好可以上重点中学、名牌大学，然后毕业找个好工作，能够挣大钱、买名车、住大房；教师和教育管理者从事教育是为了教出“好学生”、取得“好成绩”，从而评先进、拿奖金、评职称、求官禄。从本质上讲，就是对金钱、权力、名誉、地位等所谓“成功”的追逐，这种“成功主要依靠一个人在市场上怎样很好地出售自己”①，而他作为一种商品的“销路”对他而言至关重要。并且这些成功更多地被放置于私人领域，即为了个人或家庭去追逐，由此导致唯利是图、急功近利、攀比、炫富、仇富的社会心理与现象蔚然成风，甚至不惜损害他人利益或者触犯法律以达到自己的目的，违法犯罪等不安定因素逐年增加，社会问题层出不穷。对此，吕克·费希（Luc Ferry）评论道：“社会‘成功’的幻影、围绕自我奋斗成功之人的神话和权力的假象所产生的狂想如此之强烈，它们几乎无所不在，以至于遮住了我们的视线……这种‘成功’理想难道不是正在迅速形成一种新型暴政?!”② 是时候，我们应该反思我们现在所拥有的“成功观”了：金钱和权力的“成功”就是我们人类的终极目标吗？这种外在的、表面的、自私的“成功”真正值得追寻和赞许吗？人类生命的伟大存在难道就仅仅以此为价值评价标准吗？

① ［美］埃里希·弗洛姆：《为自己的人》，孙依依译，80页，北京，生活·读书·新知三联书店，1988。

② ［法］费希：《什么是好生活》，黄迪娜、吴晓斐译，7页，长春，吉林出版集团有限责任公司，2010。

答案必然是否定的！

第四，人际关系淡漠。近现代社会，技术缩小了人与人之间的空间距离，但却拉大了人与人之间的心理距离。师生、同学之间的关系紧张、疏远和淡漠，“人与人至今天天见面……彼此之间却并没有什么接触，因为都把对方视为陌生的路人”①，或者把他人看作自己发展的威胁或障碍，甚至不怀好意、虚情假意的敌人。萨特（Jean-Paul Sartre）就此提出了“他人即地狱”、人与人之间“都是刽子手”的惊人命题。根据马克思主义理论，现代社会中的每个人都是“以物的依赖性”为基础的独立的个体和孤立的单子，彼此之间互不依赖，于是消解了共同体的存在，人就只能依靠自己，只有在交换时才会使人们产生交集。所以，从这个意义上讲，人与人之间的关系只能是一种利益交换关系，必然充满相互利用和“理性的狡计”，形成弗洛姆所谓“交易型”（marketing）性格②。于是，“一个人之所以帮助邻居，是因为他自己有所企求，或为了避免失去自己”③，黑格尔也在其“市民社会”理论中强调他人只是个体实现自我的工具而已。人们总是嫉妒比自己占有多的、蔑视比自己占有少的，人与人之间互相不信任，更难以理解，因此每个人最终只能蜷缩在自己的世界里。

---

① ［美］艾·阿德勒：《理解人性》，陈刚等译，2页，贵阳，贵州人民出版社，1991。

② ［美］埃里希·弗洛姆：《占有还是存在》，李穆等译，61页，北京，世界图书出版公司北京公司，2015。

③ ［美］埃里希·弗洛姆：《为自己的人》，孙依依译，126页，北京，生活·读书·新知三联书店，1988。

第五章　智慧教育的未来展望

古代的智慧教育更加关注人的道德修养、人文情怀，强调人的精神需要的满足，近现代的智慧教育更加关心国计民生、富民强国，注重人的物质需要的满足。那么，未来的智慧教育将走向何方？根据马克思主义唯物辩证法理论中的否定之否定规律，未来的智慧教育将走向引导人的物质需要与精神需要和谐发展的智慧教育，即和谐的智慧教育，这是历史发展的必然趋势。

第一节　走向和谐的智慧教育

“和谐”是中华民族的传统价值追求，也是儒家思想的核心概念与最高价值原则。起初，“和”与“谐”是分开用的两个词。《说文解字》解：“和，相应也”。《经籍纂诂》载：“和，谐也，协也，适也。”孔子说“礼之用，和为贵”（《论语·学而》），“君子和而不同，小人同而不和”（《论语·子路》）。孟子指出“天时不如地利，地利不如人和”（《孟子·公孙丑下》）。《中庸》载：“和也者，天下之达道也，……发而皆中节谓之和。”《尚书·尧典》

有“八音克谐”“克谐以孝”。《周礼·天官·冢宰》中有：“以和邦国，以统百官，以谐万民。”直到汉代，“和”与“谐”才连用。[①]

所谓和谐，是指诸多性质不同或对立的要素之间按照一定的原则与规律相互协调、互动以形成一种有序、平衡、相成相济与默契共生的最佳关系状态。和谐肯定与包容内部的对立与矛盾，并承认适度的冲突与对抗是事物发展的动力，主张“变中求和”。而且“这种竞争、斗争、冲突不是以共灭共亡为价值导向，而是以和谐、融合，即融突而和合为价值导向，它孕育着新的生命的呈现，而能和荣和富”[②]。因此，共生是和谐的本质、基本精神与基本指向，和谐不是为和而和，而是为了达到共生。[③]

事实上，事物总是处于从不和谐状态向和谐状态发展的过程之中。和谐试图寻找两个极端之间的中间地带与适度空间，不会重此轻彼、厚此薄彼。和谐是一种自生、自协、自衡、自动、自为、自在、自然的力量，是一种永恒、俊美与实力。受和谐规律的影响，事物发展的内部总是存在着一种力量试图协调或纠偏另一种力量，以便实现事物的内部协调、动态平衡与整体融通。总之，人类社会生活的方方面面都需要和谐、存在和谐，人类社会终要遵循与回归和谐路线。和谐是人类社会的灵魂，更是未来社会发展的大逻辑。

根据马克思主义人学理论，人的最高价值目标在于实现人的自

① 王玉德等：《和谐融通》，1~2页，武汉，武汉大学出版社，2007。

② 张立文：《和合学概论》，586页，北京，首都师范大学出版社，1996。

③ 叶金宝：《儒家和谐思想的当代价值》，43、50页，广州，广东人民出版社，2006。

由而全面的发展，这必然要求人的物质需要与精神需要协调发展、和谐发展，而不是失之偏颇、厚此薄彼。因为若是不顾人格而盲目追求物质享乐，会有损人的尊严与价值；而若是在物质贫困的情况下单纯追求精神生活，也会阻碍人的价值的充分实现。在人的物质需要与精神需要和谐发展的过程中，人的自由而全面发展也不断向前迈进、不断得以实现。因此，未来必然走向和谐的智慧教育。和谐的智慧教育是引导人的物质需要与精神需要保持和谐与平衡状态的教育，和既要培养人的实践技能与生存能力，又要致力于人的精神成长与境界提升；既强调人生的物质性与现实性，又重视生命的精神性与价值性；既要满足与丰富人的物质需要，又要满足与提升人的精神需要，从而使人在天地间更好地安身立命，促进人的自由而全面发展的实现。弗洛姆指出："一个健全的社会是一个符合人类的需求的社会。"① 那么，一个健全的教育也是一个符合人类的物质需要和精神需要的教育。雅斯贝尔斯指出："作为一个人，就是去成为一个人。"② 从人的角度讲，人既有动物般的物质需要。又有超动物的精神需要。而以人为本，就是要求将人的物质需要与精神需要统合起来，在物质追求中体现精神需要，在精神规范下实现物质欲求，唯有如此才能成为一个独立自主的、真正意义上的"人"。③ 在赵汀阳看来："人的基础性需求是否被满足决定了人的

① ［美］埃里希·弗洛姆：《健全的社会》，蒋重跃等译，17 页，北京，国际文化出版公司，2003。

② ［德］雅斯贝尔斯：《智慧之路》，柯锦华译，50 页，北京，国际广播文化出版社，1988。

③ 祁志祥：《人学原理》，227 页，北京，商务印书馆，2012。

生存状况，而人的根本性目的是否得到实现则决定了人的生活意义。"[①] 在此，基础性需求是指物质需求，根本性目的是指精神需求，两者都很重要、缺一不可。周国平也认为："把人看作是人，就是不光把人看作一个肉体的存在，同时他也是一种精神的存在。"[②] 金生鈜区分了人类两种水平的生活：第一种是为了生存进行职业谋生、追求物质财富和现实利益的物质层次上"散文式的生活"，第二种是抛却利害得失、超越现实进行自由想象与创造，追求生活的意义、价值的体验和境界的提升的精神层次上"诗的生活"。这两种生活对人而言都是不可或缺的，"只有两种生活的持续不断地相互关联，以'诗'的生活完善升华'散文'的生活，以'散文'的生活使'诗'的生活落到实处，就是较为圆满的人生"。所以教育要兼顾人的这两种生活，"教育就是在这两种生活之间不断地保持和谐与平衡，才能达到学生精神的全面发展。这才是具有完整性的教育"。[③] 这才是未来和谐的智慧教育。

具体来讲，未来和谐智慧教育的目的在于启迪人的智慧，培养未来的智慧人。和谐的智慧教育由三个相互关联的内容构成：在以求真为旨趣的知识教育上，要引导自然科技知识教育与人文社会知识教育之间的和谐；在以求善为旨趣的道德教育上，要引导功利论道德教育与道义论道德教育之间的和谐；在以求美为旨趣的审美教育上，要引导感性审美教育与理性审美教育之间的和谐。从游是和

---

① 赵汀阳：《论可能生活》，116～117页，北京，生活·读书·新知三联书店，1994。

② 周国平：《周国平人文演讲录》，50页，上海，上海文艺出版社，2009。

③ 金生鈜：《理解与教育：走向哲学解释学的教育哲学导论》，74～75页，北京，教育科学出版社，1997。

谐智慧教育的可能之路。和谐智慧教育的实现还需要充足的闲暇、文化土壤的孕育和自由的生命律动作为保障条件。

第二节　和谐智慧教育的目的

赫舍尔（A. J. Herschel）说过："人的存在之谜不在于他现在是什么，而在于他能够成为什么！"① 和谐智慧教育的目的就在于启迪人的智慧、培养未来的智慧人。那么，未来的智慧人到底是什么样的呢？传统儒家思想要求君子要格物、致知、诚意、正心、修身、齐家、治国、平天下，事实上，这既是个体智慧逐渐生成的过程，也是儒家对智慧人的基本要求。孔子认为自己在经历了"三十而立，四十而不惑，五十而知天命，六十而耳顺，七十而从心所欲不逾矩"（《论语·为政》）之后，获得了完全的自由，在随心所欲而做的任何事中能够不再触犯任何行为规范，自由自在，圆融逍遥，这其实也就是智慧人所应该具有的生存状态。古以色列认为智慧具有快乐特征，即可以使人感到快乐，产生愉快的审美体验，因而智慧人一定是最快乐和最幸福的人。亚里士多德、克里希那穆提也分别在其著作《尼各马可伦理学》《教育就是解放心灵》中提出具有智慧的人是最愉快、最幸福的。心理学研究者班根（Katherine J. Bangen）等人在经验主义研究的基础上总结了智慧人所具有的特征：第一，熟悉社会性的决策和实用主义的生活知识，因为这些决策和知识是发展智慧人的社会推理能力、给出好建议的能力和养成

① ［美］A. J. 赫舍尔：《人是谁》，陈维政、隗仁莲、安希孟译，106 页，贵阳，贵州出版集团，2009。

生活技能的基础；第二，具有亲社会的（忠实于社会道德准则的）态度和行为，包括同理心（移情）、同情心、热情、利他主义和公正感；第三，能够自我反思、具有自知之明，这与内省、洞察力、直觉以及自我认知能力有关；第四，承认不确定性的存在，并且能够有效应对各种不确定性；第五，具有稳定的情绪，这与情感调节和自我控制能力有关。[①] 斯腾伯格认为，有智慧的人可以明智地运用知识做出判断、进行思考，有智慧的人拥有深思熟虑的思维方式，有智慧的人绝不是鲁莽的、冲动的和没有道德的。[②] 马斯洛所谓“自我实现的人”其实非常类似智慧人。马斯洛总结了一个人在趋向自我实现时的行为状态：第一，活跃、充分、无我地体验生活，全神贯注，忘怀一切；第二，在生活中做出成长的选择而非畏缩的选择；第三，会让内在自我显现出来，倾听自我的声音，而不是人云亦云；第四，诚实和承担责任；第五，敢于与众不同，有独立见解，即使会不受欢迎、成为不随和的人；第六，自我实现不只是一种结局状态，而且是在任何时刻、任何程度上实现个人潜能的过程；第七，会感受到“喜出望外”的高峰体验；第八，不再怀疑价值观念和美德的可能性并学会将它们“再圣化”（Resacralize），即能看到象征的、永恒的意义。当每次选择时刻到来时能一一做到上述八条的人在那一刻里就是自我实现的人；而且，自我实现是一个程度问题，是许多次微小进展一点点积累起来的。[③] 也即是说，

---

① Katherine J. Bangen, Thomas W. Meeks, Dilip V. Jeste. Defining and Assessing Wisdom: A Review of the Literature. Am J Geriatr Psychiatry, 2013: 21 (12): 1254-1266.

② ［美］罗伯特·斯滕伯格等：《教出有智慧的学生：为智慧、智力、创造力与成功而教》，杜娟、郑丹丹、顾苗丰译，译者序21页，福州，福建教育出版社，2011。

③ ［美］马斯洛等：《人的潜能和价值》，林方译，259~265页，北京，华夏出版社，1987。

自我实现不是一劳永逸的，有多少次结合上述八条经验的时刻，就有多少次自我实现的运动。同理，智慧也是如此。并不是说某人偶然表现出一次智慧行为，就意味着这个人是智慧人，只有某人在生活中经常表现出有智慧的行为，才可被称为智慧人。

基于上述认识，笔者认为，未来的智慧人至少具有以下四个特征：第一，拥有广博的知识，能够洞明社会、自然和人类自身等方面的本质和规律，不仅具有高度的科学态度与精神，还具有深厚的人文素养；第二，具备良好的道德修养和行为习惯，做到知行合一，能够协调好功利与道义、自我与他人、个体与集体之间的关系；第三，既具有美好的心灵、高雅的趣味和自由超脱的精神境界，又拥有良好的心态、丰富的情感，常常感到幸福和愉悦；第四，有较好的行动力和实践能力，能够在日常生活实践中恰当地判断、选择、解决和处理各种实际问题。

第三节　和谐智慧教育的构成内容

一、未来以求真为旨趣的知识教育

英国的斯诺（C. P. Snow）分析了现代社会中科学文化与人文文化这“两种文化”之间的分裂、隔阂与鸿沟，指出无论是科技文化还是人文文化都只是一种子文化，同作为文化的子系统，两者存在共同的态度、行为标准和模式，以及共同的方法和设想，因此必须也能够进行两种文化的交汇、对话、和谐与共生。[①]

未来的智慧人不仅要具有高度的科学精神，还要具有深厚的人文素养。因此，未来的智慧教育在继续发展自然科技知识教育、倡导科学精神的同时，也要高度重视人文社会知识教育、加强人文精神的培养，从而把两者有机融合起来，实现和谐共生。这是因为，人文精神应该是具有现代科学意识的人文精神，而科学精神应该是充满高度人文关怀的科学精神。[②] 马克思早就有所预言："自然科学往后将包括关于人的科学，正如关于人的科学将包括自然科学一样，这将是一门科学。"[③] 因此，"唯科学主义"与"唯人文主义"都是错误的，要实现自然科技知识教育与人文社会知识教育的和谐统一。

有一种观点认为，智慧完全是一种纯粹精神的、形而上学的虚无缥缈之物，与自然科技没有关系，在传统社会和现代社会都有这种论调的支持者。在传统社会有人持这种观点，是因为当时的科学技术被视为"旁门左道""奇技淫巧"，在整个社会文化和教育系统中都处于细枝末流的地位，因而与智慧无缘，这无疑是一种偏见。而在现代社会有人还持这种观点，则是因为误解了科技与道德的关系。不可否认，随着现代科学技术的发展，人们的道德意识愈加淡薄、行为愈加失范，社会道德问题层出不穷，科技的发展冲击了传统的伦理道德的根基，于是有些人就把科技发展和道德进步对立起来，认为科技发展对道德进步具有摧毁和破坏作用，那么这样

---

① ［英］C. P. 斯诺：《两种文化》，纪树立译，60~62 页，北京，生活 · 读书 · 新知三联书店，1994。

② 林可济：《哲学：智慧与境界》，197 页，北京，社会科学文献出版社，2013。

③ ［德］马克思、恩格斯：《马克思恩格斯全集》，第 42 卷，中共中央马克思恩格斯列宁斯大林著作编译局编译，128 页，北京，人民出版社，1979。

的科学技术有何智慧可言呢？殊不知，这只是“科学发展及其成果的运用在资本主义条件下出现的畸形现象”①，“这种不正常现象的出现，并不是科学技术成果本身的问题，而是由社会制度所引起的”②。事实上，“从总的历史发展趋势来看，科学技术的发展与道德的进步，是互相促进的”③，科技本身绝不会导致人类的不幸，恰恰相反，“它是人类走向文明和幸福的强有力的杠杆”④，是构成智慧的重要力量。未来和谐的智慧教育要将自然科技知识与人文社会知识统一起来，实现两者的和谐共生。

具体来讲，扎根于当前人的现实生活境遇，未来和谐的智慧教育在以求真为旨趣的知识教育方面要重点致力于以下两点：

第一，培养人认识自己的能力。

自人类诞生以来，人们就对外在于自己的世界充满了好奇与不解，于是几百万年以来人类通过各种各样的实践活动对未知世界进行着不断探索。迄今为止，人类对包括自然、社会在内的外在世界已经有了相当深刻的研究与了解，已经在相当大的程度上掌握了外部世界的发展变化规律，甚至可以运用现代科技控制与支配外部世界，人俨然成为世界的主人。然而，与对外在世界相比，人类对自己的了解又有多少呢？斯金纳对此表现出深深的忧虑，他指出，今

---

① 宋惠昌：《现代科学技术发展中的若干伦理学问题》，见瞿葆奎主编：《教育学文集·德育》，20 页，北京，人民教育出版社，1989。

② 宋惠昌：《现代科学技术发展中的若干伦理学问题》，见瞿葆奎主编：《教育学文集·德育》，23 页，北京，人民教育出版社，1989。

③ 宋惠昌：《现代科学技术发展中的若干伦理学问题》，见瞿葆奎主编：《教育学文集·德育》，22 页，北京，人民教育出版社，1989。

④ 宋惠昌：《现代科学技术发展中的若干伦理学问题》，见瞿葆奎主编：《教育学文集·德育》，24 页，北京，人民教育出版社，1989。

天物理、生物、天文等自然科学和技术已经取得了巨大进展，“相比于物理学和生物学对其各自领域的了解程度，我们对‘人类问题的了解’是多么贫乏”，“在今天，人类最不了解的却是他们自身”[①]。这不仅因为人类认识自己非常困难，而且因为人们常常在向外寻求的过程中迷失或忘记自我。卡西尔在《人论》中开宗明义：“认识自我乃是哲学探究的最高目标——这看来是众所公认的。在各种不同哲学流派之间的一切争论中，这个目标始终未被改变和动摇过。它已被证明是阿基米德起点，是一切思潮的牢固而不可动摇的中心。”[②] 苏格拉底认为“认识你自己”是智慧的开端。他自知自己的“无知”，因而通过与各色人等交谈来更好地认识自己，其教育思想的核心就是引导人的自我认识，使人更加有智慧。他告诫和劝说人们的目的是要唤醒人们过一种自我省察的生活，因为“一个未经省察的生活是不值得人过的”[③]。克里希那穆提也极力推崇认识自己，他说，“我只教一件事，那就是观察你自己，深入探索你自己，然后加以超越。你不是去了解谁的教诲，你只是在了解自己罢了”，“这为世人指明了东西方一切伟大智慧的精髓——认识你自己”[④]。冯契的“智慧说”也恰好印证了这一点。在他看来，智慧就是关于“性与天道”的认识，其中的“性”指人性，“天道”指外在世界，智慧实际就是认识自己和认识世界；而且他还进

---

① ［美］B. F. 斯金纳：《超越自由与尊严》，方红译，4 页，北京，中国人民大学出版社，2018。

② ［德］卡西尔：《人论》，甘阳译，34 页，上海，上海译文出版社，1985。

③ ［古希腊］柏拉图：《苏格拉底的申辩》，吴飞译，131 页，北京，华夏出版社，2007。

④ ［印］克里希那穆提：《教育就是解放心灵》，张春城、唐超权译，出版前言，北京，九州出版社，2010。

一步指出，只有认识自己才可以更好地认识世界。

既然认识自己对智慧而言如此重要，那么要如何认识自己呢？首先，人要从人作为个体的“特殊性”层面来认识自己。苏格拉底给我们指明了道路。苏格拉底指出，一个人要真正认识自己，“必须先察看了自己对于作为人的用处如何，能力如何，才能算是认识自己”，“那些认识自己的人，知道什么事对于自己合适，并且能够分辨，自己能做什么，不能做什么，而且由于做自己所懂得的事就得到了自己所需要的东西，从而繁荣昌盛，不做自己所不懂的事就不至于犯错误。而且由于有这种自知之明，他们还能够鉴别别人，通过和别人交往，获得幸福，避免祸患”①。显然，苏格拉底教育实践的中心问题就是人的自我认识问题，也即一个人如何把自我置于他人、城邦乃至世界之中，认识自己作为人的用处，知道自己行为的边界，也即自己能做什么、不能做什么，最终在得到自己所需以及和别人交往中获得幸福，同时避免祸患。②《论语·学而》中也告诉了我们认识自己的方法：“曾子曰：‘吾日三省吾身，为人谋而不忠乎？与朋友交而不信乎？传而不习乎？’”如此这般经常自我反省，便可更好地认识自己、完善自己。其次，人要从人作为种群的“类特性”层面来认识自己，了解人类所具有的普遍本性。对人性论的研究有着悠久的历史，孟子认为“人之初、性本善”；荀子则认为人性本恶，主张“化性起伪”；法家认为趋利避害是人的本性；卡西尔认为人是一种符号的动物；文艺复兴以来，启蒙思想

---

① ［古希腊］色诺芬：《回忆苏格拉底》，吴永泉译，150页，北京，商务印书馆，1984。

② 刘铁芳：《智慧之爱何以可能：苏格拉底爱的教育哲学一解》，载《华东师范大学学报》（教育科学版），2018（4），33页。

家们普遍主张人是一种理性的动物；道金斯认为人具有自私的基因；马克思认为“在其现实性上，人是一切社会关系的总和”，“人是自由自觉的”；还有人指出，人性是复杂的、多变的，人都有怜悯同情之心、嫉妒之心，等等。了解这些关于人性的经典研究有助于人更好地认识自己和辨识他人。

未来和谐的智慧教育要重点培养人认识自己的能力。因为在这个物欲膨胀、充满刺激与诱惑的当今社会，青年人在充满速度、效率、激情、竞争和利益的外在世界驰骋的过程中，已经很少有可能沉静下来叩问自己的内心、反省自己的灵魂，以便更加清醒地认识自己、了解人性。在一定意义上可以说，现在的年轻人有太多的自我意识但没有自我觉知。在这里，自我意识具有伦理学意义，是指人的自私自利、不顾及他人；自我觉知是自我觉醒、真正地了解自己。扩言之，他们不了解自己的禀赋与个性、优点与缺点，盲目夸大或贬低自己的能力，于是就不可能正确认识和理解外面的生活世界，更不可能找准自己在整个社会坐标中所处的位置，容易做出一些不恰当的言行、选择和决定，甚至误人误己、害人害己。因此，未来和谐的智慧教育要在帮助人们认识世界的同时，更要帮助人们更好地认识自己、找到最适合自己的事物与坐标，从而达到认识世界与认识自己的和谐共生。

第二，培养人的实践能力。

雷蒙·潘尼卡指出，智慧既是行动、实践，又是知识、理论。[①]

① ［西班牙］雷蒙·潘尼卡：《智慧的居所》，王志成、思竹译，4页，南京，江苏人民出版社，2000。

杨国荣也认为，智慧不仅有其理论的向度，而且体现于实践之域。①就人与身处其中的世界而言，人既要解释世界，又要改造世界，这也是哲学存在的基本任务。人们用理论和知识解释世界，关涉与回答“是什么”的问题，用实践和行动改造世界，关涉与回答“做什么”和“怎么做”的问题。事实上，“是什么”与“做什么”“怎么做”之间，涉及广义的理论与实践、知与行之间的关系问题。在现实境遇中，理论并不必然与实践相结合、知也并不必然导向行，经常存在杨国荣所说知而不行的“意志软弱”现象，或者存在重知轻行的现象。杜威认为，人们知而不行、重知轻行或者无视实践的原因是出于对自身安全的考虑，因为实践或行为具有很多不确定性，意味着不可预计的变化与冒险，所以人们对实践或行动会有恐惧，宁愿去追求确定性的理论、知识而不去进行实践、行动。②但是，在和谐的智慧教育论域内，理论要以各种方式落实于实践，而任何实践问题的解决都要把理论作为行动前提和依据，即理论与实践形成彼此关联、和谐共生的内在关系。

和谐的智慧教育要特别重视对学生实践能力的培养。实践必然涉及方法（论），因为方法（论）直接关涉实践中“怎么做”的问题。“工欲善其事，必先利其器。”（《论语·卫灵公》）马克思认为，“各种经济时代的区别，不在于生产什么，而在于怎样生产，用什么劳动资料生产”③，因为每一次生产工具的重大进步，都“延长了他

① 杨国荣：《人类行动与实践智慧》，274页，北京，生活·读书·新知三联书店，2013。

② ［美］杜威：《确定性的寻求：关于知行关系的研究》，傅统先译，156页，上海，上海人民出版社，2005。

③ ［德］马克思、恩格斯：《马克思恩格斯选集》，第2卷，中共中央马克思恩格斯列宁斯大林著作编译局编译，172页，北京，人民出版社，2012。

的自然的肢体”[①]，极大增强了人类改造自然的能力，都必然引起生产力的极大发展与社会的巨大进步。因此，授人以鱼不如授人以渔，各个领域、各个行业、各个方面的方法（论）对人类生活和智慧教育至关重要。尤其要教授各种思维方法，如系统思维、辩证思维、创新思维、批判思维、对话式思维、实践性思维等。

从知识的存在状态角度讲，实践中“怎么做”的知识具有显性与缄默两种存在状态。缄默知识是指那些存在于人们已有知识体系中无法或很难用语言文字或符号表达出来的知识，具有个体性、内隐性和特殊性。缄默知识对智慧的生成而言至关重要。斯腾伯格极力强调缄默知识对于智慧的重要性，认为缄默知识是智慧的核心，具有程序性、目标定向性和间接性三个主要特征，缄默知识与显性知识之间有效的结合才是智慧的知识基础。[②] 缄默知识是一种实践性知识，显性知识必须经历一个转化为缄默知识的过程，才能够实现“转识成智”。因此，未来的智慧教育要促进学生缄默知识的形成。

近现代的智慧教育已经对理论和纯粹知识倾注了太多的关注，未来和谐的智慧教育应该更加重视培养人的实践能力，培养学生选择、处理和应用知识与理论来动手实践、亲身体验以及解决各种实际问题的能力，以克服学生眼高手低、纸上谈兵、知行脱节和不会生活等方面的问题。

---

① ［德］马克思、恩格斯：《马克思恩格斯选集》，第 2 卷，中共中央马克思恩格斯列宁斯大林著作编译局编译，171 页，北京，人民出版社，2012。

② ［美］罗伯特・斯滕伯格等：《教出有智慧的学生：为智慧、智力、创造力与成功而教》，杜娟、郑丹丹、顾苗丰译，18 页，福州，福建教育出版社，2011。

二、未来以求善为旨趣的道德教育

功利论与道义论是贯穿中西方伦理思想的两个重要道德哲学流派。功利论主张追求个人的权利与幸福，以现实的利益和功用作为道德价值判断的标准和依据；而道义论强调个人履行对他人或群体的责任和义务，以理想的道德规范和伦理原则作为价值评判的标准，是一种为了道德而道德的道德哲学。自古以来，两者之间就存在着矛盾与对立，并在中国伦理思想史上引发了著名的三次著名的“义利之辨”。具言之，功利论道德教育的逻辑起点是个人本位的个人利益，而道义论的理论出发点则是群体本位的公共利益；功利论道德教育对道德行为的评判标准在于“重结果轻动机”，而道义论道德教育对道德行为的评判标准在于“重动机轻结果”；功利论道德教育把道德看作为自己谋利益、谋幸福的外在手段，而道义论道德教育则把道德本身看作自己行为的内在目的、除此之外别无他求。

尽管如此，功利与道义之间也存在着许多共同之处：首先，两者都致力于调节与消解个人利益与社会利益的冲突；其次，两者都建立在社会契约论的理论基础之上；第三，两者都是通向自由的必要环节；第四，两者可以彼此包容，准则功利主义和行为道义主义在当代的流行便是两者调和的理论努力。[①] 这些为两者的统一与融合提供了可能性。因此，我们不可各执一端地厚此薄彼、重此轻彼或顾此失彼、非此即彼，而应超越对立把两者结合起来，实现两者

---

① 肖凤良：《功利主义与道义论的对立与统一——兼论转型时期中国社会的道德重建》，载《湖南社会科学》，2013（3），37~39页。

的辩证统一、和谐共生。马克思和恩格斯（F. Engels）从历史唯物主义的立场出发，立足于人的社会实践，既反对抽离物质利益空谈道德的道义论，也批判了谋取个人利益的功利论，而是依据社会存在与社会意识相互关系的原理，从社会物质生活条件角度来考察道德现象，科学地阐明了功利是道义的基础，而道义又对功利具有范导与升华反作用的辩证统一关系。[①] 因此，在以求善为旨趣的道德教育方面，将功利与道义统一起来，达到两者的协调与和谐，实现功利主义的有序化，是未来和谐智慧教育的题中应有之义。因此，扎根于当前人的现实生活境遇和目前的教育实践，未来和谐的智慧教育在以求善为旨趣的道德教育方面既要重视培养人的自我独立性，又要着力培养人的他者依存性，以便使两者和谐共生。

第一，培养人的自我独立性。

人首先是作为一个个体与自我而独立存在的。自我是基于人的共同性或总体性认识之上的，把人与动物区别开来。夏甄陶说："人是这样一种存在物，他不仅现实地存在着，而且能够意识到自己的存在，具有关于自己存在的自我意识；在这种自我意识的基础上，他还力图对自己的存在进行自我认识并做出解释。在这个意义上，人是一种对自己的存在不断进行自我认识、自我探究的存在物。"[②] 自我独立性包括生存的独立和思想的独立两个方面。生存的独立要求经济独立、财务自由，可以维持自己最基本的物质需要；思想的独立意味着独立之精神、思想之自由、人格之独立，可以主宰自己的生活与命运。马克思指出，"人的类特性恰恰就是自

① 靳红娜：《中西方义利关系的对立与超越———马克思恩格斯义利关系问题探析》，载《贵州社会科学》，2016（10），74~75页。

② 夏甄陶：《人是什么》，1页，北京，商务印书馆，2000。

由的自觉的活动"①，即人的本质在于自由自觉的活动。这一论述把人与动物从根本上区别开来。在《1844年经济学哲学手稿》中，马克思对此有过精确的描述，指出"动物只是按照它所属的那个种的尺度和需要"进行生产，动物的活动归根结底只是由本能所驱动，从未达到真正的自由自觉；而人不单能"按照它所属的那个种的尺度和需要"进行生产，而且"懂得按照任何一个种的尺度来进行生产"，所以说人的活动是自由自觉的。马克思所说的"自由""自觉"，是指人的独特的生命活动——劳动——的性质，是人在感性实践中对实践对象自身必然性的能动适应与其实际实现，也是人的自我独立性的根本所在。因此，人的自我独立性意味着对人的自我价值和主观能动性的肯定，意味着人的个性自由与主体地位的提升，更意味着人的自我意识、批判意识、进取精神、奋斗精神、创新精神、独立人格与独立思考能力的形成。换言之，人是可以自我规划、自我激励、自我选择和自我规定的主体，人丰富的内心世界和巨大的精神力量可以反作用于"存在"，这是符合人的本质的发展规定的。在此意义上，任何一种新的理论、思想、创意、观点甚至智慧的出现多是个体自我独立思考的产物；即使存在集体智慧，也必定是由某个独立思考的个体先提出或者主导。因此，培养人的自我独立性对智慧的生成具有重要意义。对此，洛克菲勒（J. D. Rockefeller）曾说："一个人一旦失去了独立性，他的智慧就会降低。"② 他还讲了一个"猪从拥有智慧又失去智慧"的有趣故

---

① ［德］马克思、恩格斯：《马克思恩格斯全集》，第42卷，中共中央马克思恩格斯列宁斯大林著作编译局编译，96页，北京，人民出版社，1979。

② 张维迎．如果没有思想市场，世界会怎么样？［EB/OL］．［2018-11-26］．https：//user. guancha. cn/main/content？ id=33601&comments-container.

事来论证这一点，大意是：因为主人忘关圈门而获得自由的猪为了生存必须学着独立找食、防范追捕和侵害，逐渐变得很有智慧；而后来由于禁不住诱惑而重新被圈养起来的这些猪又变得愚蠢和慵懒起来。这则故事说明：首先，失去了独立性，人的智慧就会降低；其次，如果经受不起诱惑，人最终会丧失独立性。[①] 因此，未来和谐的智慧教育要重视培养人的自我独立性，使人成为在伦理意义上具有独立思想、独立人格、独立意志和独立生存能力的自主人。

第二，培养人的他者依存性。

人不仅是一个独立的个体，更是社会群体中的一员。马克思在《关于费尔巴哈的提纲》中讲到："人的本质不是单个人所固有的抽象物，在其现实性上，它是一切社会关系的总和。"[②] 就是说，在社会中，任何人都不可能孤立地存在与发展，人的任何一种对象性活动，都与另一些人的对象性活动相联系并构成相互制约的关系。因此，应当具体、历史地，从社会关系的总和来考察现实的人的本质；人的本质正是在这一切社会关系中展现的，在社会实践中形成和发展起来的。[③] 人们在社会实践中形成的关系是多方面、多层次的，除了政治、经济和文化关系，还包括婚姻关系、家庭关系、地域关系、阶级关系、民族关系、国家关系和法律关系等，现代社会更是通过网络和社群把人们的社会关系网推向极致。社会关系好像一张大网，任何人都在网上布下了自己社会关系和活动的经纬线，这些线条的交叉和集合形成了凸显自己特色的纽结，它们既

---

① 张维迎．如果没有思想市场，世界会怎么样？［EB/OL］．［2018-11-26］．https：//user. guancha. cn/main/content？ id＝33601&comments-container.

② ［德］马克思、恩格斯：《马克思恩格斯选集》，第1卷，中共中央马克思恩格斯列宁斯大林著作编译局编译，135页，北京，人民出版社，2012。

③ 冯契：《人的自由和真善美》，34～35页，上海，华东师范大学出版社，1996。

体现了人与人之间的本质区别，又标注了不同人在社会关系中所承担的责任和扮演的角色。总之，人是关系中的人。那么，人就不能只考虑自我，就不能只具有自我独立性和竞争意识，还要意识到他者的存在，考虑他者的感受，学会与他人相处、交往、对话与合作，承担相应的责任和义务，与他者形成具有相互依存性的亲密关系。

他者是基于人的异质性或差异性之上的，把人与人区别开来。从哲学上讲，他者是与自我相对应的概念，在西方哲学中有着悠久的源流，从古希腊哲学家到近代黑格尔、德里达（Jacques Derrida）、列维纳斯（Emmanuel Levinas）等人，都对其有过精彩阐述。他者针对以同一性或总体性为特征的自我对异质性他者的排挤、抵制和压迫，主张关怀他者，多去聆听“他者”的声音，关注自我与他者相遭遇的伦理意义，体现了尊重、关怀、平等、正义、多元、接纳、合作、交往、对话、互助、共生等伦理道德价值取向。他者依存性“相信有可能把不同的声音混合在一起，但不是汇成一个声音，而是汇成众声合唱；每个声音的个性，每个人真正的个性，在这里都能得到完全的保留”①。未来和谐的智慧教育要重视他者依存性的培养，使学生认识到他者存在的重要性，理解人与人之间相互依存、扶持共生的密切关系，努力营造一个真正的人类命运共同体。当然，这里的依存性并不是传统社会的人身依附性，而是指建立在个体自我独立性基础之上的他者依存性。

总之，自我独立性与他者依存性是对立统一的，其实质关涉个体与集体、个性与共性之间的辩证关系。事实上，两者是可以相互

① ［俄］巴赫金：《文本、对话与人文》，白春仁、晓河译，356页，石家庄，河北教育出版社，1998。

融合、相互平衡和相互规定的。正如巴赫金（M. Bakhtin）所说，“我在价值上没有脱离开他人的世界，我是在集体中理解我自己：即在家庭中、在民族中、在人类文化中。这里他人的价值立场在我心中是有权威的，他能够讲述我的生活而又得到我内心的完全赞同。”① 因此，未来和谐的智慧教育在以求善为旨趣的道德教育方面既要重视培养人的自我独立性，又要重视培养人的他者依存性，从而使两者保持和谐共生状态。

三、未来以求美为旨趣的审美教育

作为智慧教育的第三个构成部分，未来以求美为旨趣的审美教育应该追求感性与理性的和谐。感性主义审美教育与理性主义审美教育是审美教育发展史上的两种重要倾向。如前所述，感性主义审美教育强调审美教育要满足人的感官欲望和情绪情感的需要，追求审美教育给人带来的感官刺激、享受与娱乐，重视审美外在的形式与技巧而超然于生活意义之上。理性主义审美教育则强调审美教育所蕴含的思想内容和精神价值，重视审美教育对生活与社会的意义，旨在唤醒人的灵魂、浇灌人的心灵。尽管两者存在对立与冲突，但从本质上讲，两者应是相辅相成、和谐统一的。

人作为审美主体，既是感性的生命存在，又是理性的精神存在。理性的发展不能脱离感性，因为一旦脱离感性，人就会成为虚无；感性的发展也无法脱离理性，因为一旦脱离了理性，人的感性

① ［俄］巴赫金：《哲学美学》，晓河、贾泽林译，251、146~147页，石家庄，河北教育出版社，1998。

就会沦为动物性。[①] 人固然应当超越感性层面而达到理性的升华，但倘若只注重理性精神的发展而无视甚至抑制感性生命的充实，则理性的精神境界也不免走向抽象与玄虚。[②] 马克思认为，感性与理性之间的矛盾最终只能在生产力和生产关系的发展中得到诠释和解决。因为倘若感性与理性彼此不容，原因只会在于原有的理性不再适应感性的发展，因此只能在建立新生产关系的基础之上确立新理性、发展新感性。[③] 换言之，感性与理性是在人类的社会实践之中获得统一的，由此，理性不是从外部来束缚与压制感性的发展，而是内生于感性之中，与感性的发展齐头并进、相辅相济。[④] 因此，感性主义审美教育与理性主义审美教育要你中有我、我中有你、势均力敌、彼此缠绕，从而形成一种和谐与平衡的态势。正如席勒的观点，美来自人的感性与理性本性的统一，只有使感性与理性相协调，才能确保人性的完整，而审美教育的目的就在于培养人们感性和精神力量的整体达到尽可能和谐。[⑤]

立足于当前现实的教育境况，未来和谐的智慧教育在以求美为旨趣的审美教育方面要重视激发人的创造力、培养人达到超脱境界。

第一，激发人的创造力。

未来智慧时代的最大特点是人更多地从事创新创造，人类走向

① 刘纲纪：《传统文化、哲学与美学》，227页，武汉，武汉大学出版社，2006。

② 杨国荣：《理性与价值——智慧的历程》，218页，上海，上海三联书店，1998。

③ 刘纲纪：《传统文化、哲学与美学》，228页，武汉，武汉大学出版社，2006。

④ 刘纲纪：《传统文化、哲学与美学》，230~231页，武汉，武汉大学出版社，2006。

⑤ ［德］席勒：《美育书简：德汉对照》，徐恒醇译，10~19页，北京，社会科学文献出版社，2016。

更大的创新创造。[①] 而且，创造力本身就是智慧生成的重要因素之一。为启迪智慧、生成智慧，未来和谐的智慧教育自然要致力于人的创造力、创新精神的培养。创造力（Creativity）又可称为创造性，源于拉丁文 creare。关于创造力的定义众说纷纭，至今未达成一致。笔者比较认同的定义为：创造力是运用一切已有的知识和信息产生出首创的、具有社会或个人价值的产品的综合能力，主要由相关专业知识技能、创造性思维和创造性个性倾向三大因素及其子因素有机综合构成。[②] 创造力是人的本质的最高体现。卡西尔指出，创造性是"一切人类活动的核心所在，它是人的最高力量，同时也标志了我们人类世界与自然界的天然分界线"[③]。人人都具有创造的潜力。关于这一点吉尔福特（J. P. Guilford）如是说："迄今人们获得的最有意义的认识之一是，创造力再也不必假设为仅限于少数天才，它潜在地分布在人口中间。"[④] 马克思指出："创造是一个很难从人民意识中排除的观念。"[⑤] 心理学家海纳特（Heinelt）也认为，每个人都具有创造能力，它们以不同的方式显示出来。[⑥] 这保证了激发和培养创造力的可能性。

尽管知识学习、逻辑思维训练可以促进人的创造力的发展，但审美教育对人的创造力的形成具有更为关键的作用，因为产生创造

① 陈琳、孙梦梦、刘雪飞：《智慧教育渊源论》，载《电化教育研究》，2017（2），15 页。

② 冉祥华：《美育与创造力》，49~54 页，郑州，河南人民出版社，2004。

③ ［德］卡西尔：《人论》，甘阳译，8 页，上海，上海译文出版社，1985。

④ 邵瑞珍：《教育心理学》，修订本，143 页，上海，上海教育出版社，1997。

⑤ ［德］马克思：《1844 年经济学哲学手稿》，中共中央马克思恩格斯列宁斯大林著作编译局编译，91 页，北京，人民出版社，2000。

⑥ ［德］海纳特：《创造力》，陈钢林译，1 页，北京，工人出版社，1986。

力的直觉、灵感、顿悟、想象等潜意识要素都是审美教育的重要范畴，都需要审美教育的唤醒与激发。潜意识与意识相对，是一种未被感觉到、未被意识到的各种各样心理活动之和。这一概念最早由笛卡尔提出；莱布尼茨（G. W. Leibniz）认为“微觉”几乎就是潜意识；赫尔巴特（J. F. Herbart）提出“意识阈”概念，意识阈下就是潜意识；歌德（J. W. Goethe）、费希特（J. G. Fichte）、谢林（F. W. Schelling）、黑格尔、尼采（F. W. Nietzsche）等人都刻意抬高潜意识的地位，重视其作用，并宣称潜意识普遍存在。后来心理学开始出现专门研究意识和潜意识的相关理论，如威廉·詹姆士（William James）“意识流”理论，弗洛伊德（Sigmund Freud）以性本能为主的潜意识理论，荣格（Carl Gustav Jung）提出的“集体潜意识”理论，弗洛姆的“社会潜意识”理论等。直觉、灵感、顿悟、想象等潜意识对创造力的形成具有重要作用。爱因斯坦（A. Einstein）对此指出，物理学家要得到基本定律并没有逻辑的道路，只有通过以对经验的共鸣的理解为依据的直觉，才能得到这些定律。[①] 不少心理学家如弗洛伊德、荣格、沃拉斯（Wallas）、马斯洛等都研究了潜意识和创造力之间的关系，力证潜意识在创造力形成过程中的关键性作用。马斯洛曾说：“灵感或巨大的（原发性）创造力部分地都来源于无意识。”[②] 毫无疑问，审美教育则是唤醒与解放人类潜意识、促进潜意识和意识相互协同进而激发人类创造力的最好方式。杜卫指出，审美和艺术是人类创造性发挥得最为充

---

① ［德］爱因斯坦：《爱因斯坦文集》，第 1 卷，许良英、范岱年译，102 页，北京，商务印书馆，1976。

② ［美］马斯洛：《自我实现的人》，许金声、刘锋译，314 页，北京，三联书店，1987。

分的领域；审美教育，特别是其中的艺术教育是开发和培养儿童青少年创造性的最佳教育形态。[①] 因为审美和艺术的本性就是自由创造，不仅在创造美和艺术的过程中需要自由创造，在欣赏美和艺术的过程中也同样需要自由创造，审美和艺术活动体现了个性化、想象的、自由的、愉悦的等创造性所具有的主要特征。通过各种形式、内容和途径的审美教育，可以丰富、强化和内化人的感性直观和理性直观，推动人的创造性思维的发展；还可以营造一个轻松、自由、和谐、舒适的生活氛围和审美心境，使身在其中的人的身心得以放松、融合、感应、平衡和共契，那么人的想象、直觉、灵感、顿悟等无意识创造潜能就能够自由挥洒和流淌跳跃。总之，通过审美教育，可以调节人的情绪情感和心理状态，可以培养人的艺术爱好和高雅情趣，可以坚定人的理想信念和个性品质，而这些都是创造性思维与创造性人格得以形成的必要条件。

但是，创造又是在传统基础之上的创造，因此在重视培养创造力的同时不可忘记对传统的学习与传承。一方面，强调创造并不意味着要丢掉传统、丢掉已有、丢掉借鉴，因为创造是在继承和学习传统的基础上进行的，传统是创造的底色，没有传统就没有创造，所有的创造经过历史的沉淀终将成为传统。马克思说过：“人们自己创造自己的历史，但是他们并不是随心所欲地创造，并不是在他们自己选定的条件下创造，而是在直接碰到的、既定的、从过去承继下来的条件下创造。”[②] 另一方面，创造又是对传统的修正与发展。蓝德曼（M. Landmann）指出：“尽管传统是保存的原则，但它

① 杜卫：《美育论》，第 2 版，98 页，北京，教育科学出版社，2014。

② ［德］马克思、恩格斯：《马克思恩格斯选集》，第 1 卷，中共中央马克思恩格斯列宁斯大林著作编译局编译，669 页，北京，人民出版社，2012。

是可选择的，因为它本身曾是被创造物，它由新的创造达到丰富和修正。”[①] 这表明，传统在产生之初也是作为创造而存在的，后来被新的创造所取代，但经过历史扬弃的新的创造又是对旧传统的丰富与发展。总之，创造与传统之间是相互融合、辩证统一、共生共荣的和谐关系。未来和谐的智慧教育既要鼓励学生开拓创造，又要提醒学生不忘传统，使两者步调一致、协调统一。

第二，培养人达到超脱境界。

审美具有超脱性，因为审美活动可以使人超脱俗世与现实的重负、纷扰、利害、物质以及欲望，获得一种积极、乐观、轻松、洒脱、愉快、自由、超然、宽容、豁达的心灵体验与精神境界。从一定意义上甚至可以认为，审美教育就是一种超脱教育。正如康德所说：“对于美的欣赏的愉快是唯一无利害关系的和自由的愉快；因为既没有官能方面的利害感，也没有理性方面的利害感来强迫我们去赞许。”[②] 所以审美教育可以培养人的超脱感，帮助学生达到一种超脱的审美境界，其作用是无法替代的。小原国芳指出：“为了防止贪婪而可怕的物质追求和利己态度，光靠道德和宗教的力量是不够的，绝对需要审美的态度。”[③]

那么，何谓超脱？首先，超脱是一种飘逸之美。道家哲学的核心是通过自由超脱的“逍遥游”而达到“天地与我并生，而万物与我为一”的“道”的最高境界。而这种自由超脱的“逍遥游”

① ［德］蓝德曼：《哲学人类学》，彭富春译，281~282页，北京，工人出版社，1988。

② ［德］康德：《判断力批判》，上，宗白华译，46页，北京，商务印书馆，1964。

③ ［日］小原国芳：《小原国芳教育论著选》，下卷，刘剑桥等译，285页，北京，人民教育出版社，1993。

在现实生活中表现为“飘逸”这一人生态度和审美意象。从这个意义上讲，超脱就是一种飘逸之美，即人挣脱现实生活中一切世俗、利害、喧嚣和逻辑因果关系的羁绊与束缚而使精神与心灵获得解放与自由。事实上，飘逸之美首先表现为一种雄浑阔大、惊心动魄的美感[①]，比如李白的诗句“大鹏一日同风起，扶摇直上九万里。假令风歇时下来，尤能簸却沧溟水”（《上李邕》）；其次表现为一种意气风发、放达不羁的美感，所谓“天生我材必有用，千金散尽还复来”“呼儿将出换美酒，与尔同销万古愁”（《将进酒》）是也。其次，超脱是一种空灵之美。禅宗也讲超脱，这种超脱不是摈弃生活、出世而入彼岸，而是在感性生命中领悟空寂本体、从动中领悟静、从有中领悟无、从有限领悟无限、从“一朝风月”领悟“万古长空”、[②]从当下领悟永恒，从而达到感性生命与空寂本体、动与静、有与无、有限与无限、“一朝风月”与“万古长空”、当下与永恒的统一与融合。这种超脱的意境就是一种诗意的空灵之美。空灵最重要的特点是静，因为生命主体摆脱了尘世的喧嚣纷扰，内心得以通透、澄澈、清静，成为一个静谧、幽远的意象世界。人们不再焦灼不安、诚惶诚恐或者斤斤计较，而是能够在生活世界中淡定自若、怡然自得、随遇而安、宁静致远。王维有诗曰“行到水穷处，坐看云起时”（《钟南别业》），苏轼的“此心安处是吾乡”（《定风波》）以及“空故纳万境”（《送参廖师》）正是对空灵澄澈这种恬淡人生态度与生活情趣的生动写照。再次，超脱是一种灵魂之美。人要超脱或超越自私、功利、渺小和平庸的自我，使自己的心灵净化与升华到崇高的爱的高度，这个高度就是圣洁的灵魂之美。

① 叶郎：《美学原理》，383 页，北京，北京大学出版社，2009。
② 叶郎：《美学原理》，388 页，北京，北京大学出版社，2009。

最后，超脱是一种人生境界。人生境界是人的生活态度、生活世界的内在化，体现了个体人生的意义和价值；中国古人称之为胸襟、胸怀、抱负、气象或格局，布尔迪厄（P. Bourdieu）称之为生存心态或生活风格。[①] 超脱的人生境界就是个体跳出自我与他人的对立，超越主观与客观的分裂，以开放的心胸、创造的激情、奉献的精神全身心地投入到天人合一的生活世界中去，从而获得一种洒脱、自由与解放的人生确证。

总之，超脱之境可以提升个体精神层次、放大个体人生格局，使人生收获生活的宁静与馨香。弗洛姆所说“重存在”的生存方式，马斯洛所说“自我实现的人”以及获得愉悦高峰体验的人所达到的境界就类似于我们这里所说的超脱之境。席勒高度赞扬了审美超脱给予人的伟大又坚定的力量：“只要人的内心点燃起烛光，身外就不再黑夜茫茫。只要人的内心平静，世界上的风暴就不再喧响，自然中斗争的力量也会平息在静止的边界上。”[②] 未来的智慧教育亟须重视陶养学生的超脱境界，达至以求美为旨趣的目标。

另一方面，审美也具有现实性，审美不可能凭空捏造，审美是以现实为基础的，正所谓“艺术来源于生活”，艺术要为生活服务。正是由于审美具有现实性，所以福柯（M. Foucault）提出了“生活美学”理论，认为人们的现实生活可以且应当是一件艺术品。伽达默尔（Hans-Georg Gadamer）在《美的现实性》一书中讨论了美的现实性即艺术的合理性问题，认为审美具有现实性，美的现实性问题就是艺术的合理性问题，审美和艺术要能够反映真理的存在、基

① 叶郎：《美学原理》，433~434页，北京，北京大学出版社，2009。

② ［德］席勒：《美育书简》，徐恒醇译，128页，北京，中国文联出版公司，1984。

于现实的规律。[1] 总之，"'超脱''清高'并不是'神仙'的态度……持这种态度的人并不是不吃、不喝，不是断绝七情六欲，不一定非出家当和尚才能体会那种境界"[2]，事实上，超脱并不意味着否定和排斥现实，相反，超脱与现实有着密切的关系。超脱是基于或含有现实基础之上的超脱，即它不限于或止于现实，也不被现实所羁绊或沦陷其中，而是跳出现实之外或站在现实之上对现实进行审视与观照，以获得一种超凡脱俗的体验。所以，两者是辩证统一的关系。未来和谐的智慧教育既要着力培养学生的超脱境界，又要教育学生立足于现实生活、脚踏实地，以使两者保持持续的和谐状态。

第四节　和谐智慧教育的可能之路

从游是通往未来和谐智慧教育的可能之路。从游作为一种典型的教育传统在我国有着悠久的历史。伴随着春秋战国时期"士"阶层的崛起，出现了最早的职业教师以及私学教育，而跟从教师从游就是这类私学教育中主要的教育模式。孔子堪称"从游"教育模式的最早创立者，他携带颜回、子贡、子路、冉有等众多弟子门徒周游列国、从游讲学，宛如一群小鱼跟从一条大鱼在水中自由嬉戏前行一般，是从游教育的最早实践者。于是，这种教育模式后来便被后人以各种形式传承下来，如汉初的叔孙通"从弟子百余人"(《汉书·叔孙通传》)。尤其是书院出现后，广泛把从游作为一种

---

① ［德］H. G. 伽达默尔：《美的现实性》，张志扬等译，20~25页，北京，生活·读书·新知三联书店，1991。

② 叶秀山：《美的哲学》，66~67页，北京，人民出版社，1991。

最重要的教育教学模式。比如宋代陆象山创建与主持象山书院时，“每诣城邑，环坐率二三百人，至不能容，徙寺观。县官为设讲席于学官，听者贵贱老少，溢塞途巷，从游之盛，未见有此”①。

孔子说过：“志于道，据于德，依于仁，游于艺。”（《论语·述而》）这可以看作孔子对从游教育的全面阐释。这表明，从游教育的目的在于使人悟道、立德、成仁。换言之，人只有通过从游教育模式悟道、立德、成仁即具有智慧之后，才能做到对生活和人生的游刃有余、随心所欲不逾矩。在此，从游不再只是一种教育理念或教育模式，更是一种生活方式、处世之道和人生姿态。即“春服既成，冠者五六人，童子六七人，浴乎沂，风乎舞雩，咏而归”（《论语·先进》）。庄子哲学中也频繁出现“游”字，而“逍遥”赋予了庄子哲学中的“游”以本质规定，这样一种放浪形骸、解脱自我以追求生命绝对自由的超脱境界正是庄子哲学的旨趣所在。

梅贻琦指出：“古者学子从师受业，谓之从游，孟子曰，‘游于圣人之门者难为言’，间尝思之，游之时义大矣哉。学校犹水也，师生犹鱼也，其行动犹游泳也，大鱼前导，小鱼尾随，是从游也，从游既久，其濡染观摩之效，自不求而至，不为而成。”② 教师为大鱼，学长为中鱼，同学和学习者自己为小鱼，在与教师、学长、同学请教、讨论、对话、切磋、研讨的过程中相互启发、解惑、熏陶、激发和成长，就像一棵树摇动另一棵树，一朵云推动另一朵云，一个灵魂唤醒另一个灵魂。这样的教育过程就像大鱼、中鱼和小鱼在水中自由、快乐地玩要、嬉戏和游泳一样。

其实，从游就是指通过学习者主动求学、教师言传身教及其人

① 陆九渊：《陆九渊集》，487 页，北京，中华书局，1980。

② 梅贻琦：《大学一解》，载《清华学报》，1941（1），4 页。

格魅力的积极引导，以及学长、同学与学习者之间互帮互助，使其在民主、融洽、平等、自由的师生互动关系和教育教学氛围中浸润、濡染、滋养和游学，以培养学生主动探究、亲身实践、独立思考、大胆创新的能力和精神。通过从游教育，不仅可以增长知识、应用知识、锻炼能力，还可以塑造健全人格、提升道德修养、陶冶情操情感、提升精神境界，即生成和陶养人的智慧。在从游模式中，学习者（小鱼）积极主动跟从，学长（中鱼）居中感染、协调、传导，教师（大鱼）以身示范引领着他们不断向前游走和成长。从游模式的目的和价值在于使学生在从游过程中探究真理、感德润心、修身悟道、怡情养性、提升境界、实践磨炼以便更好地生成智慧、传承智慧，实现观照生命、呵护心灵的智慧人生和幸福生活。在从游过程中存在着启发诱导、循序渐进、质疑诘难、亲身体验、自由想象、反思省察、因材施教、言传身教、教学相长、分享合作等美好的教育方式与方法，是把小鱼滋养为大鱼的一种自然而然的综合教育模式。从游扩展和延伸了实施教育的场域，使教育的发生不再局限于狭窄的教室一隅和有限的上课时间，操场上、草地上、田野里、山坡上和茶余饭后、闲谈聊天、起居坐卧的日常生活世界都成为从游教育的空间和时间场域。从这个意义上讲，从游是一种潜移默化、润物无声的全程育人和全面育人过程。

智慧教育的从游模式必然导致师生学习共同体的形成。在西方，共同体（Community）一词源于拉丁语“Communis”，即共同的关系与情感。1881 年，德国社会学家滕尼斯（F. J. Tonnies）最早把“共同体”的德文“Gemeinschaft”一词运用于社会学研究，表示任何基于合作关系的有机组织形式，强调人与人之间的紧密关系、共同的精神意识及对组织的归属感与认同感。[①] 师生学习共同体并不是任意一群人聚集在一起的松散集合，而是基于教师和学生共同的目标和兴趣自愿组织、自愿参加的，旨在通过合作对话、思维碰撞、资源共享、关怀互助、教学相长促进学生进步与成长的富有生命活力的有机组织。它区别于传统的行政命令式的、自上而下设计的组织，而是具有共同愿景的教师与学生自下而上地集结、凝聚在一起，以平等、自由、民主、合作的关系文化为灵魂，在全体成员共同参与的教育教学活动中相互启发、反思、学习、批判、分享、互助和成长，从而孕育和生成个人与集体智慧。师生学习共同体具有自愿性、共同愿景、合作分享、强的关系联结、归属感、认同感、容纳冲突和分歧、有机组织等特征。美国思想家艾伦·布卢姆（A. Bloom）指出了共同体生成智慧的逻辑："在所有自相矛盾的共同体幻影中，人类真正的共同体是那些寻求真理者、那些潜在的智者的共同体，也就是说，是全体渴望求知的共同体。人们不顾一切寻找的密切联系正是在这里建立起来的。"[②]

总之，从游将是实现未来和谐智慧教育的最好方式。因为从游能够培养人的智慧：它将对人的知识、道德、审美、实践方面的教育自然统一起来，符合了教育规律之真，体现了教育伦理之善，彰显了教育艺术之美，贯彻了教育实践之实，可以引导人的物质需要与精神需要和谐共生。

---

① 胡鸿保、姜振华：《从"社区"的词语历程看一个社会学概念内涵的演化》，载《学术论坛》，2002（5），123~126页。

② ［美］艾伦·布卢姆：《美国精神的封闭》，战旭英译，330页，南京，译林出版社，2007。

第五节　和谐智慧教育的保障条件

一、充足的闲暇

古希腊哲学家柏拉图说过，闲暇是具有智慧和美德的重要条件，因为没有闲暇的人也就难以接受良好的教育、培养自己的智慧与美德。① 古希腊哲学家亚里士多德指出："数学之所以产生在埃及，就是因为埃及的祭司有闲暇。"② 这意味着，闲暇出智慧。亚里士多德还将人类的全部生活划分为劳作与闲暇两大部分，并明确指出人类劳作的目的在于获致闲暇，闲暇是全部人生的唯一本原③。然而，只有在物质条件丰裕的前提下，在人得到了基本生活必需品、摆脱了物质需要的纷扰、拥有中等财富之后才可以拥有闲暇，闲暇出智慧才能成为现实。换言之，只有当人们不再为衣食住行等物质方面问题而担忧时，闲暇才会出现。近年来，随着生产力的快速发展，我国人民的物质生活水平大力提升，已经满足了人民基本的物质生活需要，随之人们已经开始拥有越来越多的闲暇。尤其是进入人工智能 1.0 时代以来，由于人工智能技术在社会生活各领域内的广泛运用，使得人类的生产生活效率大大提高，在最大程度上

① 李明德：《西方教育思想史：人文主义教育之演进》，59 页，北京，人民教育出版社，2008。

② ［古希腊］亚里士多德：《形而上学》，吴寿彭译，33、3 页，北京，商务印书馆，1981。

③ 苗力田主编：《亚里士多德全集》，第九卷，273 页，北京，中国人民大学出版社，1994。

节约了人力和物力资源。这不仅为人类创造了更多的经济财富、提供了更加优越的物质生活条件，而且使人类从低级、重复和繁杂的生产劳动和物理计算中解脱出来，人类在身体和心理上拥有了更多的闲暇，可以投身更加高级的实践活动，生成更多的智慧。

闲暇出智慧，闲暇成为智慧教育得以实现的保障条件。这要求学校在教育教学活动中减轻“包袱”、放慢节奏，释放教师和学生的焦虑与压力，给教师和学生提供尽可能多的、必要的闲暇时间和空间，引导他们做自己想做的事，使他们的身体和心灵都得以闲暇，过上一种美好的闲暇生活。就像古希腊时期斯巴达的教育，当停战和平时期，斯巴达人便不会过和平生活，不会经营自己的闲暇时间，因为他们习惯了常年征战、训练、奴役和忙碌的生活，他们俨然成了战争与忙碌的机器，一旦停下来，便无所适从，统治开始分崩离析，人民开始颓废与堕落。这像极了近现代以来我们的教育。必须牢记，学校教育的目的在于启迪学生的智慧，而智慧存在于人与自然、人与社会、人与自我的关系之中。学校应该成为一个悠闲的地方，悠闲意味着看清关系的本质与结构并建立正确的关系，意味着内心对感官享乐、无聊问题和得失计较的释放，意味着拥有心情与时间观察、倾听和品味内心与外界的人、事、物，意味着平常之心、恬淡之心和自由之心。人只有处于这般状态之中，才能用心学习，才能在主客之间形成奥地利哲学家马丁·布伯（M. Buber）所谓“我与你”的真诚相遇关系，才能生成智慧。

总之，在未来的人工智能时代，人类将由于科技的发展而从各种劳动中解放出来，人类将不再为物质生计而忙碌，人类将拥有更多的闲暇。因此，和谐的智慧教育正当其时。面对这种生活方式的转变，人类必须学会如何经营好自己的闲暇生活以应对未来的各种挑战。我们要实施和谐的智慧教育，要在教育教学中给予教师和学生更多的闲暇，引导他们过好闲暇生活，生成更多的智慧，使学生成为智慧人，品味智慧人生，实现美好生活。

二、文化土壤的孕育

文化是智慧生长的土壤，也是智慧的催化剂，更是智慧教育的重要条件。① 文化弥漫于人类社会生活的各个领域，特别是在教育领域更为明显。斯金纳认为："很长时间以来，闲暇都与艺术、文学和科学的生产力有关。一个人必定在闲暇的时候才会从事这些活动，而只有一个相当富足的社会才能广泛地支持这些活动。但闲暇本身并不一定会产生艺术、文学或科学，产生这些需要特殊的文化条件。"② 这意味着，闲暇并不必然产生智慧，闲暇只是智慧生成的前提条件，但不是必要条件。智慧的生成还需要其所处文化土壤的孕育，同样智慧教育也不可能脱离于特定的文化土壤而独自存在。

在英国人类学家泰勒（E. B. Tylor）看来，文化包括信仰、道德、知识、习俗、法律、艺术及各个社会成员所具备的能力的复合体。这一定义用列举的方式总括了文化这一集合体的多种构成要素。美国学者凯利（W. H. Kelly）和克拉克洪（C. Kluckhonh）认为文化是具有群体共享性的历史上创造的显性或隐性的生存式样系

---

① 成尚荣：《智慧教育：教育的智慧选择》，见吴国平主编：《教师人文智慧》，12页，上海，上海辞书出版社，2011。

② ［美］B. F. 斯金纳：《超越自由与尊严》，方红译，192页，北京，中国人民大学出版社，2018。

统。[①] 这一定义的创新之处在于区分了文化因素的显性与隐性成分。文化的隐性因素包括思维方式、价值观、情感态度等，它们具有内在的精神力量但不必然具有外显形式，然而却深刻影响着文化外显因素的呈现方式，隐性因素与显性因素具有紧密的内在联系。费孝通认为，所谓文化，是指一个团体为了位育处境所制下的一套生活方式。[②] 费孝通于1997年明确提出了"文化自觉"这一重要命题，世界上任何一个民族如果缺乏文化自觉则难以形成强有力的民族共同体精神，文化自觉是民族共同体精神的内核，这一命题对当前乃至未来中华民族的发展仍至关重要。[③] 文化是一个非常复杂的概念，可以包括文化传递、文化运行和文化创新三个方面：文化传递有两种实现方式，一是教育青少年学习各种知识、价值、规范等文化，二是通过大众传媒向社会成员传播各种信息、资讯、思想、观念、生活方式等文化；文化运行是指作为文化发展主体的人的外在与内在文化要素的流变与积淀，外在要素表现为风俗民情、生活方式的变化，内在要素表现为人的社会心态、思维方式与价值取向的变化；文化创新是指科学技术的不断发展与文学艺术的持续繁荣。[④] 总之，文化涵盖人的社会心理、思想意识、观念行为、认知方式、伦理道德规范、思维模式、审美情趣、生活态度、生活方式等方面，是人类的全部精神活动及其产品。

---

① 庄锡昌、顾晓鸣等编：《多维视野中的文化理论》，119页，杭州，浙江人民出版社，1987。

② 费孝通：《乡土中国·生育制度·乡土重建》，339页，北京，商务印书馆，2015。

③ 费孝通：《文化与文化自觉》，214页，北京，群言出版社，2010。

④ 叶南客：《边际人——大过渡时代的转型人格》，97～101页，上海，上海人民出版社，1996。

人是文化性动物，这是人和其他动物的重要区别所在，因而智慧教育也必然具有文化属性。人必须通过教育才能成人，成为一个真正意义上的人、一个具有文化属性的人，因为“教育即文化与人的互动”①。教育的过程就是人与文化之间从生命伊始历经相遇、调试、参与以及融合的交往过程，是与千百年来人类智慧和精神财富的不断对话，是一种不知不觉的化育过程，这一过程赋予了个体以超越个人及家庭局限的文化资本。同时，人具有创造并使用符号系统的能力，符号是文化的具体表现形式之一，人是符号动物、文化动物，人类任一符号系统也具有特定的社会文化属性。教育并非对文化的简单移植，人也并非对文化简单地被动接受，而是挖掘其深层次的价值和意义，探寻文化传统的精神内核，使教育具有真正意义上的文化属性，通过文化滋养培育个体生命的内生力量。

习近平总书记在党的十九大报告中指出：“文化是一个国家、一个民族的灵魂。文化兴国运兴，文化强民族强。”习近平总书记在全国宣传思想工作会议中提出的“举旗帜、聚民心、育新人、兴文化、展形象”的思想，不仅是新形势下宣传思想工作的重要任务，而且是新时代教育工作的历史使命。习近平在全国高校思想政治工作会议上指出，加强高校思想政治工作，要更加注重以文化人、以文育人，增强师生文化自信、实现文化自觉。教育在文化建设中具有重要使命。文化能为人民提供坚强的思想保证、强大的精神力量、丰润的道德滋养，必须不断加强文化建设。中华民族有着令世界瞩目的灿若星河的悠久历史文化传统，中华民族文化颇具顽强生命力的根脉一直延续至今。教育事业是文化建设的主阵地，文

① 周作宇：《教育：文化与人的互动》，载《清华大学教育研究》，1999（4），26~31页。

化传承与建设是教育义不容辞的责任。

和谐的智慧教育只有在中华民族文化土壤的孕育下才能够得以发展。智慧教育的内容来源于文化土壤，自个体的启蒙教育开始至高等教育乃至终身教育，文化滋养贯穿于个体生命的全过程，如“孔融让梨”“孟母三迁”、《三字经》《弟子规》、唐诗宋词、四大名著、经史子集等教育素材，这些文化养料由外而内不断化育个体生命。任何个体都成长于特定文化土壤的环境中，就像一颗种子破土而出，在文化的孕育中不断寻根溯源、汲取养分、陶冶品格、生成智慧，形成个体独特的文化气质。个体的内在生命和外部文化土壤之间也在不断互动，智慧教育在其中起到了桥梁的作用，最终实现两者之间畅通无阻的文化交流。没有文化自觉的教育是无根的教育，实现文化自觉的教育才是有智慧的、有坚实文化基础的教育。同样文化的传承与发展也需要具有鲜活生命力的个体与群体作为主体共同参与。文化自觉与智慧教育相辅相成、相得益彰。未来和谐的智慧教育要明了中华民族文化的特质，赋予教育以中华民族文化的本真色彩，一代代教育人薪火相传，自觉树立起中国文化的自我意识。总之，实现和谐的智慧教育离不开中华民族文化土壤的孕育，中华民族文化的繁荣与发展也离不开和谐智慧教育的推进。

三、自由的生命律动

如果说充足的闲暇和文化土壤的孕育两者都是实现和谐智慧教育的外在条件，那么，自由的生命律动则是和谐智慧教育得以实现的主体内在条件。亚里士多德指出，自由包括身体自由和思想自由，缺一不可。自由的生命律动是教育者与受教育者身心健康的反映，是其生命活力的缤纷呈现，“人类的自由，就在于达到真、善、美的统一”①。自由的生命律动是个体得以自我实现、彰显生命本真意义的必要前提，和谐的智慧教育使生命获得存在的本真意义，促进人的全面发展。

什么是自由？人类历史是一个不断探索并追求自由的漫长历程。生而有涯，芸芸众生都不免一死，则自由之于人生几十年的跨度而言弥足珍贵。在马克思看来，人类的实践活动本身就是自由的，人的活动本质上是自由自觉的活动，活动契合人的内在尺度，人只有通过实践才能达致自由之境，艺术活动更是自由的典范。在康德的哲学体系中，自由这一概念包括三个层次，即先验的自由、实践的自由以及自由感②。根据马斯洛的需要层次理论，追求自由是人的天性，人有追求更高水平自由的需要，第五层次“自我实现”需求的满足能够使人获得真正的自由，充分享受到自在自为的高峰体验。在孔子看来，自由即在理想人格的引领下“从心所欲不逾矩”。在道家看来，人世间的自然状态是最为美好的，人为干扰则会损害原初的美好，自由在于以生之有限体悟道之无限，即“天地与我并生，而万物与我为一”（《庄子·齐物论》）的返璞归真的逍遥境界。综上所述，自由是个体在实践活动中所展现出来的真善美相统一的自在自为的身心状态。自由需要个体将生命真情地投身于生活中，绝不是欲望的满足或短暂的快乐，而是在生活实践中满怀热爱、获取智慧、获得生命的意义。

马克思与恩格斯认为，劳动实践活动这一生存方式是人类生命

① 冯契：《人的自由和真善美》，增订本，1页，上海，华东师范大学出版社，2015。

② 邓晓芒：《康德自由概念的三个层次》，载《复旦学报》（社会科学版），2004（2），24~30页。

区别于动物生命之处，生命在实践中不断与周遭世界互动。人的生命在积极参与社会实践活动的过程中内涵得以不断丰富、境界得以不断提升。生命的价值和意义在于付出，真情付出是幸福的，付之于劳动、交往、助人、欣赏等实践，而非孤芳自赏、顾影自怜，因为“如果一个人的生活是有意义的，他必定热爱一些人和事情超过爱自己”①。生命自觉是指个体觉知自我的生命状态，其人生目标、人生理想及人格理想等逐渐确立，随着人生阅历的增长对生命意义有了清晰的认识。生命自觉不是与生俱来的，它需要自由的生命律动来促成。自由的生命律动是对现实日常习惯、社会规范等规定性的超越，它摆脱强加于心灵的限定、束缚与要求，以追求生命意义为导向彰显生命的本真色彩。自由的生命律动能够促进个体生命意识的不断觉醒。

自由的生命律动是最大程度实现生命根本特性的必然要求，是实现美好生活的必然要求，体现了生命的自主性和能动性。生命律动经过人生不同阶段的历练会越发自由、纯粹，越发具有力量。和谐的智慧教育是生命与生命之间真情的对话、沟通与交往，贯穿于人的一生，人的生命具有实践属性。“教育是点化人之生命的实践活动，教育是基于生命、直面生命、为了生命、通过生命所进行的人类生命事业。”②“现代哲学揭示的生命的根本特性大致包括生命的有限性、生命的无限可能性及独特性和生命的超越性。”③和谐的智慧教育要遵循生命的根本特性，尊重生命的无限可能，热爱生命的美好，并以之为依据促进自由生命律动的实现。

---

① 赵汀阳：《论可能生活》，261页，北京，中国人民大学出版社，2016。

② 叶澜：《回归突破：“生命·实践”教育学论纲》，237页，上海，华东师范大学出版社，2015。

③ 程红艳：《教育的起点是人的生命》，载《现代教育论丛》，2003（5），1~6页。

和谐的智慧教育必须从人的生命角度出发，呵护好生命与生俱来的靓丽色彩，以促进个体与集体自由的生命律动为旨趣，在教育中凸显生命的价值和意义，才能关照教育者与学习者生命旋律的相互应和，谱写出生命绽放的美妙乐章。自由的生命律动能够使人“舒展自己的生命，体验自己的生存状态，享受生命的快乐和生活的乐趣”[①]。和谐的智慧教育并非对生命进行限定和要求，而是要静心聆听生命的呼吸，不去打扰、不去强制、不去束缚、不去阉割，辅之以兴趣、勇敢、勤劳、正直、友谊、欢乐和关心等养料，使人突破欲望及自我中心的局限，悉心呵护生命之花的绽放，提升个体与集体的生命质量。自由的生命律动能够使和谐的智慧教育建构起爱的关系、信任的关系，无爱不教育，生机勃勃的生命诚然可贵，这种爱与信任的关系源自对活泼生命的尊重与热爱。和谐的智慧教育能够在自由的生命律动中促进个体生命的健康发展，消解个体生命内在与外在的紧张关系，实现身体与心灵、生命与环境、自我与他者的和谐共生，将生命的意义推向更高更远处。

---

① 刘济良、王定功：《关注生命——生命教育的多维审视》，157 页，北京，中国社会科学出版社，2017。

第六章　结　语

第一节　主要内容与结论

本书坚持马克思主义唯物史观，以马克思主义人学理论和马克思主义唯物辩证法理论为理论基础，立足于以人为本，从“大历史”的视野对我国智慧教育在各个历史阶段的发展演变与未来趋向进行了较为系统和深入的理论思考。

从历史角度讲，智慧伴随着人类实践的诞生而诞生、人类实践的发展而发展，科技发明、制度变革、文化创新等都是人类智慧的结晶。可以说，整个人类的发展史就是人类不断生成智慧并运用智慧的历史。因此，智慧是一个历时性的概念，它随着人类历史的变迁而发展，在不同的发展阶段必然呈现出不同的发展样态与阶段特征。同理，智慧教育也是一个历时性的概念，它随着人类智慧的发展而发展，并在不同的发展阶段呈现出不同的发展样态与阶段特征。这意味着，智慧教育一直存在，但有时知识教育的膨胀往往遮蔽了智慧教育的显现，因此，我们需要智慧教育自觉。

本书在梳理与吸收古今中外关于智慧的思想源流基础之上，批判性地继承和发展了冯契的“智慧学说”，并从马克思主义人学理论出发进行综合分析，形成了“智慧”的概念界定：智慧是人基于个体的需要，在自然、社会和人本身三个领域内达到真、善、美相统一的实践活动。这一定义包括了智慧的内涵与外延或者说智慧的本质属性与类型划分两个方面。首先，智慧具有三个方面的本质属性：即智慧是从人的需要出发的；智慧蕴含着真、善、美三个构成要素，三者缺一不可；智慧是一种主客统一的实践活动。总之，智慧观照人的整个生活世界，与人的物质生活和精神生活具有内在的关联性和统一性。其次，根据马克思主义人学理论，从关系角度讲，人的智慧应表现在人与自然的关系、人与他人的关系以及人与自身的关系之中，这三种关系构成了人的生活世界的整体。因此，可以把智慧划分为人与自然相处的智慧、人与他人相处的智慧以及人与自己相处的智慧三种类型。

根据智慧的概念界定，结合马克思主义人学理论，智慧教育的概念是教育者从人的需要出发，通过启迪与影响受教育者，使其能够在自然、社会和人本身三个领域中求真、求善、求美，从而培养人的智慧，致力于实现人的自由而全面发展的实践活动。这一概念表明：第一，智慧教育是从人的需要出发、以人为本的。第二，受教育者要在自然、社会和人本身三个领域中求真、求善、求美，自然、社会和人本身三个领域是受教育者要学习的范围，求真、求善、求美是促进受教育者的智慧发展的手段和途径。那么，以求真为旨趣的知识教育、以求善为旨趣的道德教育和以求美为旨趣的审美教育便构成智慧教育的内容。第三，智慧教育的目标在于培养人的智慧，即达到真善美的统一状态，致力于实现人的自由而全面发展，这是智慧教育的发展定位、根本旨趣和价值取向所在。从构成内容上讲，首先，智慧教育需要以求真为旨趣的知识教育促进学生智力的开发、知识的增长、技能和逻辑思维能力的发展，以便学生能够洞明自然、社会和人生的本质和规律，对自然、社会与人生形成正确的认知、思想与观念。其次，智慧教育需要以求善为旨趣的道德教育使学生遵守一定社会的行为准则和道德规范，向往和追求利他性的观念、情感、意志和行为习惯，养成良好的道德品质，从而为智慧教育提供目的导向与价值引领。再次，智慧教育还需要以求美为旨趣的审美教育帮助学生鉴别美丑，调节情绪、情感，激发灵感与顿悟以发展创造力，生成自由、愉快、超脱等高峰体验，从而提升学生的整体生命境界。

根据马克思主义唯物辩证法理论，以马克思主义人学理论中人的需要为逻辑主线，通过深入分析与透视古代学校、家庭和社会中智慧教育的诸多典型案例，包括孔子私学中的智慧教育、孟子私学中的智慧教育、荀子私学中的智慧教育、书院中的智慧教育、蒙学中的智慧教育、颜之推《颜氏家训》中的智慧教育、司马光《家范》中的智慧教育、袁采《袁氏世范》中的智慧教育、乡约教化中的智慧教育、乡贤教化中的智慧教育和社学教化中的智慧教育，笔者归纳出我国古代的智慧教育较为重视人文社会知识的传授、道义论的道德价值取向和美善合一的理性审美，其主要目标在于满足与丰富人的精神需要、塑造与升扬人的精神境界，闪耀着人文荟萃、明德惟馨和至善至美的智慧光芒，对人文社会、思想文化和人类精神文明的发展具有积极作用。从深层根源上讲，古代智慧教育的形成主要是由于传统小农经济制约下的匮乏经济、官僚政体下的专制政治统治以及儒家文化主导下形成的社会文化心理三个方面的原因所造成的。古代的智慧教育充满了浓郁的人文精神，但也在实践中面临着道德要求过于理想化、压抑人的个性自由与创造性的问题。

通过深入分析与透视近现代学校、家庭和社会中智慧教育的诸多典型案例，包括民国初北京大学中的智慧教育、中华职业学校中的智慧教育、晓庄师范中的智慧教育、梁启超家书中的智慧教育、傅雷家书中的智慧教育、“五四”新文化运动时期的智慧教育和“科教兴国”战略中的智慧教育，笔者归纳出我国近现代的智慧教育顺应时代的迫切需要和发展趋势，承担起了救国救民的责任，更加注重人民生计和职业能力的培养、利国利民的科学技术与实业教育的发展、爱国主义和服务社会等道德情操的培养以提高生产效率、增长国民经济、促进社会进步、改善人民生活、实现富民强国、最大限度地满足人们的物质生活需要。简言之，我国近现代的智慧教育更加关心国计民生、富民强国，更加注重人的物质需要的满足，闪耀着求真务实、为国为民、联系生活实践的智慧光芒。从深层根源上讲，近现代智慧教育的形成是由于近现代商品经济体制下经济的蓬勃发展、科学技术的社会应用以及以工具理性和个人权利为中心的多元文化三个方面的原因所造成的。近现代的智慧教育倡导科学精神是其闪光点，但也要避免走向标准化、机械化和极端功利主义的极端化倾向。

展望未来，在对马克思主义否定之否定规律和马克思主义人的自由而全面发展理论的认识的基础之上，笔者提出，未来的智慧教育将走向引导人的物质需要与精神需要和谐发展的智慧教育，即和谐的智慧教育。和谐的智慧教育既要培养人的实践技能与生存能力，又要致力于人的精神成长与境界提升；既强调人生的物质性与现实性，又重视生命的精神性与价值性；既要满足与丰富人的物质需要，又要满足与提升人的精神需要，从而使人在天地间更好地安身立命，促进人的自由而全面发展的实现。具体来讲，未来和谐智慧教育的目的在于启迪人的智慧，培养未来的智慧人。和谐的智慧教育由三个相互关联的内容构成：在以求真为旨趣的知识教育上，要引导自然科技知识教育与人文社会知识教育和谐共生，重视对人的认识自己的能力与实践能力的培养；在以求善为旨趣的道德教育上，要引导功利论道德教育与道义论道德教育和谐共生，重视对人的自我独立性与他者依存性的培养；在以求美为旨趣的审美教育上，要引导感性审美教育与理性审美教育和谐共生，重视对人的创造力的激发与超脱境界的培养。从游符合了教育规律之真、体现了教育伦理之善、彰显了教育艺术之美、贯彻了教育实践之实，可以引导人的物质需要与精神需要和谐共生，是未来和谐智慧教育的可能之路。要实现和谐的智慧教育，还需要充足的闲暇、文化土壤的孕育和自由的生命律动作为保障条件。

总之，古代的智慧教育关注人的道德修养、人文情怀，强调人的精神需要的满足；近现代的智慧教育更加关心国计民生、富民强国，注重人的物质需要的满足；未来将走向引导人的物质需要与精神需要和谐共生的智慧教育，这是历史发展的必然，更是智慧教育发展的历史规律与演变逻辑。

第二节　研究反思与展望

在对智慧教育的回溯与追寻中，充满了各种相遇、惊奇、欣喜与灵动，也许这就是本研究自身的魅力所在。

本书坚持马克思主义唯物史观，以马克思主义人学理论和马克思主义唯物辩证法理论为理论基础，从“大历史”的视野对我国智慧教育的历史发展与未来展望进行了较为系统和深入的理论思考。智慧是人所特有的，成为有智慧的人，过一种有智慧的生活，是人类的永恒价值所在，是最大限度实现人生价值的必需。智慧使人与世界真正地建立起关系，人通过智慧不断地把握人生的意义，把自己投入到无限可能性中去。智慧教育是人的教育的根本存在方式，要追求教育的智慧性存在。智慧教育要启迪与发展人的智慧，培养智慧人，智慧使人与教育建立起真正的关系，使师生浸润其中，过一种有智慧的教育生活，从而成就智慧人生、拥有美好生活。此即智慧教育与存在相统一。海德格尔指出，人们通常认为“存在”（Sein）是“最普遍的”、不可定义的和自明的概念，但是“存在的不可定义性并不取消存在的意义问题，它倒是要我们正视这个问题”[①]，于是，海德格尔开始了对存在的意义问题的探索。在他看来，只有作为人的存在的“此在”或“亲在”（Dasein）才能询问存在的意义，因此理解“存在”的关键在于理解“此在”。此在是一种存在者，从存在者层次上来看，此在在它的存在中与这个存在本身发生交涉，对存在的领会本身就是此在的存在的规定，它在存在论层次上存在。[②] 这种对智慧教育存在的寻求，是此在对“常人”、平庸和日常“沉沦”的反抗，是此在的本真性的生存，即

① ［德］海德格尔：《存在与时间》，陈嘉映、王庆节译，5 页，北京，生活·读书·新知三联书店，2014。

② ［德］海德格尔：《存在与时间》，陈嘉映、王庆节译，14 页，北京，生活·读书·新知三联书店，2014。

“正视‘烦’之生存结构，在‘向死之存在’中唤起‘良知’，从而自觉地为‘自由’而进行‘决断’”①，而这也是真正领会了存在的意义。本书在对我国智慧教育的历史发展过程与未来走向进行宏观上、总体上的理论研究过程中，也逐渐确证了智慧教育与存在相互融合、不断发展的意义。智慧教育的发展是一个持续不断的螺旋上升过程，永无止境，因为人的物质需要与精神需要始终处于不断的博弈过程之中，那么智慧教育也将处于持续的动态发展过程之中，不断经历“肯定—否定—否定之否定”的发展阶段。

智慧教育的历史发展与未来展望是一个复杂的、难度很高的研究问题，对它的研究涉及哲学、心理学、宗教学、社会学、文化学、历史学和教育学等领域的众多思想理论，相关著作和文献艰深繁杂，理解研究者们的思想需要深厚的理论功底与较强的逻辑思维能力，这一点还需进一步加强。从理论上探讨智慧教育在历史发展演变过程中重要的理论问题，需要在深度与广度上进行深化与扩展。比如说，从世界范围内看，智慧教育的历史发展要对全世界各个国家的智慧教育历史发展与演变历程进行系统考察与深入研究。由于各个国家智慧教育的历史发展过程都受其特定政治、经济、文化、科技等因素的影响与制约，各有其特殊性与特色，且内容庞大，无法一概而论，很难全部在本书中一一呈现，因此对其他国家智慧教育历史发展演变过程的理论研究将留待后续研究进行。具体而言，可以选定某一国家的智慧教育历史发展进行理论研究，然后探讨对我国的借鉴之处；也可以选定智慧教育诸多理论问题中的一个在不同国家之间进行比较研究；还可以从中微观层面进行更为细

① 俞吾金：《存在、自然存在和社会存在——海德格尔、卢卡奇和马克思本体论思想的比较研究》，载《中国社会科学》，2001（2），56页。

致和深入的智慧教育史论专题研究，如朝代研究、学段研究、历史人物思想研究等，对这些中微观层面的内容进行专门的、深入的理论研究与史学探讨将会进一步丰富对智慧教育相关理论问题的认识。凡此种种值得穷极一生去不断探索。

参考文献

一、外文文献

［1］ Bluck S，Glück J. Making Things Better and Learning a Lesson："Wisdom of Experience" Narratives across the Lifespan. Journal of Personality，2004（72）.

［2］ Bluck S.，Glück J. From the inside out：People's Implicit Theories of Wisdom，in A Handbook of Wisdom：Psychological Perspectives. edited by Robert J. Sternberg & Jennifer Jordan. New York：Cambridge University Press，2005.

［3］ Clayton V. P.，Birren J. The development of wisdom across the life span：A reexamination of an ancient topic. Life—span Development and Behavior，1980（3）.

［4］ Clayton V A. Multidimensional Scaling Analysis of the Concept of Wisdom. USA：University of Southern California，1976.

［5］ Erikson E H. Identity and Life Cycle. New York：International University Press，1959.

[6] Erikson E H. The life cycle ompleted. New York: W. W. Norton, 1997.

[7] Glück J, Bluck S. Laypeople's conceptions of wisdom and its development: Cognitive and integrative views. The Journals of Geron-tology Series B: Psychological Sciences and Social Sciences, 2011, 66 (3).

[8] Hershey D A, Farrell A H. Perceptions of wisdom associated with selected occupations and personality Characteristics. Current Psychology: Developmental, Learning, Personality, Social, 1997 (16).

[9] Hira F., Faulkender P. Perceiving wisdom: Do age and gender play a part? International Journal of Aging and Human Development, 1997 (44).

[10] Hoare C H. Erikson on Development: New Insights from the Unpublished Papers. New York: Oxford University Press, 2002.

[11] Holliday S G, Chandler M J. Wisdom: Explorations in adult competence. New York: Karger, 1986.

[12] James E. Birren, Laurel M. Fisher. The Elements of wisdom: Overview and integration, in Wisdom: Its Nature, Origins, and Development. edited by Robert J. Sternberg. New York: Cambridge University Press, 1990.

[13] James E. Birren, Cheryl M. Svensson. Wisdom in History, in A Handbook of Wisdom: Psychological Perspectives. edited by Robert J. Sternberg & Jennifer Jordan. New York: Cambridge University Press, 2005.

[14] Jason L. A., Reichler A., King C., Madsen D., Camacho J., Marchese W.. The measurement of wisdom: A preliminary effort. Journal of

Community Psychology, 2001 (29) .

[15] Jason L A, Reichler A, King C, et al. The measurement of wisdom: A preliminary effort. Journal of Community Psychology, 2001 (29) .

[16] Jason L. A. Reichler A. King C. Madsen D. Camacho J. Marchese W. . The measurement of wisdom: A preliminary effort. Journal of Community Psychology, 2001 (29) .

[17] Jeffery Dean Webster. An Exploratory Analysis of a Self-Assessed Wisdom Scale. Journal of Adult Development, 2003 (1) .

[18] Katherine J. Bangen, Ph. D. , Thomas W. Meeks, M. D. , and Dilip V. Jeste, M. D. Defining and Assessing Wisdom: A Review of the Literature. Am J Geriatr Psychiatry, 2013, 21 (12) .

[19] Knight A, Parr W. Age as a factor in judgments of wisdom and creativity. New Zealand Journal of Psychology, 1999, 28 (1) .

[20] Levitt H M. The development of wisdom: An analysis of Tibetan Buddhist experience. Journal of Humanistic Psychology, 1999, 39 (2) .

[21] Lisa M. Osbeck and Daniel N. Robinson. Philosophical theories of wisdom, in A Handbook of Wisdom: Psychological Perspectives. edited by Robert J. Sternberg & Jennifer Jordan. New York: Cambridge University Press, 2005.

[22] MihalyI Csikszentmihalyi, Jeanne Nakamura. The Role of Emotions in the Development of Wisdom. Applications of Flow in Human Development and Education , 2014 (9) .

[23] Monika Ardelt. Empirical Assessment of a Three-Dimensional Wisdom Scale. Research on Aging, 2003, 25 (3) .

[24] Paul Wink, Ravenna Helson. Practical and transcendent wisdom: Their nature and some longitudinal findings. Journal of Adult Development, 1997 (4).

[25] Paul B. Baltes, Ursula Staudinger. Wisdom: A metaheuristic pragmatic to orchestrate mind and virtue toward excellence. American Psychologist, 2000, 55 (1).

[26] Paul B. Baltes and Jacqui Smith. The Fascination of Wisdom: Its Nature, Ontogeny, and Function. Perspectives on Psychological Science, 2008, 3 (1).

[27] Paulhus D. L., Wehr P. Harms P. D. Stausser D. I.. Use of exemplar surveys to reveal implicit types of intelligence. Personality and Social Psychology Bulletin, 2002 (28).

[28] Patrick Mckee, Clifton Barber. On defining wisdom. The International Journal of Aging and Human Development, 1999 (2).

[29] Perlmutter M. Adams C. Nyquist L. Kaplan C. Beliefs about wisdom. Journal of Community Psychology, 1988 (10).

[30] Robert. J. Sternberg. A systems model of leadership: WICS. American Psychologist, 2007, 62 (1).

[31] Richard Hawley Trowbridge. The Scientific Approach of Wisdom [EB/OL]. [2018-5-6]. http://www.wisdompage.com/The scientific Approach to wisdom.doc.

[32] Riegel K. F. The development of dialectical operations. Human Development, 1975 (18).

[33] Robert. J. Sternberg. A balance theory of wisdom. Review of General Psychology, 1998, 2 (4).

[34] Robert. J. Sternberg. Human intelligence: The model is the message. Science, 1998, 230 (4730) .

[35] Robert. J. Sternberg. Implicit theories of intelligence, creativity, and wisdom. Journal of Personality and Social Psychology, 1985 (49) .

[36] Robert J. Sternberg. Words to the wise about wisdom? A commentary on Ardelt's critique of Baltes. Human Development, 2004 (47) .

[37] Robert J. Sternberg. Wisdom and Education. Gifted Education International, 2003, 17 (3) .

[38] Robins. Wisdom Therapy Institute, Introduction. Journal of Psychology Research, 2007 (2) .

[39] Stange A, Kunzmann U, Baltes P. B. Perceived wisdom : The interplay of age, wisdom - related knowledge , and social behavior. Posterpresented at the Annual Convention of the American Psychological Association, Toronto, Canada, 2003.

[40] Staudinger U M & Maciel A G & Smith J & Baltes P B. What predicts wisdom-related performance? A first look at personality intelligence and facilitative experiential contexts. European Journal of Personality, 1998, 12 (1) .

[41] Sternberg R J. Implicit theories of intelligence, creativity, and wisdom. Journal of Personality and Social Psychology, 1985 (49) .

[42] Takayama M. The Concept of Wisdom and Wise People in Japan. Japan: Tokyo University, 2002.

[43] Thao N Le, Michael R. Levenson. Wisdom as self-transcendence: What's love (& individualism) got to do with it? . Journal of Research in Personality, 2005 (4) .

[44] Thao N Le. Life satisfaction, openness value, self-transcendence and wisdom. Journal of Happiness Studies, 2011（2）.

[45] U M Staudinger. Methods of measure wisdom: Comparative perspective. Frontiers in Psychology, 2008（6）: 81~90.

[46] Wisdom, in Stanford Encyclopedia of Philosophy [EB/OL]. [2017-3-9]. http://plato. stanford. edu /entries/wisdom/.

[47] Yang S. Conception of wisdom among Taiwanese Chinese. Journal of Cross—Cultural Psychology, 2001（32）.

二、中文文献

著作类

[1]［澳］乔·厄·莫里循. 骆惠敏编. 清末民初政情内幕（下）. 刘桂梁，等，译. 上海：上海知识出版社，1986.

[2]［德］爱因斯坦. 爱因斯坦文集：第1卷. 许良英，范岱年，译. 北京：商务印书馆，1976.

[3]［德］海德格尔. 存在与时间. 陈嘉映，王庆节，译. 北京：生活·读书·新知三联书店，2014.

[4]［德］海纳特. 创造力. 陈钢林，译. 北京：工人出版社，1986.

[5]［德］黑格尔. 美学：第一卷. 朱光潜，译. 北京：人民文学出版社，1958.

[6]［德］黑格尔. 小逻辑. 贺麟，译. 北京：商务印书馆，1980.

[7]［德］康德. 判断力批判：上. 宗白华，译. 北京：商务

印书馆，1964.

［8］［德］卡西尔．人论．甘阳，译．上海：上海译文出版社，1985.

［9］［德］蓝德曼．哲学人类学．彭富春，译．北京：工人出版社，1988.

［10］［德］利奥·拜克．犹太教的本质．傅永军，于健，译．济南：山东大学出版社，2002.

［11］［德］马克思，恩格斯．马克思恩格斯选集：第1卷．中共中央马克思恩格斯列宁斯大林著作编译局编译．北京：人民出版社，1995.

［12］［德］马克思，恩格斯．马克思恩格斯选集：第2卷．中共中央马克思恩格斯列宁斯大林著作编译局编译．北京：人民出版社，1995.

［13］［德］马克思，恩格斯．马克思恩格斯选集：第3卷．中共中央马克思恩格斯列宁斯大林著作编译局编译．北京：人民出版社，1995.

［14］［德］马克思，恩格斯．马克思恩格斯选集：第4卷．中共中央马克思恩格斯列宁斯大林著作编译局编译．北京：人民出版社，1995.

［15］［德］马克思，恩格斯．马克思恩格斯全集：第3卷．中共中央马克思恩格斯列宁斯大林著作编译局编译．北京：人民出版社，1960.

［16］［德］马克思，恩格斯．马克思恩格斯全集：第4卷．中共中央马克思恩格斯列宁斯大林著作编译局编译．北京：人民出版社，1979.

［17］［德］马克思，恩格斯．马克思恩格斯全集：第6卷．中共中央马克思恩格斯列宁斯大林著作编译局编译．北京：人民出版社，1961.

［18］［德］马克思，恩格斯．马克思恩格斯文集：第8卷．中共中央马克思恩格斯列宁斯大林著作编译局编译．北京：人民出版社，2009.

［19］［德］马克思，恩格斯．马克思恩格斯全集：第10卷．中共中央马克思恩格斯列宁斯大林著作编译局编译．北京：人民出版社，1979.

［20］［德］马克思，恩格斯．马克思恩格斯全集：第23卷．中共中央马克思恩格斯列宁斯大林著作编译局编译．北京：人民出版社，1972.

［21］［德］马克思，恩格斯．马克思恩格斯全集：第42卷．中共中央马克思恩格斯列宁斯大林著作编译局编译．北京：人民出版社，1979.

［22］［德］马克思，恩格斯．马克思恩格斯全集：第46卷，上．中共中央马克思恩格斯列宁斯大林著作编译局编译．北京：人民出版社，1979.

［23］［德］马克思，恩格斯．《政治经济学批判》序言、导言．中共中央马克思恩格斯列宁斯大林著作编译局编译．北京：人民出版社，1971.

［24］［德］马克思．资本论：第三卷．中共中央马克思恩格斯列宁斯大林著作编译局编译．北京：人民出版社，2004.

［25］［德］马克思．1844年经济学哲学手稿．中共中央马克思恩格斯列宁斯大林著作编译局编译．北京：人民出版社，2000.

[26]［德］马克斯·韦伯．新教伦理与资本主义精神．马奇炎，陈婧，译．北京：北京大学出版社，2012.

[27]［德］马克斯·韦伯．社会学的基本概念．胡景北，译．上海：上海人民出版社，2000.

[28]［德］维特根斯坦．哲学研究．汤潮，范光棣，译．北京：生活·读书·新知三联书店，1992.

[29]［德］席勒．美育书简．徐恒醇，译．北京：中国文联出版公司，1984.

[30]［德］雅斯贝尔斯．智慧之路．柯锦华，译．北京：国际广播文化出版社，1988.

[31]［德］雅斯贝尔斯．什么是教育．邹进，译．北京：三联书店，1991.

[32]［德］亚瑟·叔本华．人生的智慧．张红玉，卢凯，译．北京：台海出版社，2016.

[33]［俄］巴赫金．文本、对话与人文．白春仁，晓河，译．石家庄：河北教育出版社，1998.

[34]［俄］巴赫金．哲学美学．晓河，贾泽林，译．石家庄：河北教育出版社，1998.

[35]［法］艾玛纽埃尔·勒维纳斯．上帝．死亡和时间．余中先，译．北京：生活．读书．新知三联书店，1997.

[36]［法］昂利·彭加勒．科学的价值．李醒民，译．北京：商务印书馆，2010.

[37]［法］费希．什么是好生活．黄迪娜，吴晓斐，译．长春：吉林出版集团有限责任公司，2010.

[38]［法］拉·梅特里．人是机器．顾寿观，译．北京：商务

印书馆，1959.

［39］［古希腊］柏拉图．柏拉图四书．刘小枫编译．北京：生活·读书·新知三联书店，2015.

［40］［古希腊］柏拉图．苏格拉底的申辩．吴飞，译．北京：华夏出版社，2007.

［41］［古希腊］柏拉图．理想国．郭斌和，张竹明，译．北京：商务印书馆，1986.

［42］［古希腊］柏拉图．柏拉图全集·第1卷．王晓朝，译．北京：人民出版社，2002.

［43］［古罗马］德尔图良．护教篇．涂世华，译．北京：商务印书馆，2012.

［44］［古希腊］色诺芬．回忆苏格拉底．吴永泉，译．北京：商务印书馆，1984.

［45］［古希腊］亚里士多德．尼各马可伦理学．廖申白译注．北京：商务印书馆，2003.

［46］［古希腊］亚里士多德．形而上学．吴寿彭，译．北京：商务印书馆，1959.

［47］［荷兰］E. 舒尔曼．科技文明与人类未来．李小兵，等，译．北京：东方出版社，1995.

［48］［加］克里夫·贝克．学会过美好生活——人的价值世界．詹万生，等，译．北京：中央编译出版社，1997.

［49］［加］马克斯·范梅南．教学机智：教育智慧的意蕴．李树英，译．北京：教育科学出版社，2001.

［50］［美］A. J. 赫舍尔．人是谁．陈维政，隗仁莲，安希孟，译．贵阳：贵州出版集团，2009.

[51]［美］艾·阿德勒．理解人性．陈刚，等，译．贵阳：贵州人民出版社，1991.

[52]［美］埃里希· 弗洛姆．为自己的人．孙依依，译．北京：生活·读书·新知三联书店，1988.

[53]［美］埃里希·弗洛姆．健全的社会．蒋重跃，等，译．北京：国际文化出版公司，2003.

[54]［美］埃里希·弗洛姆．逃避自由．陈学明，译．北京：工人出版社，1987.

[55]［美］埃里希·弗洛姆．占有还是存在．李穆，等，译．北京：世界图书出版公司北京公司，2015.

[56]［美］埃里希·弗洛姆．人的呼唤——弗洛姆人道主义文集．毛泽应，等，译．上海：上海三联书店，1991.

[57]［美］布卢姆．美国精神的封闭．战旭英，译．南京：译林出版社，2007.

[58]［美］布鲁克菲德．批判反思型教师 ABC. 张伟，译．北京：中国轻工业出版社，2002.

[59]［美］彼得·德鲁克．后资本主义社会．傅振焜，译．北京：东方出版社，1997.

[60]［美］B. F. 斯金纳．超越自由与尊严．方红，译．北京：中国人民大学出版社，2018.

[61]［美］伯茨．西方教育文化史．王凤玉，译．济南：山东教育出版社，2013.

[62]［美］伯恩斯坦．超越客观主义和相对主义．郭小平，等，译．北京：光明日报出版社，1992.

[63]［美］丹尼尔·贝尔．资本主义文化矛盾．赵一凡，等，

译．北京：生活·读书·新知三联书店，1989.

［64］［美］杜威．确定性的寻求：关于知行关系的研究．傅统先，译．上海：上海人民出版社，2005.

［65］［美］弗兰克·梯利．西方哲学史．葛力，译．北京：商务印书馆，2013.

［66］［美］赫伯特·马尔库塞．爱欲与文明．黄勇，等，译．上海：上海译文出版社，1987.

［67］［美］赫伯特·马尔库塞．单向度的人：发达工业社会意识形态研究．刘继，译．上海：上海译文出版社，2008.

［68］［美］华生．行为主义．李维，译．北京：北京大学出版社，2012.

［69］［美］朗格．感受与形式．高艳萍，译．南京：江苏人民出版社，2013.

［70］［美］路易斯·亨利·摩尔根．古代社会：上册．杨东莼，马雍，马巨，译．北京：商务印书馆，1997.

［71］［美］罗伯特·斯腾伯格，等．教出有智慧的学生：为智慧、智力、创造力与成功而教．杜娟，等，译．福州：福建教育出版社，2011.

［72］［美］罗素．教育与美好生活．杨汉麟，译．石家庄：河北人民出版社，1999.

［73］［美］芒福德．技术与文明．陈允明，王克仁，李华山，译．北京：中国建筑工业出版社，2009.

［74］［美］马斯洛等．人的潜能和价值．林方，译．林方主编．北京：华夏出版社，1987.

［75］［美］马斯洛．自我实现的人．许金声，刘锋，译．北

京：三联书店，1987.

[76] [美] 史景迁．追寻现代中国．黄纯艳，译．上海：上海远东出版社，2005.

[77] [美] 施珊珊．明代的社学与国家．王坤利，译．浙江大学出版社，2019.

[78] [美] 托德·罗斯．平均的终结：如何在崇尚标准化的世界中胜出．梁本彬，张秘，译．北京：中信出版社，2017.

[79] [美] 夏绿蒂·弗思著．丁文江——科学与中国新文化．丁子霖，等，译．长沙：湖南科学技术出版社，1987.

[80] [日] 渡边淳一．钝感力．李迎跃，译．上海：上海人民出版社，2007.

[81] [日] 福泽渝吉．文明论概略．北京编译社，译．北京：商务印书馆，1995.

[82] [日] 山田孝雄．东西方伦理学．吴潜涛，等，译．郑州：河南人民出版社，1989.

[83] [日] 小原国芳．小原国芳教育论著选：下卷．刘剑桥，等，译．北京：人民教育出版社，1993.

[84] [西] 奥尔特加·加瑟特．大学的使命．徐小洲，陈军，译．杭州：浙江教育出版社，2001.

[85] [西] 葛拉西安．智慧书．王涌芬，译．北京：中央编译出版社，2009.

[86] [西] 雷蒙·潘尼卡．智慧的居所．王志成，思竹，译．南京：江苏人民出版社，2000.

[87] [意] 维柯．新科学．朱光潜，译．北京：商务印书馆，1989.

［88］［印］克里希那穆提．教育就是解放心灵．张春城，唐超权，译．北京：九州出版社，2010.

［89］［印］克里希那穆提．一生的学习．张南星，译．北京：群言出版社，2004.

［90］［英］阿伦·布洛克．西方人文主义传统．董乐山，译．北京：生活·读书·新知三联书店，1997.

［91］［英］C. P. 斯诺．两种文化．纪树立，译．北京：生活·读书·新知三联书店，1994.

［92］［英］赫胥黎．进化论与伦理学．宋启林，等，译．北京：北京大学出版社，2010.

［93］［英］李约瑟．中国科学技术史：第一卷．袁翰青，等，译．上海：上海古籍出版社，1990.

［94］［英］洛克．教育漫话．杨汉麟，译．北京：人民教育出版社，2005.

［95］［英］迈克尔·波兰尼．个人知识：朝向后批判哲学．徐陶，译．上海：上海人民出版社，2017.

［96］［英］迈克·彭等．中国人的心理．邹海燕，等，译．北京：新华出版社，1990.

［97］卞敏．哲学与道德智慧．南京：江苏古籍出版社，2002.

［98］北京大学哲学系外国哲学史教研室．西方哲学原著选读．北京：商务印书馆，1981.

［99］包利民．古典政治哲学史论．北京：人民出版社，2010.

［100］蔡元培．蔡元培美学文选．北京：北京大学出版社，1983.

［101］蔡元培．蔡元培先生全集．台北：台湾商务印书

馆，1979.

［102］陈独秀．陈独秀文章选编：上册．北京：生活·读书·新知三联书店，1984.

［103］陈鼓应．老子今注今译．北京：商务印书馆，2003.

［104］陈晏清．当代中国社会哲学．天津：天津人民出版社，1990.

［105］陈元晖，尹德新，王炳照．中国古代的书院制度．上海：上海教育出版社，1981.

［106］邓小平．邓小平文选：第二卷．北京：人民出版社，1994.

［107］邓晓芒．黑格尔《精神现象学》句读：第一卷．北京：人民出版社，2014.

［108］翟博．中国人的教育智慧：经典家训版．北京：教育科学出版社，2007.

［109］刁培萼，吴也显等．智慧型教师素质探新．北京：教育科学出版社，2005.

［110］杜祖贻．社会科学的科学本质．上海：上海辞书出版社，2012.

［111］杜卫．美育论．北京：教育科学出版社，2000.

［112］方同义．中国智慧的精神——从天人之际到道术之间．北京：人民出版社，2003.

［113］冯友兰．哲学的精神．西安：陕西师范大学出版社，2010.

［114］冯友兰．觉解人生．杭州：浙江人民出版社，1996.

［115］冯友兰．新原道．北京：生活·读书·新知三联书店，2007.

[116] 冯契．人的自由和真善美．上海：华东师范大学出版社，2015.

[117] 冯契．认识世界和认识自己．上海：华东师范大学出版社，2015.

[118] 费孝通．乡土中国．生育制度．乡土重建．北京：商务印书馆，2015.

[119] 封孝伦．二十世纪中国美学．沈阳：东北师范大学出版社，1997.

[120] 傅雷，朱梅馥．傅雷家书．北京：北京燕山出版社，2018.

[121] 高清海．马克思主义哲学基础：上册．北京：北京师范大学出版社，2012.

[122] 高伟．回归智慧，回归生活：教师教育哲学研究．北京：教育科学出版社，2010.

[123] 高平叔．蔡元培教育论集．长沙：湖南教育，1987.

[124] 葛兆光．中国思想史：第一卷．上海：复旦大学出版社，1997.

[125] 龚群．当代西方道义论与功利主义研究．北京：中国人民大学出版社，2002.

[126] 郭齐家．中国教育思想史．北京：教育科学出版社，1987.

[127] 辜鸿铭．中国人的精神．黄兴涛，宋小庆，译．桂林：广西师范大学出版社，2001.

[128] 胡军．知识论．北京：北京大学出版社，2006.

[129] 韩庆祥．现实逻辑中的人：马克思的人学理论研究．北

京：北京师范大学出版社，2017.

［130］黄仁宇．中国大历史．北京：生活·读书·新知三联书店，1997.

［131］黄仁宇．放宽历史的视野．北京：生活·读书·新知三联书店，2001.

［132］黄仁宇．资本主义与二十一世纪．北京：生活·读书·新知三联书店，1997.

［133］黄炎培．黄炎培教育文选．上海：上海教育出版社，1985.

［134］侯袆．智慧的内隐理论研究：以大学生为例．北京：中国书籍出版社，2012.

［135］贾新奇．秩序与和谐的追求．北京：中国社会科学出版社，2014.

［136］江泽民．论科学技术．北京：中央文献出版社，2001.

［137］金一鸣．中国社会主义教育的轨迹．上海：华东师范大学出版社，2000.

［138］金观涛，刘青峰．兴盛与危机：论中国社会超稳定结构．北京：法律出版社，2010.

［139］金观涛，刘青峰．中国现代思想的起源：超稳定结构与中国政治文化的演变．北京：法律出版社，2011.

［140］金观涛．整体的哲学．成都：四川人民出版社，1987.

［141］金观涛．探索现代社会的起源．北京：社会科学文献出版社，2010.

［142］金耀基．从传统到现代．广州：广州文化出版社，1989.

[143] 金生鈜．理解与教育：走向哲学解释学的教育哲学导论．北京：教育科学出版社，1997.

[144] 黎启全．美是自由生命的表现．桂林：广西师范大学出版社，1999.

[145] 李泽厚．中国古代思想史论．北京：生活·读书·新知三联书店，2008.

[146] 李泽厚，刘纲纪主编．中国美学史：第1卷．北京：中国社会科学出版社，1984.

[147] 李泽厚．说文化心理．上海：上海译文出版社，2012.

[148] 李培林，渠敬东，杨雅彬主编．中国社会学经典导读（下册）．北京：社会科学文献出版社，2009.

[149] 李大钊．守常文集．上海：上海北新书局，1950.

[150] 李连科．价值哲学引论．北京：商务印书馆，1999.

[151] 李明德．西方教育思想史：人文主义教育之演进．北京：人民教育出版社，2008.

[152] 梁启超著，张品兴主编．梁启超全集：第一册．北京：北京出版社，1999.

[153] 梁启超著，张品兴主编．梁启超全集：第五册．北京：北京出版社，1999.

[154] 梁启超著，张品兴主编．梁启超全集：第六册．北京：北京出版社，1999.

[155] 梁启超著，林洙编．梁启超家书．北京：中国青年出版社，2007.

[156] 刘济良，王定功主编．关注生命——生命教育的多维审视．北京：中国社会科学出版社，2017.

[157] 刘再复，林岗．传统与中国人．北京：中信出版社，2010.

[158] 刘泽华．洗耳斋文稿．北京：中华书局，2003.

[159] 刘纲纪．传统文化、哲学与美学．武汉：武汉大学出版社，2006.

[160] 林语堂．语堂杂文．上海：国风书店，1944.

[161] 林语堂．吾国吾民．北京：外语教学与研究出版社，2000.

[162] 林可济．哲学：智慧与境界．北京：社会科学文献出版社，2013.

[163] 罗炽等．中国德育思想史纲．武汉：湖北教育出版社，1997.

[164] 陆有铨．躁动的百年．济南：山东教育出版社，1997.

[165] 鲁洁．当代德育基本理论探讨．南京：江苏教育出版社，2010.

[166] 鲁迅．鲁迅全集：第一卷．北京：人民文学出版社，1981.

[167] 陆九渊．陆九渊集．北京：中华书局，1980.

[168] 毛泽东．毛泽东选集：第一卷．北京：人民出版社，1991.

[169] 毛泽东．毛泽东选集：第三卷．北京：人民出版社，1991.

[170] 苗力田主编．亚里士多德全集：第九卷．北京：中国人民大学出版社，1994.

[171] 敏泽．中国美学思想史．济南：齐鲁书社，1987.

[172] [明] 王守仁. 王阳明全集：第17卷. 上海：上海古籍出版社，2011.

[173] [明] 邹守益. 邹守益集上·制策. 南京：凤凰出版社，2007.

[174] 南怀瑾. 禅宗与道家. 北京：东方出版社，2016.

[175] 南京晓庄师范陶行知研究室编. 陶行知先生与晓庄师范. 南京：南京晓庄师范陶行知研究室，1980.

[176] 聂振斌. 中国古代美育思想史纲. 郑州：河南人民出版社，2004.

[177] 庞卓恒. 人的发展与历史的发展. 长春：吉林文史出版社，1988.

[178] 裴娣娜. 教育研究方法导论. 合肥：安徽教育出版社，1995.

[179] 彭富春. 论中国的智慧. 北京：人民出版社，2010.

[180] 钱穆. 政学私言. 上海：商务印书馆，1946.

[181] 祁志祥. 人学原理. 北京：商务印书馆，2012.

[182] 钱学森. 钱学森书信选：下卷. 北京：国防工业出版社，2008.

[183] 邱明正，于文杰撰. 中华文化通志·美育志. 上海：上海人民出版社，1998.

[184] 曲铁华，李娟. 中国近代科学教育史. 北京：人民教育出版社，2010.

[185] 璩鑫圭，童富勇编. 中国近代教育史资料汇编：教育思想. 上海：上海教育出版社，2007.

[186] 冉祥华. 美育与创造力. 郑州：河南人民出版社，2004.

[187] 沙莲香．中国民族性．北京：中国人民大学出版社，1990.

[188] 单世联，徐林祥．中国美育史导论．南宁：广西教育出版社，1992.

[189] 邵瑞珍．教育心理学．上海：上海教育出版社，1997.

[190] [清] 孙诒让．墨子闲诂．孙启治，点校．北京：中华书局，2001.

[191] 陶行知．陶行知文集．南京：江苏人民出版社，1981.

[192] 唐雄山．人性平衡论．广州：中山大学出版社，2007.

[193] 田昌五．中国古代社会发展史论．济南：齐鲁书社，1992.

[194] 田运主编．思维辞典．杭州：浙江教育出版社，1996.

[195] 王炳照，阎国华主编．中国教育思想通史：第一卷．长沙：湖南教育出版社，1996.

[196] 王海明．伦理学原理．北京：北京大学出版社，2009.

[197] 王德有．智慧论．北京：中国青年出版社，1993.

[198] 王承绪．现代西方教育论著选．北京：人民教育出版社，2001.

[199] 王充．论衡：第13卷．上海：上海人民出版社，1974.

[200] 王毅．中国皇权制度研究．北京：北京大学出版社，2007.

[201] 王国维．王国维遗书·静庵文集续编：第五册．北京：商务印书馆，1940.

[202] 王国维．人间词话．北京：人民文学出版社，1961.

[203] 王海明．新伦理学：下册．北京：商务印书馆，2008.

[204] 王栻主编．严复集：第三册．北京：中华书局，1986.

[205] 王岳川．中国镜像：90年代文化研究．北京：中央编

译出版社，2001.

［206］王玉德等编著．和谐融通．武汉：武汉大学出版社，2007.

［207］汪凤炎，郑红．智慧心理学的理论探索与应用研究．上海：上海教育出版社，2014.

［208］魏贤超．德育课程论．哈尔滨：黑龙江教育出版社，2004.

［209］吴式颖，任钟印主编．外国教育思想通史：第二卷．长沙：湖南教育出版社，2000.

［210］夏甄陶．人是什么．北京：商务印书馆，2000.

［211］肖峰．科学精神与人文精神．北京：中国人民大学出版社，1994.

［212］星云大师．星云大师谈智慧．上海：上海人民出版社，2014.

［213］许倬云．汉代农业．王勇，译．桂林：广西师范大学出版社，2005.

［214］许良．技术哲学．上海：复旦大学出版社，2004.

［215］许纪霖编．20世纪中国知识分子史论．北京：新星出版社，2005.

［216］晏阳初．晏阳初全集：第一卷．长沙：湖南教育出版社，1989.

［217］杨铨．杨杏佛文存．上海：平凡书局，1929.

［218］杨国荣．理性与价值——智慧的历程．上海：上海三联书店，1998.

［219］杨国荣．人类行动与实践智慧．北京：生活·读书·新

知三联书店，2013.

[220] 杨师群．反思与比较：中西方古代社会的历史差距．广州：花城出版社，2010.

[221] [南北朝] 颜之推．颜氏家训．管曙光，注译．郑州：中州古籍出版社，2013.

[222] 姚新中．早期儒家与古以色列智慧传统比较．陈默，译．北京：中国社会科学出版社，2013.

[223] 叶金宝．儒家和谐思想的当代价值．广州：广东人民出版社，2006.

[224] 叶澜．回归突破："生命·实践"教育学论纲．上海：华东师范大学出版社，2015.

[225] 叶朗．美学原理．北京：北京大学出版社，2009.

[226] 叶南客．边际人——大过渡时代的转型人格．上海：上海人民出版社，1996.

[227] 叶朗．中国美学史大纲．上海：上海人民出版社，1985.

[228] 叶秀山．美的哲学．北京：人民出版社，1991.

[229] 叶圣陶．叶圣陶教育文集．河南教育出版社，1989.

[230] 俞宣孟．本体论研究．上海人民出版社，1999.

[231] 余华东．论智慧．北京：中国社会科学出版社，2005.

[232] 袁灿星．中国乡贤．新星出版社，2015.

[233] 袁贵仁．马克思主义人学理论研究．北京：北京师范大学出版社，2012.

[234] 恽代英．恽代英文集：上．北京：人民出版社，1984.

[235] 张瑞璠，王承绪主编．中外教育比较史纲：古代卷．济南：山东教育出版社，1997.

［236］张岱年，程宜山．中国文化精神．北京：北京大学出版社，2015.

［237］张岱年．中华的智慧．上海人民出版社，1989.

［238］张传开等．义利之间——中国传统文化中的义利观之演变．南京：南京大学出版社，1997.

［239］张立文．和合学概论．北京：首都师范大学出版社，1996.

［240］赵汀阳．论可能生活．北京：中国人民大学出版社，2009.

［241］周国平．周国平人文演讲录．上海文艺出版社，2009.

［242］周作人．周作人早期散文选．上海：上海文艺出版社，1984.

［243］［德］列宁．列宁选集：第4卷．中共中央马克思恩格斯列宁斯大林著作编译局编译．北京：人民出版社，1995.

［244］朱汉民．中华文化通志·智育志．上海：上海人民出版社，2010.

［245］朱贻庭主编．中国传统伦理思想史．上海：华东师范大学出版社，1994.

［246］朱有瓛主编．中国近代学制史料：第一辑·上册．上海：华东师范大学出版社，1983.

［247］庄锡昌，顾晓鸣等．多维视野中的文化理论．杭州：浙江人民出版社，1987.

期刊论文类

［1］曹培杰．智慧教育：人工智能时代的教育变革．教育研究，2018（8）．

［2］陈劲，王璐瑶．新时代中国科教兴国战略论纲．改革，2019（6）．

[3] 陈琳，孙梦梦，刘雪飞．智慧教育渊源论．电化教育研究，2017（2）．

[4] 陈琳，王运武．面向智慧教育的微课设计研究．教育研究，2015（3）．

[5] 陈飞虎．智慧：大学教育的最高目标．湖南师范大学学报（教育科学版），2013（4）．

[6] 陈卫东．“智慧教育”要有智慧．人民教育，2017（5）．

[7] 陈旭光．从“理性美学”到“感性美学”——建国60年文艺变迁的一个视角．天津社会科学，2009（3）．

[8] 程念祺．中国历史上的小农经济——生产与生活．史林，2004（3）．

[9] 程红艳．教育的起点是人的生命．现代教育论丛，2003（5）．

[10] 邓刚，陈放，王谦．教育理念的革新——塑造“智慧人”．教育发展研究，2006（9A）．

[11] 邓晓芒．康德自由概念的三个层次．复旦学报（社会科学版），2004（2）．

[12] 戴传江．中国传统人文教育的核心价值及其现代开展．江苏社会科学，2008（S1）．

[13] 方钦．小农经济与儒家信仰——审视中国传统社会的经济与宗教．学术研究，2010.（12）．

[14] 高德胜．教育：从一端到中道．高等教育研究，2015（10）．

[15] 高伟．追问教育智慧——一种批判的视角．当代教育科学，2009（5）．

［16］谷传华．智慧的外显理论和内隐理论．山东师范大学学报（人文社会科学版），2014（1）．

［17］韩大林．教育事件·教育机智·教育机制．湖南师范大学教育科学学报，2009（4）．

［18］侯祎，刘昌．智慧的内隐理论研究的回顾与展望．心理研究，2010（4）．

［19］胡鸿保，姜振华．从“社区”的词语历程看一个社会学概念内涵的演化．学术论坛，2002（5）．

［20］黄文前．现代视域中的实践概念——实践概念发展综述．马克思主义与现实，2004.（5）．

［21］黄荣怀．智慧教育的三重境界：从环境、模式到体制．现代远程教育研究，2014（6）．

［22］惠吉兴．试论中国古典人文精神的内涵．管子学刊，2004（2）．

［23］洪明．中国传统教育的精义是什么？——简论钱穆的人文主义教育思想．湖南师范大学教育科学学报，2009（2）．

［24］靳红娜．中西方义利关系的对立与超越——马克思恩格斯义利关系问题探析．贵州社会科学，2016（10）．

［25］靖国平．关于智慧教育的几点思考．江苏教育研究，2010（18）：4.

［26］靖国平．论智慧的涵义及其特征．湖南师范大学教育科学学报，2004（2）．

［27］靖国平．从狭义智慧教育到广义智慧教育．河北师范大学学报（教育科学版），2003（3）．

［28］李大钊．由经济上解释中国近代思想变动的原因．新青

年，1920，7（2）.

［29］李根蟠．中国小农经济的起源及其早期形态．中国经济史研究，1998（1）.

［30］李子运．关于“智慧教育”的追问与理性思考．电化教育研究，2016（8）.

［31］李润洲．教育智慧的四重境界．上海教育科研，2013（5）.

［32］刘铁芳．智慧之爱何以可能：苏格拉底爱的教育哲学一解．华东师范大学学报（教育科学版），2018（4）.

［33］刘玉玲，宋孝忠．现代教育改革的走向——智慧教育．教育理论与实践，2005（4）.

［34］刘伟．智慧教育：价值引导与实践操作的融合．电化教育研究，2017（6）.

［35］廖其发．论教育研究中的“史论结合”．西南大学学报（社会科学版），2014（2）.

［36］林存华．人种志研究与教师智慧的生成．教育理论与实践，2006（8）.

［37］马小强，施建国，程莉莉，王珠珠．智慧教育的发展及价值取向分析．中国电化教育，2017（12）.

［38］梅贻琦．大学一解．清华学报，1941（1）.

［39］吕建国．智慧·智慧教育·智慧文化．江苏教育研究，2015（34）.

［40］罗筠筠．美育的当代使命：拯救感性沉沦中的大众．北京大学学报（哲学社会科学版）.1996（2）.

［41］潘文安．最近之中华职业学校．新教育评论，3（18）.

[42] 彭放珍，李建华．论虚伪人格．现代大学教育，2001（4）．

[43] 钱学敏．钱学森对“大成智慧学”的探索——纪念钱学森百年诞辰．西安交通大学学报（社会科学版），2011（6）．

[44] 石中英．教育智慧的根源．基础教育参考，2005（8）．

[45] 宋孝忠．走向智慧教育．教育研究与实验，2005（2）．

[46] 田慧生．时代呼唤教育智慧及智慧型教师．教育研究，2005（2）．

[47] 汪凤炎，郑红．品德与才智一体：智慧的本质与范畴．南京社会科学，2015（3）．

[48] 吴志宏．呼唤有智慧的教育．教师博览，2001（7）．

[49] 肖凤良．功利主义与道义论的对立与统一——兼论转型时期中国社会的道德重建．湖南社会科学，2013（3）．

[50] 先刚．柏拉图与“智慧”．学术月刊，2014（2）．

[51] 肖士英．走向智慧教育观的新境界：怀特海智慧教育观的审视与超越．华东师范大学学报（教育科学版），2015（4）．

[52] 熊川武．论教师教育智慧发展的策略．贵州社会科学，2008（4）．

[53] 杨魁森．物化的时代——论商品经济的基本特征．吉林大学社会科学学报，1999（4）．

[54] 杨贤江．学生生活改造论（上）．学生生活杂志，1926，13（8）．

[55] 杨小薇．课堂变革中教师智慧的成长．中国教育学刊，2006（6）．

[56] 叶澜．中国哲学传统中的教育精神与智慧．教育研究，

2018（6）.

[57] 恽代英．编辑中学教科书的先决问题．中华教育界，1920，10（3）.

[58] 于泽元，田慧生．觉察力对教师教育智慧生成之研究．中国教育学刊，2011（3）.

[59] 俞吾金．存在、自然存在和社会存在——海德格尔、卢卡奇和马克思本体论思想的比较研究．中国社会科学，2001（2）.

[60] 张楚廷．大学人文教育与人的解放．高等教育研究，2011（2）.

[61] 张汝伦．重思智慧．杭州师范大学学报（社会科学版），2010（3）.

[62] 张卫东，董海涛．都市人智慧隐含理论的初步调查．心理科学，2003，26（3）.

[63] 张德胜，金耀基，陈海文，陈健民，杨中芳，赵志裕，伊沙白．论中庸理性：工具理性、价值理性和沟通理性之外．社会学研究，2001（2）.

[64] 张立新，朱弘扬．国际智慧教育的进展及其启示．教育发展研究，2015（5）.

[65] 周作宇．教育：文化与人的互动．清华大学教育研究，1999（4）.

[66] 朱清华．智慧与存在——海德格尔对亚里士多德智慧概念的解构．首都师范大学学报（社科版），2009（1）.

[67] 朱永祥．认知的内隐理论及其分析方法．心理发展与教育，1991（4）.

[68] 祝智庭，彭红超，雷云鹤．智能教育：智慧教育的实践

路径．开放教育研究，2018（4）．

学位论文类

［1］曹正善．教育智慧理解论．博士，华东师范大学，2006.

［2］侯祎．大学生智慧的内隐理论研究．博士，南京师范大学，2009.

［3］靖国平．教育的智慧性格．博士，华中师范大学，2008.

［4］徐飞虎．大学教育智慧．博士，湖南师范大学，2011.

析出文献类

［1］［美］尼勒．知识的类型//瞿葆奎主编，唐晓杰，译，施良方，校．教育学文集· 智育．北京：人民教育出版社，1993.

［2］陈桂生．也谈“有智慧的教育”//吴国平主编．教师人文智慧．上海：上海辞书出版社，2011.

［3］成尚荣．智慧教育：教育的智慧选择//吴国平主编．教师人文智慧．上海：上海辞书出版社，2011.

［4］戢克非，毕治国．精神文明和人的全面发展//关于人的学说的哲学探讨．北京：人民出版社，1982.

［5］蒋孔阳．谈谈审美教育//瞿葆奎主编．教育学文集·美育．北京：人民教育出版社，1989.

［6］李连科．论人的需要//关于人的学说的哲学探讨．北京：人民出版社，1982.

［7］梁漱溟．东西文化及其哲学//中国现代哲学史资料汇编．辽宁大学哲学系自编教材，1984.

［8］宋惠昌．现代科学技术发展中的若干伦理学问题//瞿葆奎主编．教育学文集·德育．北京：人民教育出版社，1989.

［9］杨世英．台湾华人在日常生活中所展现的智慧//第四届华

人心理学家学术研讨会暨第六届华人心理与行为科技学术研讨会论文集．中央研究院民族所，2002.

［10］曾繁仁．试论美育的本质//瞿葆奎主编．教育学文集·美育．北京：人民教育出版社，1989.

图书在版编目(CIP)数据

培养有智慧的人:我国智慧教育的历史发展与未来展望研究/邵琪著.—北京:民族出版社,2023.5
ISBN 978-7-105-16977-1

Ⅰ.①培… Ⅱ.①邵… Ⅲ.①教育—研究—中国
Ⅳ.①G52

中国国家版本馆 CIP 数据核字(2023)第 097913 号

策划编辑:康厚桥
责任编辑:康厚桥
封面设计:金 潇
出版发行:民族出版社
地　　址:北京市和平里北街 14 号
邮　　编:100013
网　　址:http://www.mzpub.com
印　　刷:北京中石油彩色印刷有限责任公司
经　　销:各地新华书店
版　　次:2023 年 6 月第 1 版 2023 年 6 月北京第 1 次印刷
开　　本:880 毫米×1230 毫米 1/32
字　　数:240 千字
印　　张:9.125
定　　价:68.00 元
ISBN 978-7-105-16977-1/G·2216(汉 1077)

该书如有印装质量问题,请与本社发行部联系退换

汉文编辑一室电话:010-64271909　　发行部电话:010-64224782